U0934398

读者文摘

十年精华全集 I

每一个感动都值得流泪

陈南 主编

民主与建设出版社

图书在版编目（CIP）数据

每一个感动都值得流泪/陈南主编，—北京：民主与建设出版社，2007.8

ISBN 978-7-80112-791-4

Ⅰ.每… Ⅱ.陈… Ⅲ.故事—作品集—中国—当代 Ⅳ.I247.8

中国版本图书馆 CIP 数据核字（2007）第 124367 号

责任编辑 赵振兰
封面设计 武未未
出版发行 民主与建设出版社
电　　话 （010）85698040　85698062
社　　址 北京市朝阳区朝外大街吉祥里 208 号
邮　　编 100020
印　　刷 北京才智印刷厂
成品尺寸 170mm×230mm
印　　张 25
字　　数 400 千字
版　　次 2007 年 8 月第 1 版　　2010 年10月第 2 次印刷
书　　号 ISBN 978-7-80112-791-4/G·342
定　　价 32.00 元

注：如有印、装质量问题，请与出版社联系。

每一个感动都值得流泪(代　序)

不要说我们太爱流泪，因为，每一个感动都是对生活的感恩，都足以让我们洒下一捧感动之泪。

那些天，中央电视台有一个节目叫《感动中国》，据说让人十分感动，我没有看，总听朋友们提起。那天去吃饭，一桌男男女女，开始大家都拿手机段子说笑。后来有人说到《感动中国》，于是有人说，这样吧，我们一人说件感动的事，谁能让大家感动哭了，其他的人就要喝酒。这个提议不错，大家纷纷同意。

第一个人是一个30多岁的女人，她说起自己的婆婆。她是一个离婚的女人，虽然离婚了，可婆婆依然忘不掉她，总是记得她的生日，还知道她爱吃豆沙包，做了豆沙包会给她送来，不管天多冷多热。她离婚后一直叫婆婆阿姨，当有一次看到婆婆穿过人群喊着她的名字递给她一包腊肉时，她说自己的眼泪当时就下来了。那天，她叫了婆婆一声妈，离婚了，婆婆还是她的妈。在场的六个人全流泪了，这样的婆媳情，的确让人感动。

第二个人是个男人，他说的是自己的父母。他一个人在北京混儿，没车没房，为了买房，父母把一生的积蓄全拿了出来，即使这样还不够，于是父母来帮他排队买房。为了让儿子能买得起便宜些的经济适用房!寒冬腊月啊，父母搭了个帐篷，轮换着给他排队，他在有中央空调的屋子待着。房子买到后，父母全得了风湿病。说完，他的眼角湿了。大家说，唉，可怜天下父母心啊。又是一饮而尽。

第三个人是我，我讲了自己的母亲。有一次我和老公吵架，半夜里打得不可开交，于是打电话给自己的母亲。那天正下着大雪，我根本不知道外面有多冷，只知道我受了委屈，要找母亲为我讨个公道。母亲来了，看到我们给我们一人一顿骂，主要是骂我，老公低下头道歉。母亲见我们和好就走了，我们小夫妻很快就亲亲热热睡觉去了。早晨起来去买早点，却发现母亲躺在楼外冰凉的石椅上!母亲有高血压心脏病，而我这做女儿的……我哽咽了，说不下去了。女友递给我纸巾，她也哭了。有人提议在母亲节给母亲买康乃馨，有人让我给母亲道歉。母亲要的哪里是我的道歉，母亲要的只是女儿的幸福。

第四个人说他们单位的一个同事。平时，他们根本就合不来，甚至不说话。因为彼此都是年轻人，所以有竞争，免不了你踩我我踩你，明争暗斗的局面持续好几年了。后来他们单位组织旅游，可以带家属，在玩漂流的时候他们在一个竹筏上。结果到河中间的时候竹筏翻了，他的妻女都不习水性，而同事的妻子也不会水。让他震撼的是，同事第一个救起的人居然是他的女儿！说着，他有些哽咽，他说："你说这算不算感动人的事情?"所有的人再一次一饮而尽。

第五个人是一个20多岁的女孩，还没有结婚，在一家报社工作，她常常会加夜班，所以，晚上回家时总是害怕。终于有一天，她被一个坏人盯上了，那个男人始终跟着她。她的包里有钱有手机有各种证件，不不，这些都不重要，重要的是她的安全，她是一个美丽的上进的女孩子，此时若遇到歹徒……她不敢想下去了，她也听说过，这条小巷不安全，男朋友要来接她，她怕耽误他第二天上班，于是总是说，不需要，没事的。那时，她拿不准是跑还是不跑，跑，无异于自杀式行为，到底还是会被人逮住。不跑，她等于一块猎物等待狼吃。在转过身面对的一刹那，她叫了一声大哥。她说，大哥，我害怕，请你把我送出这个巷子吧，这巷子经常有坏人，我一看你就不是坏人。这是她最好的计策了，她想用自己的脆弱换取他那人性中的善良。结果她成功了，他陪她走完了小巷，然后说了再见。她说，每个人心里都有善，哪怕是最坏的人，关键是怎么把他的善激发出来。不错不错，大家说，很感人。于是再喝。

最后讲的是一个35岁的男人，他是行政干部，经常在电视上露脸。特别是过年的时候，扛着袋大米带着100块钱去慰问，那时他好像是上帝一样，去最贫困的乡村，然后转几圈，录个像回来，这种事情，他做得多了。但这次不一样。他刚刚从那个贫困县回来，照样带着钱拉着一车大米。还是按照往年那么送，其中有一户，让他当时就哭了：一家五口，男人中风了；大儿子在媳妇跑了以后就疯了，留下一个7岁的孙子给老太太；小儿子出外打工受了重伤，再也起不来了，所有的经济来源全在几亩薄地。给老太太送米面的时候，她说，老让党惦记着，别给我们送了，我们还有呢。他打开了她家的盆，那里面只有不到20斤白面。她说，这是我们过年包饺子吃的面，肉也割了。他又去看了肉，不到2斤。还有鞭炮，她欣喜地说着，给小孙子买的，看！是一小挂小红鞭。小孙子抱着，舍不得撒手，这就是春节所有的东西了?他想起自己家，鱼和肉冰箱里都挤不下了，妻子去大超市买的全是净菜，儿子的鞭炮堆成了小山，新衣服有七八套。而她的小孙子，还穿着有补丁的衣服。他掏出200元，本来是100元，但他自己搭上了100元。她拒绝着，不，不要，有钱呢，给更穷的人家吧。你有多少钱?她跑到里屋，掀开炕席，底下，全是一毛两毛的钱，最大的才五元，加起来不过十几块钱!那是她拾破烂换来的钱。过得去，她脸上带着微笑说，好像她在过着幸福的日子。他的眼圈儿一下子红了!这就是中国的老百姓，这就是中国的农民，他们永远最善良最贫穷却给人最深的感动!作为一个官员，他第一次在老百姓面前哭了，放下200元，他站在院子外面对工作人员说，感动人心啊!他讲的时候，所有的人，泪流满面。

是的，所有的感动都缘于心灵深处的震撼，所有的感动都来自灵魂深处，没有真情，哪儿来的感动?没有生活中这些善良的人，怎么会让我们泪流满面？不要说我们太爱流泪，因为，每一个感动都是对生活的感恩，都足以让我们洒下一捧感动之泪。

第一辑

无言的感动

生活不是没有美，而是缺少发现的眼睛。生活不是没有感动，而是缺少能够感动的心灵。很多的感动，或许，只是缘于瞬间的小事，而正是那么多的小事，让我们的心中充满感动。

黑暗中，请拉紧我的手

让人意外的是，人们发现，领头的这个人竟然是个盲人。

这是一个繁华的大都市，每天忙碌的人熙熙攘攘。8点30分，载满乘客的地铁缓缓启动，向下一个站点驶去。

当列车行驶到两个站点中间地段时，突然一片漆黑，车也慢慢停下来。车厢里的人一下像炸了锅似的，乱哄哄的如同马蜂窝从树上落到地下。有人大声骂司机："真是个笨蛋，"也有人说："养你们这些人有什么用，简直是一群废物。"

司机解释道："突然停电，这是一次意外事故，我马上与调度中心联系。"司机在黑暗中摸出手机，拨完号码后没有任何信号。

这是一次意外停电，波及全市。始料不及的人们被这突如其来的停电搞蒙了，通信中断，交通阻塞，整座城市近乎瘫痪。地铁里的人如同无头苍蝇，纷纷掏出手机与外界联系，却都没有信号。有人用打火机照亮，得到片刻的安慰。女人哄着不断哇哇哭叫的孩子。有人说："我好不容易找到这份工作，迟到会被炒鱿鱼的。"有人说："我与客商约好，签一份金额为300万元的合同，失约可能会使合同泡汤的。"也有人说："等出去了，一定要起诉地铁公司。"黑暗像一只无情的大手，捏得人喘不过气来。哭声、骂声、叹息声不绝于耳。有人说："等一等吧，地上的人不会不管我们的。"

突然，黑暗中传出一个女孩稚嫩的声音："太阳落山了，黑暗降临了，不要惊慌，不要恐惧，黑暗是短暂的，光明还会再来，我们时刻准备着，光明的生活依旧美好……"许多人也跟着唱起来，一个车厢唱，其他车厢也唱了起来，自发地形成一个大合唱，很快歌声就像潮水一样淹没了哭声、骂声。

不知过了多长时间，一个恐怖的声音打破了宁静："我心脏病犯了，没带药，谁有急救药……"旁边的人就问："谁有药?"人们开始纷纷问着，一个接一个往下传。终于有人说："我有。"接下来就听到急急忙忙的翻找声。

"找到了！找到了!"那人边说边把小药瓶递给挨着他的人，这人接过药瓶又传递给下一个人。没有人组织，药瓶却像接力棒那样被有序地传递着。

"唉呀!"一声惊叫，药瓶不知传到谁的手里时不慎掉到地上，那人急忙俯下身在地上摸找，整个车厢的人都俯下身在地上摸找，仿佛药瓶会在黑暗中流窜到车厢的任何一个角落。终于有人找到了，把药瓶又传下去。有过落地的教训，接药瓶的手就格外认真。药瓶很快就传到病人手里。黑暗中，不知是谁递过一瓶水，病人吃完药安静了下来。

不知又过去了多长时间，与外界还是没有一丝联络。有人提议往下一出站口走，立即有人响应，这时，有一个人大声喊道："大家手牵手跟我走。"

话音刚落，人们就主动地手拉着手排成了长队。那人又问："有没有没牵手的?"当确认都牵好手后，那人就带头向下一出站口走去。黑暗中，那带头的人不时被绊倒，但他爬起来再走，不知摔了多少跤。后边的人有条不紊地跟着，没人说话，只有脚步声。

人们终于从黑暗的地铁中走出来了，领头人的衣服刮破了，脸和手都碰出了血。更让人意外的是，人们发现，领头的这个人竟然是个盲人。

病房里的眼泪

孩子终于闭上眼睛睡着了，脸上还挂着泪水，母亲这时却是泪流满面。

晚上9点，医院外科三号病房里新来了一位四五岁的女孩。女孩的胫骨、腓骨骨折，留下来陪着她的是她的母亲。

医院没有空床，孩子就躺在冰冷地板上的担架上。孩子的小脸煞白，那位母亲一直用自己的手握着孩子的小手，跪在孩子的身边，眼睛一眨也不眨地盯着孩子的脸。

“妈妈，给我包扎的叔叔说我过几天就好了，是不是?”

“是!”母亲的脸上挂着慈爱的笑，好像很轻松的样子。

孩子没有说话，闭上眼睛，眼泪流了出来。

过了一会儿，孩子说：“妈妈，我疼!”

母亲弯下身子，把自己的脸贴在孩子的小脸上，用自己的脸擦干孩子的泪水。当她抬起头的时候脸上依然挂着那种轻松的慈爱的笑。“妈妈给你讲故事好吗?”孩子点点头，眼泪还是不停地流下来。

母亲讲的故事很简单：大森林里的动物们都来给大象过生日。它们都送给大象珍贵的礼物，只有贫穷的小羊羞怯地讲了一个笑话给大象听，大象却说，小山羊给大家带来了欢乐，他的礼物是最值得珍惜的。

不知道母亲为什么选了这样一个故事。孩子的眼睛亮起来，她一边用手抹眼泪，一边用快活的声音说：“妈妈，再讲一遍。”于是，母亲就一遍一遍地轻声讲下去，她的手一直握着孩子的手，脸上挂着轻松的慈爱的笑。

女孩终于忍不住了，眼泪再次流下来：“妈妈，我很疼!”并轻声呻吟起来。母亲一边给孩子擦眼泪一边问："你想大声哭吗?"孩子点点头。病房却是出奇的安静，不知道是不是大家都睡了。那时已经是夜里 11 点多了。

"让妈妈陪你一起疼好吗?"孩子点点头又摇摇头。母亲把自己的手放在女孩的唇边说："疼，你就咬妈妈的手。"孩子咬住了妈妈的手，可是眼泪还是不停地流。后来，孩子终于闭上眼睛睡着了，脸上还挂着泪水，母亲这时却是泪流满面。凌晨 3 点的时候，孩子就从梦中疼醒了，她叫了一声"妈妈"，就轻轻地抽泣起来。母亲忽然没了语言，她不知所措了，嘴里只是轻轻地叫着："我的孩子!""孩子要哭，你就让她大声地哭吧。"一个声音在房间里响起。

"孩子你哭吧。"房间里的人一齐说。他们竟是醒着的。

"妈妈，叔叔、阿姨不睡了吗?"孩子哽咽着问，眼泪浸湿了她的头发。她的小脸像个天使。

屋子里能走动的人都来到了孩子的跟前，一个 40 岁左右的妇女止不住地哭泣起来："我从来没看到过这么懂事的孩子……"

那一夜，大家都没有再睡，大家都被感动着，被那孩子感动着，被孩子的母亲感动着。一个称职的母亲才会有这样优秀的孩子。

男人的泪

男人的泪是流在心里，而女人的泪则是流在脸上，
这是两者之间的差别，却也是相爱至亲的另一种表现。

一场意外，让我住进了这家医院，同房的是一位40多岁的中年妇女，听家人说，她刚被确诊为癌症。女人的丈夫每天都来陪护，但却没有一般家属那样的情绪低落，相反还和护士们谈笑风生，一副轻松的样子。

女人躺在床上，什么都不说，心情一日不如一日。丈夫总是关切地问：“想吃些什么，我帮你去弄。”妻子什么都不说，背对着他，默默地流泪。丈夫看到后，坐在她面前说：“生病治病很正常的，你不要太担心了。”说完，依旧有说有笑。

后来，等她的丈夫走后，我劝她：“别这样，得了病治疗是一方面，最关键还是要保持良好的心态啊！”她说：“什么好心态，他都要把我气死了，男人啊，真是靠不住。小姑娘，以后你要是找男人，可要睁大了眼睛……”听完了她这番话，我不禁对她的丈夫有了偏见，每回他和我说话的时候，我总是将头扭过去，懒得理他。

有一天，他将从家里拿来的排骨汤用一次性的碗给我也端了一份，女人说：“小姑娘，吃吧，你的饭没来，先吃我的垫一下，别饿坏了。”男人说：“是啊，是啊，生病的人，就是不能饿着，要不对身体不好。”我看了他一眼，什么也没说。

就在我准备出院的那天早上，女人的丈夫一手拿着复诊单，一手提着保温瓶跌跌撞撞地跑到了病房，他向妻子摇着那张单子，手颤抖着。女人将单子接过来，原来复诊结果出来了，女人得的不是癌症，只是一般的肿瘤。这时医生也进来了，男人此时用双手握紧了医生的手，摇着，摇着，眼泪竟然淌了满脸。

医生说：“多亏了你的丈夫，他一再要求我们为你做一次复诊，并且为此还跑

了多家医院进行鉴定，只因你的这一病状初发时和癌症患者没什么两样，再加上我们这儿仅仅是一家县级医院，医疗设备和水平都有限，所以才导致这种情况出现，在此我代表院方向你们道歉。”

男人抱紧了妻子，在耳边对她说：“好了，好了，我们也该收拾东西回家了。小姑娘，来帮你大姐化个妆，我们一起办出院手续。”出院的时候，我的医生对我说，这真是一对患难夫妻，丈夫平日里的谈笑风生，实际上是不想给妻子增加压力，在医生办公室，他多次流泪，可事后，他总是装作什么都没有发生。

听后，我感动于这位平凡男人面对生活的态度，也羡慕这位妻子能有这样一个丈夫。事隔多年，当我将此事对丈夫提及时，他说，男人的泪是流在心里，而女人的泪则是流在脸上，这是两者之间的差别，却也是相爱至亲的另一种表现。

别说你的眼泪无所谓

这个世界并不相信眼泪，只承认汗水。与其在泪水中消耗自己，不如在汗水中拼搏机遇。

凌晨3时，他正在千米以下的矿井作业。忽然听到一声剧烈的怪响，像一枚炮弹从头顶呼啸而过，百米之外已经有水渗进来，在矿灯照射下显得格外阴森恐怖。凭着多年的井下作业经验，他瞬间意识到大事不好，赶紧朝最近的西面出口飞奔，一边拼命大喊："出事了！透水了！"

坑井里的另外5名工人听到喊声，也飞快地逃命，可是西边的出口已经被封，洪水正在涌入，他又赶紧掉头，率领众人往东跑去。但是这次透水的规模远远超出了他的想象，东坑唯一的通道也被洪水淹没！

此时水已淹至膝盖，前无去路，后有追兵，他们只好退回到几十米高的工作台上，那是短时间内唯一安全的地方。洪水如同狰狞巨兽，张牙舞爪地疯狂涌入，纵使他经验丰富，也不知道此次能否重见天日。他告诫自己：必须保持头脑冷静，才能赢得一线生机，否则必死无疑！

每隔一小时他就测量一次水位，可是每测量一次，心情就沉重一分，水位还在升高。死神步步紧逼，他们只能眼睁睁地坐以待毙，还有比这更残忍的事情吗?随着水位不断上升，生机越来越渺茫，5名工友因为绝望而面部扭曲，有人忍不住放声痛哭，悲伤迅速传染了其他人，漆黑的矿井里哭声一片。

他一声没哭，反而出口大骂："谁敢再哭，老子立即把他扔下水去！"瞬间恢复了安静，他的话谁敢不从。其他5人都是进矿不久的新人，而他从13岁开始下井摸爬滚打，三十几年来无数次死里逃生——此时此刻，他是唯一的救命稻草。

一天、二天、三天，仿佛经历了3年，随着手表上的日历滚动，不少人彻底绝望，却又不敢哭泣，躺在那里静静地等死，只有他还在坚持测量水位。第三天下午，水位竟下降了一毫米！他欣喜若狂，立即告诉所有人，“上面正在抽水救援咱们呢，只要再坚持几天，我们就能得救了！”然后，他又向大家约法三章：第一，不许哭；第二，不许没事乱讲话；第三，每天啃一块树皮。矿井里的支撑木是松树，由于松树皮实在太硬，难以下咽，每人每天只能啃下半个巴掌大的一块树皮，可就是这小小的树皮，让他们勉强支撑下去。

黑暗中死一般的寂静，7天后，他们在朦胧中听到了机器轰鸣声，还有嘈杂的人声……

6名矿工在千米以下的矿井中坚持了7天7夜并得以生还，成了这起灾难事故中的奇迹！而他，黄益龙，一个普通的中年男子，更是受到了人们英雄般的欢迎。几天后，他和几名幸存者受邀去电视台做节目。听了这段惊心动魄死里逃生的经历，人们无不频频赞叹。

感慨之余，忽然有观众提出质疑：“有一点我不明白，在那种情况下，伤心大哭本是人之常情，可是你却不准别人哭，似乎太不近人情吧?”他搓了搓手，憨憨地笑了，说：“大道理我说不上来，还是给大家讲个故事吧。”

“前几年，我在另一家矿上干活儿，那里也发生过一次透水事故。当时有4个人被困在井下，有两个不停地伤心痛哭，另外两个却一声没哭；等到4天后抽干水时，哭的人死了，没哭的人活了下来。后来，幸存者告诉我，因为那两个人不停地哭，浪费了宝贵的体力，又没有吃的东西，结果没等到救援就死了……所以我觉得，在那样的情况下，哭顶个屁用，只会害死人！”

他小学没毕业，文化不高，话有点儿粗，可是那理儿却分毫不差。

多少人，无数大风大浪都闯过来了，最后却淹死在自己的泪水之中，怎不令人扼腕?殊不知，这个世界并不相信眼泪，只承认汗水。与其在泪水中消耗自己，不如在汗水中拼搏机遇。假如有一天，当失败或灾难不期而至，相信我们不难选择——宁可流汗绝不流泪，千万别哭！

有一种爱，总会让人感动

生活中我们难免会遇到形色各样的事情，但是，总会有一些人和事会让我们难以忘怀……

我每天都乘公交车上下班。这天，我坐在车厢稍后的座位上，正饶有兴趣地观看数字电视“轻松一刻”，到站了，走上来一对年轻的恋人，特别惹人注目，因为那位男同志搂着女孩的腰，几乎是把她抱上车的。

司空见惯，说实话，那一幕我很是看不下去，我知道现在的小青年谈恋爱，有时旁若无人，他们忘我的陶醉，尽情地表达爱意，但我总觉得，在众目睽睽之下，如此大胆的举止，有失风雅。当然，我们无权干涉人家的感情，于是，我继续观看动画小品。

过了一会儿，我发现两位依然没有收敛，男的还是搂着女孩的腰，情意浓浓，窃窃私语，看得出，两人的感情很深，但是，我还是不由地感叹，他们如此恩爱，为何也不考虑别人的感受呢？

又到站了，看来这对恋人要下车了，跟刚才相似，男的始终在搀搂着女孩，感觉好像一松手，那女的就会跌倒一样。不管怎么说，他们的下车，使我的内心又恢复了原先的平静。

无意间，我又瞥了一眼已经下车的他们，这时，我彻底惊呆了，女孩左胳膊的袖管是空的，我心里一颤。怪不得那男的始终搂着她，原来，女孩是需要有人搀扶的，在这颠簸的车厢里，她的一只手难以支撑。

顿时，我被眼前的一幕感染了，我再次看到了这样的场面：男的右手搂着女孩的腰，左手拉着她的右手，然后相依相偎地行走着，他们的脸上洋溢着幸福的笑容。

当汽车缓缓驶出车站时，当这对恋人慢慢消失在我的视野后，我想，生活中我们难免会遇到形色各样的事情，但是，总会有一些人和事会让我们难以忘怀，总有一种爱会让我们感动。

这是一种爱的搀扶，幸福的支撑。

人间情分

每一次碰面，都是最珍贵而美丽的人间情分。

下着梅雨的季节，令人心浮动，生活烦躁起来。尤其是上下课时，捧抱着大叠讲义，站立在潮湿的街头，看着呼啸如流水奔涌的大小车辆，却拦不住一辆计程车，那份狼狈，无由地令人沮丧。

也是在这样绵绵密密、雨势不绝的午后，匆忙地赶赴学校。搭车之前，先寻觅一家书店，复印若干讲义给学生，因为时间的紧迫，我几乎是跑进去的，迅速将原稿递交从未谋面的女店员。

那女孩有一双细白的手掌，铺好原稿，发动机器，她先复印了两张尺寸较小的，然后将两张复印稿并排成一大张，她抬起头，微笑着说："这样不必复印 80 张，只要复印 40 张就够了。好不好?"

我诧异地看着她继续工作，在复印机一阵又一阵的光亮闪动里，也诧异地看着她的美丽。

原本，她长的五官平凡无奇，然而，此刻当我的心灵完全沉浸在这样宁谧的气氛中，她不再是个平凡的女孩。

我看着她仔细地把每一张纸整齐裁开、叠好，装进袋子，连同原稿还给我。付出双倍劳动，却只换来一半的酬劳，她主动做了，还显得格外光彩。

离开的时候，我的脚步缓慢了些。焦躁的感觉，全消散在一位陌生人善意的温柔中。并且发现，即使行走在雨里，也是一种自在的心情。

有一次，在南方的某城市，车站阶梯上，我们一步也挪不动，只好停下来喘息。一个年轻男子从我们身边走过，像其他旅客一样，而不同的是他注视着我们，并且也停下来。

"我来吧!"

他温和地说着，用卷起衣袖的手臂提起大箱子，一直把我们送到顶端。我们感激地向他道谢，他只笑一笑，很快地隐遁在人群中。

着白色衬衫的背影，笑容像学生般纯净，是我在那次旅行中，最美的印象了。

有时候，承受陌生人的好意，也忍不住自问，我曾经替不相干的旁人做过什么事?

人与世界的诸多联系，其实常常是与陌生人的交接，而对于这些人，他们无欲无求，却表现出了真正的善意。

每一次碰面，都是最珍贵而美丽的人间情分。

和的哥有关的两件事

他们可能闯过红灯，也可能有过舍近求远，但在某一个不经意的瞬间，他们，也会让我们泪流满面。

不是大的口号，只是小的瞬间，往往让人泪流满面——

这是我所知道的关于的哥的两件事，细节虽已模糊，但印迹却一直温暖着我。

第一件事是我亲身经历的。2003年的冬天，我出差到济南，下火车时已是晚上，因为路生，我便打的去预订的宾馆。车上收音机放的是当地电台的一个热线谈心节目，讲的是一女青年给主持人打电话说在城西一个小巷里，她的前男友把她堵在那里，不让她走。主持人于是呼吁说，路过此处的的哥们过去看一下吧。这时司机对我说："咱过去看看吧，这趟算我白送你。"

当我们赶到时，已有20多辆出租车停在那巷子里，车灯把整条巷子照得通亮，那个男青年吓得蹲在地上。车还在纷至沓来，司机们对女青年说，快给电台打个电话，要不这儿交通就要堵塞了。

第二件事是我从电视上看到的。某年夏天，青岛的一个小姑娘得了种挺难治的病，说难治，一是花费大，二是风险大。小女孩的家庭已无能为力，只能求助媒体。当地媒体于是某一天在一个广场前为小女孩举行了一个捐赠活动，至于结果，谁也不敢想象会怎样。出乎意料的是，那天的出租车司机们都在忙乎一件事：挽救小女孩。早晨他们成为第一批捐款者，然后他们又分散在青岛的机场车站，大街小巷，只要你是赶往那个广场，哪怕只是去看看，他们也会把你免费送到那儿。

那天的广场前人山人海，活动持续了一整天。而街上来回穿梭的出租车，也成为这个城市当天最靓丽的一道风景。

这就是我们的出租车司机，他们可能闯过红灯，也可能有过舍近求远，但在某一个不经意的瞬间，他们，也会让我们泪流满面。

一杯温开水

她当年对我的关照，我一直心怀感激。

我到菜市场买菜，每次都固定在一个摊位，摊主是位中年妇女，我认识她，她却不认识我。

有一天，她和一位顾客在争执。我赶了过去，原来是那位顾客认为她卖的猪肉不新鲜，要求退货。

我拿过来闻了一下，有一点点异味。我说："这肉卖给我吧。"我拿出钱，交给那位顾客，顾客欢天喜地地走了。

她对我很感谢，说："你这人真好。"

我说："其实啊，还是因为你好。"

她有些诧异。

我说："你原先在一家工厂的人事科工作。"她说："对呀，我是在那个工厂待过，后来工厂倒闭了，我就租了这个菜摊卖菜。"

我说："五年前，我到你们工厂应聘面试，那天早上我不知吃了什么，胃疼难忍。你是人事科的办事员，见我脸色苍白，过来问我哪里不舒服。你知道我的胃病后，赶快给我倒了一杯温开水。并说你也有胃病，痛起来时，只要喝点温开水就能缓解。我照你的话做了，果然，胃痛减轻了。我去面试的时候，你还关照我，让我跟老总说明一下，我现在身体不舒服。"

我说完这一切，她一脸茫然。显然，她早已记不起来了。

但我却清清楚楚地记得，她当年对我的关照。虽然我没有应聘成功，但对于她，我一直心怀感激。

飓风中的两个瞬间

每场灾难都是对人类的严峻考验，就在这些考验中，我们往往会看到最光芒四射、最铿锵峻拔的美丽人性。

2005年8月29日，飓风“卡特里娜”把美国墨西哥湾沿岸的4个州变成了人间地狱，密西西比州是遭飓风袭击最严重的地方，90%的建筑已“完全消失”。

飓风虽狰狞可怕，但人们的爱并没有退缩，爱心与奉献在这场灾难中演绎着一段段可歌可泣的故事。

飓风袭来时，有6个人刚刚从密西西比州首府杰克逊市的一个法院里走出来，他们是刚刚对簿公堂的原告和被告，为避灾难，他们情急之下不约而同地就近躲在一个立交桥下。当时的风力达到12级，连小汽车也被掀到了半空，靠着桥墩的6个人，随时都有被刮跑的危险。怎么办？危急时刻，一个人突然喊道，快把手拉在一起。喊声让人们恍然大悟，他们抛却了所有的恩怨与芥蒂，围抱着桥墩把手紧紧拉在一起，那一刻，他们感到别人的手对自己是那么重要。结果，飓风也对这同心联手的6个人无可奈何，6个人因此逃过了一劫。

强烈的飓风也使洪水泛滥成灾，路易斯安那州首府新奥尔良市由于地势低于海平面，80%的城区都被洪水淹没，有8个市民在洪水泛滥时坐在一条小船上逃生。但小船没走多远就因负载太重，在水里直打转，并慢慢下沉，眼看着一船人就要葬身水底。

就在这时，一位体态较胖的中年男子站起来说：“让我跳下去，大家就得救了！”听了他的话，其他几个人也要跳下去，想把生还的希望让给别人。但中年人对他们大声说：“谁也别争，跳下去的必须是我，因为我是所有人里最重的。”说完，他就跳下去了。

小船停止了打转并开始上浮，船上的人眼看着那个不知姓名的人被洪水吞没，都失声痛哭起来……

这是美国有史以来遭遇的最大的飓风。不可否认，灾难常常令人类狼狈不堪，灾难常会带来惨绝人寰的毁灭，但每场灾难都是对人类的严峻考验，就在这些考验中，我们往往会看到最光芒四射、最铿锵峻拔的美丽人性。

我被一个民工感动

温柔的眼睛看到的，是能让灵魂也柔软起来的东西。

那个夏日的上午，我坐公交车上班。天热心烦，看谁都有点不顺眼。

我前面坐着一个年轻人。他露着一大节儿黑红脖子，东张西望的，膝盖上还码着大大小小三四个包裹。是个民工吧？我想。

“呸……”黑红脖子的民工，忽然对着车窗外吐了口痰，唾沫星子迎风洒了我一脸。天，“非典”刚过……唉，民工就是民工，素质低下！“别往地上吐！再吐下车吧你！”售票员大姐翻了半天白眼，仍不解恨，接着又狠很地吼了“黑红脖子”一通。“黑红脖子”羞愧地低下了脑袋，脖子更红了，脸几乎要伏在膝盖上了。我忽然觉得心有不忍。也许他刚到城里，也许他还没习惯城市里的规则……

临近西客站，我们坐的大公交，车胎跟响炮似的，“叭叭”叫着。撑着走了几分钟，“嘶”，终于泄气儿了。司机急躁地打着方向盘，大公交却一动不动。售票员大姐灰着脸下了车。半晌又上来，还是灰着脸：“推推车吧，各位！”大家都不情愿地挪下了车，却都跟没事儿人似地站开了。站在一根电线杆下，我就琢磨：推车这种事儿不是女人干的……打扮得整整齐齐是要上班的……天那么热……再说，单位的事还多着呢……得得，打车打车，走为上！

就在我要离开的一刹那，我又看见了那个黑红脖子的民工，那个因为一口痰被售票员怒吼被众人鄙视的小伙子。只见他迅速放下了缠在身上的大包小包，三步两步跑到车尾巴前，趴下身子，使劲，使劲！周围的看客们一看，也都趴下了身子。

一辆超长大公交，在众人的努力下，一点一点向前挪着。

烈日下，“黑红脖子”的头还跟在车上那会儿一样，低着，低着。只是，他火红的脸上却挂着踏实的憨厚的微笑……

那天，我步行到了单位。在开足冷气的办公室里，我的心清凉如水。我边想边在日记本上写下了一句话：今天，我被一个民工感动。

从那件事以后，我看民工的眼神，就有了不同以往的温柔。温柔的眼睛看到的，是能让灵魂也柔软起来的东西。

那个夏日的傍晚，片子编得不顺畅。我怀着一箩筐心事拧着眉头独自一人去散步。忽然，我发现自己走进了一群民工的中间！树荫底下的他们，看起来又饿又累。干了一天的活，他们好像在等着什么人给他们送饭。从他们中间横穿过去的时候，我有点害怕，害怕会碰到的那些五颜六色的眼神。

毕竟，我是一个人，而他们的人，有好多好多……我迅速给自己换上了一副漠然的神情，昂着头就往前走。感觉终于走出民工们的圈圈时，不禁长叹一口气。一回头，却看见一个民工跑着冲了过来。他五十五六岁模样，手里拿着几张CD，喘着气眼巴巴地看着我："小姐，这是你的吧？"我心口不禁一热，这是自己忙乱中掉在地上的。因为脑子里想得杂，东西掉在地上时竟然没听见。再看眼前这位民工，一脸沧桑一脸善良一脸慈祥，眼神就跟父亲看自己时的眼神一样。我的"谢"字还没出口，他就摇摇摆摆地走了。不远处的树荫里，几个年轻民工席地而睡，他们好像很累。老民工紧挨他们坐下，深深地看了他们一眼，那眼神就像看他的儿子一样。

我忽然很想流泪。你知道树荫底下的他们，都有着怎样的故事吗？也许，他还生着病；也许，他来自刚刚遭了灾的地方；也许，他在为考上大学的儿子拼命挣学杂费；也许，他的心一片苍凉……他们，怀着不同的梦想，揣着不同的无奈，来到都市卖苦力挣钱；他们，怯怯地习惯着都市，忍让着都市，而又以惯有的朴实和宽容热爱着建设着都市……都市里的我们，能给他们什么呢？

我常常提醒自己：最起码，应该给他们以尊重。

总有一种歌声会让冰冷消融

这个世界没有一个人是冷酷无情的，没有一个人是拒爱于千里之外的。

这是一部蒙古国导演宾巴苏伦·达瓦与路易吉·法洛尔尼的纪录片《流泪的骆驼》：

在蒙古南部沙漠深处，漫漫黄沙，阵阵驼铃，满目是一片苍凉的昏黄色。在一户牧民家中，一头母骆驼正在生产。因为难产，母骆驼十分痛苦，但是，很坚强，没有流一滴眼泪。

经过牧人的帮助，母骆驼产下一头罕见的白骆驼。对于这个“不速之客”，世代黄种的母骆驼拒绝接纳，不给他一滴奶水和一脉母爱。

为了拯救白婴驼，牧人派自己的两个儿子穿越危险的沙漠腹地，到城里请乐师。请来的是一所学校的一名年轻的音乐教师，他坐在母骆驼旁边，演奏马头琴，牧人的妻子在充满爱意的琴声中，一边帮母骆驼梳理驼毛，一边深情地歌唱，于是，蒙古原始的救赎仪式开始了。

现场充满着空灵缥缈的气氛，歌声里飘逸出劝慰、说服、感恩和幽怨，声声如泣，感天动地。

母骆驼终于被感动了，流下热泪，长长泪珠打湿一片驼毛。

牧人把白婴驼再次带到母骆驼身边，这一次，它没有拒绝，神圣的哺乳开始了。

歌声再次在蒙古包响起，那是牧人和乐师在用歌声庆祝成功的救赎，欢庆古老的歌声将冷漠消融。

想起小时候，孵蛋的母鸡突然“醒”后，不愿再孵小鸡，在装有20个鸡蛋的鸡篓里振翅蹬腿，情势十分危急，母亲就一边用手抓住母鸡，一边用古老的腔调浅吟低唱：乖崽、乖崽，鸡篓里有你的崽；乖崽、乖崽……不多时，母鸡安顺如猫，安静地卧在鸡蛋之上，又安心地孵起小鸡来。

天下情，博大如母爱，也有误入歧途的时候。在歧路上，心也硬了，爱也冷了，硬如石，冷若冰。而总有一种歌声，会让冰冷消融，让错误修正，让爱更纯净，更伟大，更动人。

我知道，这个世界没有一个人是冷酷无情的，没有一个人是拒爱于千里之外的，即便他暂时冷酷，一时拒绝，但总有一种歌声会将之消融，让温暖吹遍，如春风千里拂人面。

良 知

我第一次发现，那笑中有一种我从前从未注意过的东西，人间至纯至善的东西。

我总会看到马路旁的那座石头人像，那副微笑的空洞的面庞。那毫无表情的面庞上有硬生生的毫无思想的笑，我便想它存在的意义。它不会给自己带来快乐，也不会给旁人带来慰藉。于是我就想到了一个人的笑，同样是呆滞的毫无思想的笑——他叫大川，至少他的母亲这样叫他——他是个傻子。

从我搬到这栋楼开始，便对四层怀有一种莫名的畏惧，但毕竟我要每天经过——正对着楼梯的是一扇紧闭的房门，但每天都会传出相同的声音，一个母亲的有些苍老但永远平和的声音："弯弯的月亮小小的船……"然后就是一个有些迟缓的浑浊的声音紧随着："弯—弯—的—月亮，小—小—的—船。"每一天每一天，永不更替，有时母亲会故意停顿一下："弯弯的月亮……然后呢?"一片寂静，一种沉默，是那种会让空气中所有的快乐都消散的沉默，然后又是母亲永远平和的声音："小小的船。""小—小—的—船，呵呵……"那是一种毫无音调毫无内容的笑，傻笑，让我心颤，让每个人都会心颤的笑。母亲会继续念，再问——沉默，再念，很平和的念，似乎从来没有真正等待过答案。

大川的确很大，我相信他至少有 18 岁了，他有着智障的人所特有的很畸形的面庞与虚胖的身子。他总是跟着大院里的一群六七岁的孩子痴痴地跑着，呵呵地笑着，尽管我们都知道那群孩子从来没有带过他玩。

淘气而讨厌的男孩子们总是捉弄他。他们让大川趴在地上当马骑，大川就真的趴，两三个男孩就真的往上骑，大川支持不住贴在地上，男孩们就笑，于是大川也跟着笑，呵呵地笑；他们用小塑料袋盛了墨汁夹在蛋糕里让大川吃，大川就吃，满眼的感激与快乐，吃完后满嘴的黑，于是孩子们就围着他笑，大声地笑，于是大川用手抹抹嘴也笑，呵呵地笑，露出一嘴的黑。

大川的母亲总会默默地，毫无办法地看着——大川没有父亲。很静的夜，会从那扇紧闭的房门中传出很低的哭泣。我想那房门里应该是阴暗的，简陋的，压抑的——就像这夜里的哭泣。

大川从没有发过脾气，他永远笑，傻笑，痴痴地笑，对每个人，每样东西笑，笑得让你想哭。

终于有一天，男孩们不知从哪儿找到一只很脏的猫，脏得看不出颜色，他们把猫拴起来打它，用沙子扬它。大川第一次不笑了，他跑过去，含糊地说着："别打。"孩子们不理他，一个男孩又用石块砸猫，大川就打了那个男孩一下，男孩愣了一下，大川却哭了，然后孩子们就更用力地打猫，大川用身子护住猫，护了很久。直到我跑去叫来了大人，满脸满嘴满身是沙子与血迹的大川才解开猫呵呵地笑了——我第一次发现，那笑中有一种我从前从未注意过的东西，人间至纯至善的东西。

后来那只猫就被大川养了起来，那猫洗完后很白，很漂亮的。再后来有一天我经过四层时发现那扇门忘关了，那屋子原来是很明亮的，正对着门的是一扇很大的窗，窗外有明晃晃的太阳。

用爱倾听

人类给了自己爱心，是让我们将所有纷杂的声音，转换成美妙动听的音乐。

那段日子，我被楼上楼下的住户折腾得快疯掉了。

我家住在二楼。住我楼下的是一对下岗夫妇。为了生活，这对夫妇买了一辆破旧的三轮摩托车，那辆摩托车破旧得像个严重的哮喘病人，声音巨大。每晚，我躺在床上，刚有一点睡意的时候，那辆摩托车就拼命咳嗽着回来了，搅得我睡意全消。

我楼上的那家住户，给女儿买了一支箫。每天天刚蒙蒙亮，就逼着女儿练习。那声音呜呜咽咽，听在耳里，像鬼哭狼嚎。

我每晚被楼下摩托车的"咳嗽"搅得没有睡意，早晨又被楼上的箫声"哭"醒。我想，是该好好与楼上楼下的住户谈一谈了。但临到他们的家门，我又犹豫了：楼下的那个住户，破摩托车就是他们的饭碗；楼上的那个住户，箫声就是家长对孩子的希望，难道我要他们放弃饭碗、放弃希望？我不忍心开口，他们也不会答应。

几经考虑，我决定搬家，搬到一个清静的地方，那样有利于我的写作，也有利于我的健康。我找到一位朋友，诉说了我的苦衷，叫他帮我物色一个好的住所。朋友笑眯眯地听着，然后问我："你觉得我居住的环境怎样？"我说："就是觉得你这里清静，所以叫你帮我找住的地方。"朋友得意地点点头说："好吧，你先在我家里坐 1 个小时，感受一下。"

我在朋友家里待了 1 个小时，这里的环境确实幽静，但 1 个小时后，人们陆续下班回家，嘈杂开始显现。最要命的是，隔壁的阳台上，传来一阵类似于说话的声音，像原始部落的人用特殊的声音在喊叫，声音刺耳而模糊，听了格外不舒服。

我问朋友这是什么声音。朋友说："一个9岁的男孩，在学说话。你仔细听听，他说的是什么?"我侧耳倾听，那男孩无疑在重复一句话，但我怎么听都听不明白他在说什么，我猜测说："他好像在说，羊刚扑倒在地。"朋友哈哈大笑，说："你错了，他是说，阳光普照大地。"说着话，他拉开了通往阳台的门，使那孩子的声音更大一些，而且我听到，有一位妇女，在不断地纠正那个男孩。妇女说的正是"阳光普照大地"。但无论妇女怎么纠正，那男孩说的，仍是"羊刚扑倒在地"。

朋友问我："如果让你住在这里，每天听到这样的声音，你感觉如何?"我直摇头，实话实说："受不了，不但声音太吵，而且他怎么学都学不会，听着都替他着急。""但是，在我的耳朵里，这孩子的声音简直就是一曲美妙的音乐。不但我有这样的感觉，住我们这栋楼里的人，都有这样的感觉。"

朋友见我一脸诧异，便解释说："这孩子是个弃儿，一出生就又聋又哑，所以他的生身父母抛弃了他，是我的邻居将他捡了回来，不但抚养他，而且到处求医问药为他治疗。从他4岁开始，我的邻居就开始教他说话，我们都以为这是不可能的事情。但我的邻居锲而不舍，坚持每天教他。到他5岁的时候，有一天，他居然开口叫妈妈了，虽然声音那么模糊，但我们都听清了。当时我的邻居就激动得哭了，在场的许多人都热泪盈眶。我的邻居含辛茹苦这么多年，终于让这孩子开口说话了，你说这怎么不让人激动。从这以后，我的邻居更加认真地教他说话。我们这栋楼里的住户，都觉得这声音就是美妙的音乐。"

在我离开朋友家的时候，朋友说："你听这孩子的声音，很刺耳，很不舒服，是因为你是用耳朵在听。而我们听这孩子的声音，很动听，很欣慰，是因为我们用爱在听。只要学会用爱去倾听，这世间许多声音，都是美妙的音乐。"

上帝给了我们耳朵，是让我们聆听世间所有纷杂的声音；而人类给了自己爱心，是让我们将所有纷杂的声音，转换成美妙动听的音乐。如果你想享受美妙动听的音乐，就要学会用爱倾听。

无言的感动

生活不是没有感动，而是缺少能够感动的心灵。

生活不是没有美，而是缺少发现美的眼睛。

生活不是没有感动，而是缺少能够感动的心灵。

下午，在楼顶的会议室极目远眺，天空蓝得清澈，阳光明亮得让人沉醉，能看到近处家属房和附近的民居，掩映在绿树丛林中。整天在家不觉得家门前的风景有什么特别，可从远处眺望，那样的风景仿若一幅精美的水墨画般的美丽。才发觉原来房子四周的风景如此美丽迷人。

其实，人总是如此，身在画中，总是不觉得画的美丽；而远远的欣赏，才看出那是一幅不可多得的美丽图画。

于是，心中浸满了温柔的感动，为这美丽的风景。

于是，心中溢满了无数的欣喜，为这蓝天白云下绚丽的景色。

病房的小孩孱弱着身子跑来跑去，虽然行走时候步态蹒跚，可他还是跑得那样认真。跑得累了，依在我身边，伸出双手要我抱。

于是轻轻地抱了他徘徊在长长的走廊。小孩虽然不会说话，可表情是那样的喜悦。用双手环着我的脖子，细白的小手有些清凉。

看着面前孱弱的小孩，心中有那么一丝无声的叹息，有那么一丝无影的泪在心里滴落。

已经 7 岁的小孩，却只有 105 厘米的身高，15 公斤的体重。睁着一双婴儿般清澈的眼睛凝望着眼前粉红色工作服的我。

发觉小孩的手指甲长了，于是将孩子放在面前的凳子上，拿出指甲剪细细地帮小孩修剪了指甲。

小孩依然用乌黑的眼睛望着我。

那样小的一个孩子，却已被家人丢弃，不知道他今后的路会是怎样。

昨天，看着少儿救助中心的人抱着他进来，心中有那么一丝无言的感动。真心地对他说："辛苦了!"

"那倒不辛苦，在车上他睡着了，我只好抱着他。"那人回答。

丢弃孩子的父母，充满爱心的救助站工作人员，明显的对比令心中充斥着太多的感慨以及无法言述的感动。

于是在某个地方，自发地引出了一场资助贫困儿童上学的活动。热心的人们令我感动。

与其说大家是在拯救这些小孩，毋宁说是这些小孩在拯救着人们日渐沉轮的灵魂。

婆婆将小女托付给一个11岁的同校的小女孩照管，要那孩子在放学的时候领着女儿坐校车，带着女儿过马路。

中午我上班的时候女儿还没回来，等我下班回来女儿已经上课去了。

下午放学回来，11岁的小女孩拉着女儿的手，帮女儿提着书包，如大姐姐般照管着刚上学的女儿，小心翼翼地将女儿送回家门，还给女儿买了一堆零食。

因女儿回来的时候我在楼上忙着，并没亲自下楼接她，婆婆告诉我的时候，听得我目瞪口呆。心中在感激着那11岁懂事的小女孩。

那样的感动，我无法说出口。

很多的感动，或许，只是缘于瞬间的小事，而正是那么多的小事，让我们的心中充满感动。

乞丐的眼泪

当那个疯女人抱着小乞丐喊“儿子”的时候，小乞丐没有躲开，而他和那个疯女人的眼中都同时涌出了泪水。

那个乞丐年龄还很小，大约只有十一二岁的样子，他瘦瘦的，黑黑的，头发长到能遮盖住眼睛，脏而且乱，像一窝枯草。

他时常斜坐在离我家不远的那座天桥边，由于经过的次数多了，我渐渐地记住了他。他不像别的乞丐那样死乞白赖，只是头伏得低低的，前面放着一个破碗，里面零星地放着一些硬币。我路过时，偶尔也丢一些零钱给他，那时他总会抬起头，用大而无神的眼睛匆忙地看我一眼，仿佛在诉说着自己的感激。

有一次，我看到他和另一个乞丐在打架，更确切地说，是他在挨另一个乞丐的打。那个乞丐比他高，也比他强壮，一拳打在了他的鼻子上，顿时鲜血喷了出来。这时，不少的人围了上来，高一些的乞丐骂骂咧咧地走了。小乞丐垂下了眼，找了些旧报纸塞到鼻孔中，他不经意地抬了一下眼，我看到了他的眼睛在喷火，而不是我猜想中的含着眼泪。

一天，下着小雨，一个醉汉骑着一辆电动自行车摇摇晃晃地驶过来，小乞丐慌慌张张地躲避着，可那自行车好像长了眼睛一样，不偏不倚地撞到了小乞丐身上。他跌倒了，脸痛苦地扭曲着，却一声不吭。醉汉却不依不饶，恨恨地叫着：“臭要饭的，你想死呀！想死也别往老子的车下钻，一身晦气……”醉汉喷着满嘴的酒气走了。小乞丐眼睛中愣愣的，有的是痛苦、无奈、愤怒，而不是眼泪。此后，他的腿瘸了好长一段时间。

真正看到那个小乞丐的眼泪，是在一个初夏的傍晚。那时，一个疯女人在街道上来回奔跑着，每看到一个十多岁的男孩子，她就会不顾一切地扑上去，哭喊着："儿子呀，我可找到你了，快跟妈回家吧！"只是，所有的孩子都不理她，有的慌不择路地跑开，有的朝她身上啐上一口唾沫……

当那个疯女人抱着小乞丐喊"儿子"的时候，小乞丐没有躲开，而他和那个疯女人的眼中都同时涌出了泪水。

后来，我问小乞丐是不是认识那个疯女人，他摇了摇头，说："我只听说她儿子被汽车撞死了，我妈也是一个疯子，在我爸死的那一年疯的，后来，她就跑丢了。我也就成了乞丐，一看到那个疯子，我就想起我妈来……"

爱没有重量

爱没有重量，爱不是负担，而是一种喜悦的关怀与无私的付出。

曾听过这样一则故事，那是一则非常动人，而且发人深省的故事：

一位印度教徒，步行到喜马拉雅山的圣庙去朝圣。路途非常遥远，山路非常难行，空气非常稀薄，他虽然携带很少的行李，但沿途走来，还是显得举步维艰，气喘如牛。他走走停停，不断往前遥望，希望目的地赶快出现在眼前。就在他的上方，他看到一个小女孩，年纪不会超过10岁，背着一个胖嘟嘟的小孩，也正缓慢地向前移动。

她气喘得厉害，也一直在流汗，可是她的双手还是紧紧呵护着背上的小孩。

印度教徒经过小女孩的身边，很同情地对小女孩说：“我的孩子，你一定很疲倦，你背得那么重!”

小女孩听了很不高兴地说：“你背的是一个重量，但我背的不是一个重量，他是我弟弟。”

没错，在磅秤上，不管是弟弟或包袱，都没有差别，都会显示出实际的重量，但就心而言，那小女孩说得一点没错，她背的是弟弟，不是一个重量，包袱才是一个重量。她对她的弟弟是出自内心的爱。

爱没有重量，爱不是负担，而是一种喜悦的关怀与无私的付出。

永远的红舞鞋

她不仅仅是起舞在玫瑰色的阳光里，也长裙飘曳地含笑跳跃在生命的舞台上……

16岁那年夏天，索菲因为一次严重的车祸住进了医院。她的两条小腿粉碎性骨折，医生说她能够站起来的希望极其渺茫。索菲的母亲开始到康复器材商店里去打听轮椅的规格和价钱，索菲的妹妹甚至把姐姐的漂亮裤子剪裁下来做布娃娃。索菲很伤心，不久前她才和男朋友第一次约会，那个长得有点像著名歌星约翰逊的帅男孩说过有一天要娶她的，还说要把她带到海边一座童话般的小木屋里，让她在遍地的玫瑰花中做他最美丽的新娘！可现在他却不肯来看她一眼。“所有的这一切都像烟飘逝了啊！”索菲总是在每一个月光如水的夜晚悄悄地哀叹。

几个星期后，索菲所在的骨科病房里又住进来一位名叫黛特的20岁左右的女孩。她穿着一身素雅的白底蓝花的连衣裙，金黄色的鬈发上别着一枚波浪形的发夹，她总是甜甜地笑着，露出两个好看的小酒窝。如果不是亲眼看见黛特躺在病床上输液，索菲根本不会想到这个美丽乐观的女孩会是一个病人。健谈的黛特很快和索菲混熟了，她告诉索菲说不久她就要出院了。一想到病房里又将剩下自己孤孤单单的一个人和即将残废的现实，索菲就忍不住垂泪。

黛特知道索菲忧伤的原因后，就微笑着说：“我的腿遭受的伤害曾经比你还严重，后来我努力配合医生治疗并坚持练习走路，你看，它现在差不多痊愈了。不久，我还要参加学校里的芭蕾舞大赛呢！”黛特抚摸着被裙子完全覆盖的双腿，脸上荡漾着喜悦的表情。她还告诉索菲，她住院前是洛杉矶一家明星舞蹈学校二年级的学生，去芬兰、俄罗斯和澳大利亚等国家演出过，她最擅长的舞蹈是芭蕾舞《天鹅湖》和踢踏舞《印第安田野上的秋天》。

“你的爸爸妈妈和男朋友怎么不来看你?”有一天，索菲奇怪地问黛特。“哦，他们会来的，他们总是很忙，再说我就要出院了，他们没有什么好担心的。”黛特笑吟吟地回答道。

索菲的腿比医生估计的要愈合得快，黛特很高兴，她说：“你看，我不是讲过吗?只要你配合医生治疗，很快就会好起来的!”索菲被黛特的乐观情绪深深地感染了，她开始按照医生的吩咐拄着拐杖在病房里练习走路，可是由于伤腿里还安放着钢筋和螺丝钉，再加上长期卧床治疗，她的腿一挨地就钻心地疼。“索菲，千万不要放弃，我刚开始练习走路也是这样的，忍耐一段时间就好了。”

黛特在一旁鼓励道。

然而，索菲在母亲的搀扶下每次只走了几分钟，就忍不住痛得趴在床沿上再也不想迈动脚步。“哦，你这样可不行，你不能走路，没有哪个白马王子愿意娶你的!换了我也不会。索菲，你想学跳舞吗?我向你保证，等你康复后我就教你跳舞，《天鹅湖》跳起来美极了，每次谢幕时我都会收到帅小伙们的大把鲜花；《印第安田野上的秋天》跳起来难一点，但像你这么聪明的女孩应该一学就会，到国外演出的时候，这一幕舞赢得的掌声是最多的……”

索菲被黛特描绘的美好前景鼓舞得信心倍增，她再次咬着牙站起来练习走路。慢慢地，她就可以不再依靠别人的搀扶自己拄着拐杖从病房的这边走到那一边。索菲开朗多了，她想，原来很多看似不可能的事情都在于自己的努力啊!有一天，索菲心血来潮地掀开盖在黛特身上的被子，要去看看她的腿恢复到什么程度了，怎么还不能出院。但黛特死死地压住长长的连衣裙，狡黠地笑着说：“这可不能看，我脚上还留有许多疤痕，难看死了!不过，我可以给你看几张照片，那是我以前跳舞时拍的。”索菲看见照片上的黛特亭亭玉立，双腿格外修长漂亮，不由感叹道：“我什么时候也能拥有这么美丽的腿啊?”黛特笑着说：“你只要坚持不懈地跳舞，双腿自然就会好看起来。所以，你现在最重要的是练习好走路。”

索菲开始拆除腿上的钢筋和螺丝钉了，等她从手术室里回来时，她看见黛特的床头摆放着许多鲜花、贺卡和营养品。“我的爸爸妈妈和男朋友刚才来过了，他们要我代问你好!”黛特抑制不住幸福地笑着说。“下次见到他们，也请你代我问好。”索菲感激地说。黛特把一双精致美丽的红舞鞋送给索菲，“也许，明天我就要出院了，送给你留个纪念吧！还有，亲爱的索菲，你一定要记住，不管在任何苦难的处境中都不要悲伤和妥协，奇迹不是上天赐予的，是我们永不放弃的精神与不屈不挠的努力所创造的！”索菲懂事地点了点头，她看见黛特的脸色异常苍白，就关切地问她怎么了，要不要请医生来看一看。但黛特摇摇头说不用了，她只是因为刚才见到爸爸妈妈和男朋友，心情太激动的缘故。

第二天早晨，从睡梦中醒来的索菲看见黛特的被子掉在了地上，于是她想叫醒黛特，却总是听不到回答。医生听见了，赶紧跑进病房，他翻开黛特的眼睑看了看，然后叹了一口气，惋惜地说：“一个晚期骨癌患者坚持到这个时候才走，真不容易！”医生告诉索菲，黛特在一次车祸中失去了父母和男朋友，自己也被在齐膝盖处截去了双腿，她后来安了两条假肢。因为伤口感染，黛特的膝盖上面生了一个肿瘤，后来肿瘤恶化，癌细胞扩散到了全身，医生已经无力回天了。医生还说，因为化疗时脱光了头发，黛特那别着波浪形发夹的金色鬈发也是假的。

索菲将黛特送给她的红舞鞋紧紧地搂在胸前，泪光闪烁中，她仿佛看见黛特像美丽的天使一样又快乐地跳起了《天鹅湖》和《印第安田野上的秋天》。黛特的舞姿是那么优美流畅，脸上的表情是那么生动娇媚，她不仅仅是起舞在玫瑰色的阳光里，也长裙飘曳地含笑跳跃在生命的舞台上……

生命的美丽约定

她们感到：这个美丽的约定，这一对少年的共同心愿就像一团火一样，将永远点亮着她们的生活！

晌午，安娜坐在医院外面的草坪上晒着太阳，虽然身旁有着一簇一簇鲜艳的小花，但她的脸上却始终是一副忧郁的表情，因为她被诊断患有绝症，而且时日不多了。母亲总是含着眼泪站在她身旁，为她梳着头发。她的头发一天天变少了，像秋风中摇曳的枯草。

在回病房的路上，一个男孩走了过来，在他们四目接触的一刹那，一种特有的神采闪在安娜的眼前。男孩拿起手中的风筝塞到安娜手里说，“你瞧这是一只小鹰，它是我的朋友，它很勇敢！我叫约克，现在把它送给你，希望你能快乐！”就这样他们聊了起来，原来约克也患有绝症，每天他在医院的草坪上经过时都会看见安娜在静静地发呆，脸上写满忧伤，约克觉得这么美丽的女孩应该有最灿烂的笑容，但是他什么也做不了，因为他的日子也不多了。今天，他看见安娜坐在草坪的花丛里，觉得应该让她像艳丽的花朵般笑起来，于是他鼓足了勇气和安娜讲话！这天傍晚，他俩已成了仿佛相识多年的老朋友。两颗已经濒临绝望的心相撞了，闪出了希望的火花。他俩在一起聊天，一起放风筝，这对少年仿佛拥有了整个天空。

终于有一天，他们都得知病情到了无法医治的地步，他们相拥而泣，但还是互相鼓励着，他们约定：好好地过完每一天，为对方祝福，永不言弃！但他们一直都会通信给彼此鼓励。

一晃两个月过去了，一个下午，安娜手中握着约克的来信，抱着那只小鹰风筝，合上了眼睛，嘴角边带着一抹淡淡的微笑。母亲流着泪默默地拿过约克的信，一行行有力的字跃入了眼帘：“……当命运捉弄你的时候，不要彷徨，不要害怕。因为还有我，还有很多爱你的人在你身边，你绝不孤单。”母亲拿信的手颤抖了，泪水一点点润湿了它。

母亲在安娜的抽屉中发现了一沓写好但尚未寄出的信，最上面一封写的是“妈妈收”。母亲疑惑地拆开了信，是女儿的字迹，上面写道：“妈妈，当您看到这封信的时候，也许我已经离开您了，但我还有一个心愿没有完成。我知道也许我无法履行我的诺言了，所以，在我走了之后，请您替我将这些信陆续寄给约克，让他以为我还坚强地活着，相信这些信能多给他一些活下去的信心……女儿。”

望着女儿这最后的遗言，母亲突然感到有一种豪情在涌动，她觉得有责任去见见这个男孩，要他好好活下去。

安娜的母亲拿着女儿的信，按信封上的地址找到了约克的家。她看到桌子正中镶嵌在黑色镜框中的照片是一个很阳光的男孩。她怔住了，当她转眼向那位开门的妇人望去时，那位母亲早已泪流满面。她缓缓地拿起桌上的一沓信，哽咽地说：“这是我儿子留下的，他一个月前就已经走了，但他说，还有一个与他相同命运的女孩在等着他的信，等着他的鼓舞，所以，这一个月来，是我代他发出了那些信……”说到这儿，两位母亲已泣不成声。她们感到：这个美丽的约定，这一对少年的共同心愿就像一团火一样，将永远点亮着她们的生活！

第二辑

有些爱，你无法还

有些爱，确实是无法计算且还付的；而真正的爱，亦不是写在脸上，挂在口边，或嵌在缤纷多姿的玫瑰与物质里的，它从来都是隐在最深处，像洋葱一样，一层层地剥开，会让你泪流……

爱的第一百种语言

我听到了那声音，那声音是我说的一句话，也是我记忆中自己说的第一句话……

我侧身、低头，默默地静坐在一个角落里，视角所及，全是乳白乳白的墙。这些墙体已经色泽暗淡，毫无光泽。我将眼光略略地抬了抬，看到了门后面的一个人影。

这个人影高高的，留着明显老旧的齐耳短发。我的口很渴。我用力扭了一下身子，直了一下腰，喉咙里就发出了一阵阵的“咕噜”声。她回过头，看着我，没有说话，径直走过来，端起我面前的杯子。我将头稍微偏了偏，她把杯子放在了我的嘴边，然后倾斜，水就流进了我的嘴里。

我和她无需用其他的方式交流，我们之间没有语言，但哪怕是我的一个小小的动作或是一个不经意的暗示，她也能很准确地理解我的意思。我们这样已经好多好多年了。这个狭小的空间里就只有我们两个人。

她在房间里来回走动，手里收拾的全是刚才被我弄得满地都是的一些物件。一会儿之后，她抬手看了看表。看完表，她又走近了我，将我的身体在轮椅上摆好，拍了拍我的衣服，然后从椅子的边上，拿出了几根链子，轻轻地套在了我的两只手上。这样，我的整个身体就只能老老实实地呆在椅子里。因为我的脚从来就没有过知觉。用链子套住我的手，这也是好多年前就形成的习惯了。从我对这个房间有丁点的记忆开始，我就经常受到如此的待遇。

她把我的身体固定好了之后，照例又呆呆地站在我的身边，痴痴地看着我。每次她这样的时候，眼角都会流出一点一点的泪。这次也不例外。她的泪先是断断续续的，后来就直如滂沱。我静静地坐着，还是不发一言。因为我不能说话。

良久，她用手擦了擦眼角，低下头，在我的额头上亲了亲。我感觉一股温暖就如一丝细细的天鹅绒，直飘进了我的身体。之后，她开门走了出去。

这样的事情，每天至少要发生两次。一次是早上，一次是中午。

我看着她走出去了，先是安静了一会儿，然后我觉得手上的链子是那么的不舒服。我讨厌这玩意。像以往一样，她一关上门，我就用力挥动着自己的手。

我不停地用着力。椅子在我身体的作用下不断地转换着方向，后来还向前滑动。我感觉自己的手隐隐发疼。但我顾不上这么多了。

椅子依然在滑动着。突然，我感觉自己的手得到了解放，一只手上的链子断了！我有了一种释放的感觉。我一阵兴奋，继续挥动着另一只手。这时，椅子越滑越快。但我已经顾不上那么多了。

就在我感觉自己的另一只手也要摆脱束缚的时候，我突然感到自己的头，重重地撞在了一个硬硬的东西上，我的耳际边传来了一阵轰隆巨响。瞬间我就毫无知觉了。

醒来后，一大群人围在我的身边。他们用毫不避讳的神情在说着什么事。他们说，就是这个傻子，他母亲出去工作了，他却在家里把煤汽罐弄翻，还引起了煤气泄漏。幸好隔壁邻居听到了“嘭”的一声巨响之后及时叫警察开了门，才没有酿成大祸。我不知道他们说的“傻子”是谁。但我却看到他们都在望着我。我发现自己正躺在一张床上，浑身无力，周围好多来来去去的人，都穿着白色的衣服。

一会儿，每天都用链子把我绑起来的那个人赶来了。她满脸灰尘，神情倦怠，眼神中却似乎很是焦急。她坐在我的旁边，一下抱着我的头，“呜呜”地哭了起来，泣不成声。周围的人都在摇着头，好像很无奈。我听到一个人说，不容易啊，十五年，十五年如一日地独自照顾着自己的这个弱智儿子，还没有正式工作，全是打点儿零工，捡点儿破烂，难啊。其他的人都表情夸张地摇着头出了这间房子，有的人走时脸上甚至还流满了泪。

我发觉她搂着我的时候，我的鼻孔出不了气，窒息得有点难受，好像那链子绑着我时的感觉。于是我便用力动了动，想挣脱那个怀抱。她却更用力地将我揽在了怀里。我感觉到她脸上流出的那一行一行液体流到了我的脸颊上，暖暖的，涩涩的。

我很生气。每次出现这种事情的时候，我都怕她那含着苦味的泪水流到我的嘴里。我害怕苦味。我用尽了全力想挣脱。

这时，我听到她说话了，语气似乎很悲伤，她说，小辉，我也实在是不想把你绑起来啊，但妈要挣钱，又雇不起人照顾你，不这样，妈也没有办法啊！妈怕你一个人在家乱动，会出事，才用链子把你绑起来的呀！

说完，她又用力抱了抱我，嘴里还在喃喃自语。我却从她的自语中又一次听到了一个熟悉的名词。这个名词每天都要从她的嘴边说出来好多好多次。我有点困惑，张了张嘴，却突然听到了自己的声音。我吃了一惊，我可是从来都没有听到过自己的声音啊。莫非这声音就是所谓的语言？我有点疑惑，我曾经想过语言的好多种形式，如果我会数数，我相信至少会有99种。但今天，我却明显感到，从我嘴里发出来的这种声音，与我曾经想过的那99种都绝对不同！我听到了那声音，那声音是我说的一句话，也是我记忆中自己说的第一句话，这句话是，什么是妈啊?!

那个正流着泪紧紧抱着我的人一听，猛然一怔！之后她就露出了极度惊喜的神情，然后就马上将自己的脸，又紧紧地贴在了我的脸上，无一丝丝的空隙。

我感觉我的整个脸都被泪水浸透了。一股温暖就如一丝细细的天鹅绒，直飘进了我的身体。

半毛钱的故事

以后无数个繁星的夜晚，他都会在心里面默默地想，我亲爱的半毛钱啊，你现在会在哪里流浪？

他曾是那所重点高中里最穷的一位学生，他也曾是那所高中里最富有的一位学生。

他不知道他的亲生父母是谁，他甚至很少想这件事。不知为了什么原因，他们把他扔在了乡医院的走廊里那条破旧的长条椅上，然后扬长而去。他甚至不知道，他柔润的小脸有没有被他的母亲亲过。

那对好心的中年夫妇，因为丈夫发烧，被妻子搀扶着来到医院，然后发现了他。他们是那么惊喜，因为尽管已经50多岁了，可是他们从来没有过自己的孩子，他们喜欢这世上所有的孩子，包括眼前裹在小小的棉布里面不停地啼哭的这一个。

他们像抱起这世上最珍贵的宝贝，欣喜地看见他多皱的小脸上泪光盈盈，那一刻，他们的心被他的盈盈的泪光所击中，感觉这就是他们盼了一辈子的那个孩子。

那个无人认领的孩子啊，他从出生的第二天，便有了独属于他的幸福。

然而他们很穷。

丈夫和妻子都体弱多病，勉强下地干活。他们倾尽所有的爱呵护着他长大。

尽管在这个家庭里面，他从来没有穿过一件像样的新衣服，可是他不在乎，因为他的父母和他一样，他们抚爱的目光望着他的时候，让他感觉自己的身上像是穿了这世上最华美的衣服。他从来没有吃过一餐很像样的饭，甚至在别人家里吃着牛肉丸水饺的时候，他们的年夜饭里只是多了几滴油。可是他从来没有为此而难过，他知道，这个家里的每一碗粥、每一块馍都是他的父母用爱心煮就蒸就，他们一起对望着吃的时候，他们满意而细心地咀嚼着每一口食物，他的心里面都是柔软的幸福与疼痛。

那一年，他 16 岁，他毫不费力地考上了县城的这所重点高中。

因为营养不良，他的个子很矮，他经常穿着不合体的衣服，在这个已经开始出现繁华迹象的县城出没。他不是这个班里最用功的学生，但他是这个班里成绩最好的学生。或者说他是这所中学里有着最凄惨命运的一个，但他不是这个学校里面最忧郁的学生。他经常微笑着，看着一朵朵鲜花一样的女孩子红润而天真的脸颊，他经常很坦然地从食堂的窗口递过掉了好多瓷的饭盆，买回一两粥。他每天就着咸菜，喝一点粥或者吃上一个馒头。

宿舍里的哥儿们经常搜寻一些不穿的衣服给他，他微笑着拿过来便穿。农忙的时候，他总要回家，宿舍里的人也抽空帮他，去割麦子，去种玉米，去收玉米……他毫不介意地让他们进自己破旧的家门，这是他的家，在他的家里面，他不会觉得有丝毫的寒酸和尴尬。尽管他感谢他们的方式最多只是几根冰棍，更多的时候，只是几碗白开水，但他不会觉得羞涩，因为这水是他亲自挑来，亲自煮开的，盛水的碗是他亲自洗的，一切干干净净。

但他拒绝了所有的钱财救助。同学们自发地集资给他，他没有接受。没有人愿意把钱收回去，他就把钱交给班主任，说就做班费吧。

其实有的时候，他已经吃不上饭了，甚至连一个馒头都买不起。这个时候，他去翻自己的口袋，竟然发现了两截一毛的纸币，这正好够买一个馒头。他小心地将它们拼起来，却发现原来不是一张的。

他怔忡地看着它们，研究了一会儿。这个时候，教室的门被推开了。正是吃晚饭的时候，空荡荡的教室里面只有他一个人。走进来的是那个瘦高的女孩子，有着一双大而忧郁的眼睛。她走过来的时候，看了他一眼，她没有问他吃了吗，这样的问候对于他，是不合适的。

她只是轻轻地笑着走近他，随手拿起两截纸币，“这哪儿是你们男孩子干的活儿，看我的吧。”她从口袋里面取出一张完整的一毛钱递给他，“哈哈哈，他们在饭厅等你呢，快去吧！等过会儿我粘好了，这张就归我了啊，我的劳动成果啊。”

他接过带着女孩子体温的一毛钱，默不作声走出教室。向外走的时候，他的眼泪第一次涌出来。他挺直身体，一直走着，从座位到门口就那么短的一段路，他觉得像是走了一辈子。

女孩子小心地拿过两张半毛钱，她细细地看着，研究着它们曲折的接口，她没打算要把它们接起来，没有一种可能性是属于这两张钱的，除非是把它们沿着直线重新划开，她不知道她应该把剩余的那些放到何处，另外也会有其他的两半，正等着与它们的亲密无间的吻合，她知道撕扯了这些，也等于撕扯了那些。

他并没去吃饭，他的手伸进口袋里面紧紧地握住，他第一次感觉心底里面的痛开始清晰地上浮，他的手背触着那张钱，却没有勇气把手掌摊开，去握住它。

他借了辆车子连夜骑回了家。一路上，他的眼泪不停地流。她也会流泪吗?那么忧郁的眼神，他感觉自己其实已经想了无数遍了。

眼泪风干的时候，他回到了家。昏黄的电灯下，妈妈在给他做一双鞋子。桌子上放着一碗香喷喷的米饭，和一碟点了香油的切得细细的咸菜丝。妈笑着看他，我就感觉到你今天要回来的。这是乡政府刚送来的大米，还有其他东西。他们已经决定每个月救济咱们 70 元。

他仰仰头，转身走出门，清凉的夜风拂面而过，今夜是繁星满天。以后无数个繁星的夜晚，他都会在心里面默默地想，我亲爱的半毛钱啊，你现在会在哪里流浪?

爱的诠释

永恒就是美丽，执著就是艺术，平凡造就伟大。

在美国芝加哥的西北角，有一个叫罗爱德的小镇。几个月前，该镇的教育主管部门为镇里一位名不见经传的女教师举办了一次庞大的摄影展览，展出的都是教师以女儿为主人公的生活照片。出人意料的是，从美国各地来了2800多名记者，打破了美国个人摄影展记者采访人数的历史纪录。

女教师名叫露易丝，是个普通的小镇居民。但她与众不同的，就是坚持每天给女儿詹妮照一张相，从女儿出生到20周岁，足足照了20年，照了7300多张。她把这项活动称为：女儿每天都是新的。

展览馆共有八层展厅，被分隔成宽3.5米、长1500多米的展道，全部都挂着詹妮的照片，从她出生到20周岁，以时间为序，一张连着一张。每张照片的规格都是一样的：高23厘米，宽20厘米，下边则写着拍摄时间(年、月、日、时)和简要的文字说明：

今天，詹妮呱呱哭着来到了人间；

今天，詹妮在妈妈怀里吃奶；

今天，詹妮会笑了；

今天，詹妮发烧竟然达到38摄氏度；

今天，詹妮会喊爸爸妈妈了；

今天，詹妮跟着妈妈上幼儿园……

据说，为了坚持不间断地拍摄，露易丝很少离开女儿詹妮，万不得已，她就请人代劳。20年间，她先后请丈夫和詹妮的爷爷、奶奶、外公、外婆等13人帮忙照了43张。

平心而论，这些照片，从拍摄技术到画面内容，都很平淡或平凡，甚至有千篇一律的弊病。比如：詹妮在襁褓中的照片有 110 多张，吃饭的有 1500 余张，看书的有 140 余张……

然而，就是这些平凡之至的照片轰动了整个美国，让全世界为之感动，因为它体现了露易丝对女儿詹妮永恒无私的爱。去年，露易丝因此被评为优秀教师。

永恒就是美丽，执著就是艺术，平凡造就伟大。这是人们对露易丝这种做法的崇高评价。

露易丝的伟大，在于她能够把众人都能够做却不屑于做的事，不但认认真真做了，而且一做就是 20 年。

母亲的价格

母亲的工资，是我们该支付的，而且永远也支付不清。

母亲没有工资，因为她一生都是家庭妇女。煮饭，洗衣，操持家务，抚养我们兄弟姐妹。家里的经济收入全靠在地质队做饭的父亲的工资，除此之外便是自留地上的几棵果树了。穷家难当，但母亲仍用她纤细的手、细密的心，让我们吃饱穿暖，从来没有受到过饥寒，即使是在最艰难的年月。那些双职工父母的小伙伴还很羡慕我们。但我们想，要是母亲也有工资，我们家的生活不是更好吗?

我结婚的时候，父亲千里迢迢陪着母亲来看我嫁的城里新郎。父亲摸索半天，掏出个牛皮纸包，有些歉意地对我说："没办法，就只有2000块钱，家里的情况你是知道的，没有什么积蓄，我们只能拿出这么多了。"

想到男友家里给我们买了房和全套家具，父亲的2000块钱就有些寒碜了，我有些失望，脱口而出："要是妈也挣工资就好了。"

母亲在一旁听了，面带惭愧地笑笑。

直到有一天，我看了一篇题为《母亲的价格》的文章：母亲的工作是一种"技术性的中级管理"工作，若母亲的工作可获得薪水，合理的年薪约为6万美元，换成人民币可是几十万元呵。

著名的艾德尔曼财经服务组织经过细密的计算和评估，得出这样的结论：若将母亲的各项工作改为出钱聘人代劳，那么，子女一年所付的工钱应高达63万美元。不要说63万美元，即使是6万美元一年的工资，又有多少子女能够支付得起呢?

那一刻，我深深地惭愧了。我想起没有电风扇的童年，母亲整夜不睡，用棕叶扇给我们带来凉爽；为了让我们吃饭时不受蝇子打扰，母亲用艾蒿烟赶走飞虫；生病的时候，母亲满山遍野去寻草药；为了让我们吃饱，母亲从来没有上过桌子，我们吃饱了她才吃；知道我们在县城读重点高中，母亲为给我“营养”，把家中仅有的母鸡杀了煨好给我送来……而我们，却一直为母亲没有挣工资带给我们更多的物质享受而颇多抱怨。我们在享受母爱的同时，不知不觉间，已经欠下了母亲那么巨大的一笔工资，而我们自己，却是那么心安理得。

母亲是一种职业，是一份没有工资的工作。女人做了母亲，便是全副身心地投入，这份劳碌、繁杂而又无休止的工作，母亲做得细腻，做得纯粹，头发白了，腰做弯了，母亲也毫无怨言，而且分文不取。

母亲的工资，是我们该支付的，而且永远也支付不清。

闹钟里的母爱

他任凭闹钟的铃声响着，两行泪不由自主地流下来，洗刷这久违的铃声，还有深深的母爱。

以前，他工作的地方离市中心很远，那是个私人企业，每天都要打卡上班。他每天睡前总要看看闹钟，而每一次闹钟的弦都是满满的。

弦是母亲上好的，母亲把给他的闹钟上弦当成了一种工作，好几次他对母亲说："老妈，我也不小了，会自己照顾自己的，你就别操这份心了，好吗？"母亲不置可否，父亲说："她要干你就让她干吧，反正她又没什么事。"他有些委屈地说："可是，星期天我是要休息的呀，干吗还要闹醒我。"母亲拍拍头："哦，我倒把这个忘了。"母亲就是这样。

虽然每天在你耳旁唠唠叨叨，也不会说多么动听迷人的话，可她总会时刻挂念着子女，用她自己的方式演绎着母爱。

现在，他用不着每天早起赶着打卡了，他自己开了个小公司，住在公司里进行个人的创业，他有的是时间。可是，夜深人静的时候，他会伤感，会独自流泪：和家里的联系少了。

他当初要开这家公司的时候，母亲是一千个不同意，她怕儿子吃苦受罪，怕他每天清早起不来。其实，母亲最担心的还是怕他身体吃不消，毕竟社会竞争太激烈。他说，我是不是你的亲儿子呀，干吗不希望我有一番事业呢？我在外面创业有什么不好吗？

最后，他还是固执地开了自己的公司。由于他奋发图强，再加上市场运作的成功，一段时间以来，他的公司还是不错的。虽然他过上了幸福的生活，可很多的时候，他不知如何面对母亲。

和往日的回家一样，他和父母打过招呼后就无话可说了。虽然眼睛盯着电视，眼前却是一片空白，父亲在厨房里忙着，家里只有电视的声音。饭后他对父亲说，我想在家里住一晚，因为公司太紧张了。

他的房间一切如故，床头摆着闹钟。这一晚，他睡得很熟。清早，他被一阵闹钟声惊醒，他依稀记得自己要赶去打卡，心里祈祷千万别迟到。可是当他睁开眼睛，一下子明白了：闹钟的弦是母亲上的。父亲说过，这些年母亲已习惯了每天睡前给他的闹钟上弦，即使他在外面开公司也是如此，只有听到闹钟准时响过后，母亲才能继续入眠。他任凭闹钟的铃声响着，两行泪不由自主地流下来，洗刷这久违的铃声，还有深深的母爱。

母亲的心

对于母亲，每个孩子都是一样的呀。

听亲戚说，小时候母亲曾想把我送人。

我不知道这件事的真伪，也从未问过母亲，然而这件事在无形中给我留下很大的阴影，以致我懂事后一直到长大和母亲的感情都很淡。

我想，小时候就想把我送人的母亲，一定不会爱我的吧。事实上也是，母亲对姐姐和妹妹似乎要更爱护，比如说两块骨头，母亲一定会把大的给姐姐，小的才给我；又比如说我放学迟归，母亲从不担心，但如果妹妹迟归，母亲则会非常焦急，匆匆忙忙地去找她。

我自觉自己的冷落，于是努力读书，也从不给家里添什么乱子，生怕母亲一生气真的会把我送人。毕竟就算母亲曾想把我送人，但对我也没什么特别不好，而且我和姐姐妹妹感情很好，万一分离，岂不伤怀?

有一年家里修理屋檐，在檐下发现一个鸟窝，里面有几只小鸟，我们都非常高兴，想着拿小鸟来玩，母亲见了忙阻止："快放回来，如果鸟妈妈回来看不到小鸟，会很伤心的。"妈妈说这话时，相当严肃。

"这只是瞎的，我可以拿来玩吧！"我发现这些小鸟中有一只尚未睁开眼，以为是瞎的，于是说。

"不可以，对鸟妈妈来说，哪只小鸟都一样！"

可是你就不一样，你甚至想把我送人。当时我恨恨地想。

然而恨归恨，我还是乖乖地把小鸟放回去。

也许上天要弥补我在母爱上的不足，从小到大，我都没遇到什么挫折，读书，升学，毕业，拥有一份好的工作，一切都十分顺利，母亲也似乎十分欣慰，不再表现她的不公，对我和姐姐妹妹不再有什么不同，甚至有时我觉得对我要比对她们更好。

而我却是心底里的偏心，经常看到什么好的，我会买来送给父亲，手机，衣服，手表，皮鞋，什么都有，但却很少送东西给母亲。母亲虽然不说，但想来还是希望和父亲一样能收到礼物的。每次看到她渴望的眼神，我会觉得满足，我以如此的方式不动声色地报复着母亲。有一年夏天，一家人坐在院子里乘凉，墙角的小黄瓜静悄悄地开着花，一阵阵的清香，姐姐的小孩在一边玩耍，母亲慈祥地笑着，叫她们别摔着。聊了一阵，大家都回房，母亲说太热睡不着，要多坐一会，我反正也睡不着，于是坐陪。

夏天院子里蚊子很多，我用扇子赶着蚊子，见飞到母亲那边去，顺手也帮着赶走。

母亲似乎很感动，转身欣慰地说："女儿们都长大了，真是一件开心的事。"

我没搭腔，继续赶蚊子，母亲接着说："由小到大，你总是最乖的，又那么聪明漂亮，从来不用大人操心。有你这样的女儿，真是我的福气。"

既然这样，为什么要把我送人?我强压制着心火。然而问题终于脱口而出："妈妈，小时候你是不是曾想把我送给别人?"

"你怎么会知道的?"母亲有些惊讶。

"听人家说的，说你曾想把我送给别人。"我假装轻描淡写。

"是啊，你小时候，长得特别瘦，不太好养，有个远房亲戚不会生育，曾想把你领走做女儿。"母亲说。

"那你同意了吗?"我问。

"同意呀，当时家里穷得连吃的都没有，你又那么瘦，老是生病，我当时非常担心养不活你。那个远房亲戚家非常富有，夫妻俩又都是知识分子，如果把你给他们，不但可以吃好穿好，而且将来可以接受很好的教育。"母亲说。

竟是这样，竟然是这样！我听了心神恍惚，不知所措，隔了好一会儿才控制住自己："那为什么又没送走我呢?"

"你是妈妈的女儿呀，是妈妈身上掉下的肉啊……"母亲说。

我坐在黑暗里，心里一阵阵颤抖，咬着唇，任泪水恣意横流，为自己的私心和母亲的心。这么多年，我竟然为此恨了母亲这么多年……

想起多年前鸟妈妈的故事，如今才真正明白，对于母亲，每个孩子都是一样的呀。

爱，一门之隔

我知道，母爱，离我并不远，就那么一门之隔……

我一直固执地认为，母亲不爱我，只要一触动关于母亲点点滴滴的记忆，似乎都是不爱的证据。

我们兄妹六人，相继出生在那个清贫而又缺少些阳光的家里，尤其轮到我来到这世上时，我的上面已有两个哥哥两个姐姐了，母亲一看，是一个奇丑无比、可怜兮兮的女孩，也许从那一刻起，便定格了她对我的感情基调。

后来，我像一棵野草，只要有阳光和雨露，也努力生长，尽管个头比同龄人小了些，但自从有了记忆，我的心事便蓬蓬勃勃，很敏感也很自卑、很自尊，但只有自己懂我。那时家里人口多，房屋少，尤其到了冬天，全家人挤在一个大炕上吸取那点有限的温暖，抵御那贫瘠而又虚空的冬天。由于人多炕少，睡觉时母亲便把我安排在脚下面，也就是说她们落脚的地方就是我头的地方。每天夜里，在她们此起彼伏的吸呼声中我在黑夜里睁着双眼，就想着如何好好读书，念出书来之后，第一个心愿便是拥有一个大炕，就一个人睡，想怎么睡就怎么睡。每天早晨唤我醒来的，当然不是母亲温柔的呼唤抑或是哥姐们亲切的叫喊，几乎都是母亲给予我的动作语言，只要她一伸腿，很准确地就会踢上我的屁股，所以每天早晨我的小脸几乎都在泪水里浸泡。我不知道我的泪水在前还是母亲的“语言”在前，总之，每一轮新的太阳都在我的泪水中发出万丈光芒，而我的哭声换来的是母亲的骂声，母亲骂我命穷。我知道母亲不喜欢孩子掉眼泪，但除了眼泪，我再拿不出表明我情感的东西了，她的骂声招来的是我更响亮的哭声，有时愤怒之极的母亲便会顺手给我几下，那样的时候，我便一句话也没有。长大后，我学了“屈辱”那个词汇，才知道那是对我哭声最准确的注解。

小学毕业那年实行包产到户了，家里地多人少，况且养了许多牲畜，两个姐姐很自然撑起了半边天，母亲态度很坚决地把两个哥哥继续送进了学校，也很果断地停止了我的学业，因为那一年，我家驴子怀了骡子了，它在家中的位置远远超过了我。我以全村第一名的成绩，在老师的遗憾声中、同学们的叹息声中，牵着那头驴子走进了田野，对母亲的那份恨似乎成了一种有形的东西，压得我喘不过气。

那段日子，我幼小的心灵感觉到了一种绝望的可怕。每天，我坐在地埂上，看着驴子悠闲地啃着青草，我内心的忧伤撕裂般地疼痛。有时我坐在地埂上看书，驴子吃了别人的庄稼我浑然不觉，有时又盯着书本，脑袋处于痴呆状态，看着蓝天，看着麦田，泪水便在一瞬间奔涌而出。有时和小草对话，对白云倾诉，甚至渴望我的那头驴子和牛郎的牛一样开口说话，给我指点迷津。我甚至牵着驴子不敢经过校门口，一听到孩子们读书的声音、玩耍的声音，我的痛苦便在胸膛里熊熊燃烧，我的心便有一种灼伤的疼痛。那一刻我才明白我对读书多么渴盼，但回到家我依旧不说一句话，那一年我 11 岁。

那一段日子我所有的希望便是父亲回家，也是唯一的希望。记得那天黄昏，当我踏着夕阳牵着毛驴走进家门时，看到父亲正在院子里吃饭，落日的余晖一览无余地洒在父亲柔和的脸上。父亲一脸惊诧地说："雨儿，你怎么没去上学?"父亲那一句问话，把我心中的等待、委屈、失落、痛苦都化成滔滔不绝的泪水。那天晚上，我听到父母的争吵，我也一夜无眠，我不知道第二天会带给我什么结果。

第二天吃早餐时，一家人都很沉默，我知道我完了。等我拉上驴子准备出门时，父亲走过来说："别放驴了，我送你上学吧！"我相信那句话是我一生听到的最动听的语言了。那一天，我清楚地记得，我穿着印花上衣、蓝裤子、新布鞋，走在家乡那条土路上，我觉得我步履轻快得随时都有飘飞的可能，飞扬的尘土似乎都在快乐地舞蹈。从那以后，我住了校，也离开了母亲，似乎很少和母亲说话了。每逢周末回家，姐姐们上地了母亲上班了，我便自己踩着凳子，烟熏火燎地烙干粮，打点我一周的口粮。尽管我在同学当中拿的馍馍是最黑最难看的，但是由于我学习好，没人敢轻视我，日子也便一天天拖泥带水，悄然而去了。

后来，上大学、工作、成家，一步一步顺理成章地打理我的心情，也很少去理会母亲的心事。我和母亲之间在寒暄中透着几分亲近，亲近中流露着几分疏远，很多时候无所谓爱，也无所谓恨，在漂泊失意的日子里对家对母亲总有一分淡淡的牵挂。后来，直到我当上了母亲。记得那时我怀孕三个月，我回老家，母亲便显得格外高兴。那一天我想吃煮的青豆，母亲便匆匆忙忙上地去了，时间不长，母亲一脸汗水，一脸喜悦，挎着一篮子饱满的青豆，洋溢着勃勃生机挑逗我的食欲。等锅里蒸腾的水气"哧哧"向外冒时，我的胃里蠢蠢欲动，我便围着锅台走来走去。母亲看出了我的焦急，便说，先从锅边上拿出几个我先吃，其余继续煮。谁知一不小心，母亲手上烫了一串水泡，那一瞬间，我清楚地看到了母亲眼里的疼痛，我也第一次注意到母亲的那是怎样的一双手，那样苍老，那一刻我也才发现母亲老了，母亲的皱纹一览无余地堆在眼角，白发肆无忌惮在鬓角跳跃。我握着母亲的手，一句话也说不出来。

不久，父亲病了，三个多月，母亲一直在医院，父亲一天天衰弱了，而父母又吵了一辈子，儿女们总觉得母亲应承担什么责任似的，母亲稍有伺候不周之处，我们便指责母亲，全然不去体会母亲的感受，有时甚至在医院和母亲吵。记得那一天，父亲刚躺下，又要坐起来，母亲用尽全力让父亲坐起来，刚坐下不到1分钟又嚷着要躺下，母亲一下子笑着骂起父亲："如今几个月，我一天寸步不离，如果以后我躺下，谁每天陪在我的身边……"母亲骂着，我心中多年的积怨一下被点燃了，冲着母亲说："你一辈子给过家中一点安宁吗?难道你不应该伺候吗?如果你那么担心你以后病了没人伺候，那你为什么不先走一步呢?"当我喊出这句话时，母亲一下子沉默了。

从那天起，母亲沉默了许多，病房里只有我们三人时，我和父亲说着，有时笑声中流动着泪水，有时泪水中浸泡着笑声，母亲只是在一边听着。我也想跟母亲说句话，甚至想道歉，但我单独面对母亲时，却一句话也说不出来。父亲还是一天天衰弱下去了，到后来，父亲每咳一次，咳出来的都是鲜红的血。我和母亲站在医院的走道里，各哭各的，但那一刻我觉得我们的心离得那么近，我甚至想扑到母亲怀里，或者让母亲扑到我的怀里，但始终没有。父亲的生命就被他一口一口吐光了，是在我们兄妹的注视下闭上眼睛的。

那一刻，母亲在厨房里一个人哭得声嘶力竭，那是母亲永远的伤痛、永远的失败，那哭声里包含着多少内容，只有母亲一个人明白。

前段日子由于工作忙，孩子上幼儿园我没时间接送，我便给母亲打了电话，母亲匆匆赶来了，每天除了精心准备饭菜之外，便一声不响做拖鞋。有时下午，我接上孩子，孩子便撒娇让我背，我是那种娇小瘦弱型的女子，而儿子是那种肉墩墩的大号孩子，每当我背到五楼，母亲早已站在门口，嗔怪孩子说："快点下来，把妈妈压坏了。"有时儿子执意赖在我的背上，母亲便显出恼怒的样子，一脸心痛的温柔，我便淡淡说："没那么严重。"

后来，当我晚上看书写作时，母亲便悄悄领着孩子到另一间卧室去玩。有一天晚上迟了，我依旧听到母亲和儿子说话的声音，我刚到门口，听到儿子说："这是第十五遍了，再拉五遍。"我知道他们在用扑克牌拉毛驴，母亲说："再拉五遍，你就答应姥姥不让妈妈背了，你看妈妈身体又瘦工作又累。"儿子说："行。"母亲也许又怕儿子变卦又说："来，拉钩。"

"拉钩，上吊，一百年不许变，谁变……"

当一老一少的声音在房里响起时，我突然泪流满面。我知道，母爱，离我并不远，就那么一门之隔……

沉重的父爱

陈留根眼圈一红，扑通一声跪倒在地上，要给肖意磕头，肖意慌忙把他搀起来。

高一学生陈豪杰，被医院检查出患了尿毒症。班主任肖意老师赶紧给陈豪杰的父亲陈留根打了个电话。

陈留根是个泥瓦匠，眼下在深圳打工，他接到电话后，心急火燎地赶了回来。陈留根的老婆生下儿子不久就病死了，他既当爹又当娘，将儿子辛苦拉扯大。儿子就是他的天，现在天要塌了，你说他这心里能好受么？可他进病房见到儿子时，却有说有笑的，一个劲地安慰儿子，说他只是得了点小毛病，打几针吃点药就好了。

出了病房，陈留根再也控制不住，蹲在墙角号啕大哭，一旁的肖意心里有说不出的酸楚。几天后，陈留根回乡下凑钱，将家里能卖的全卖了，亲戚朋友能借到钱的，都让他跑遍了，也只凑到了万把块钱。要治好儿子的病得做肾移植手术，需要20多万，这区区1万块钱哪够啊？陈留根急得几天工夫，人就老了20岁。

肖意征得学校领导同意后，在全校发动了一次募捐活动。他把募到的1万多块钱送来时，真诚地对陈留根说："老陈，你急也没用，咱们慢慢想办法，天无绝人之路啊。"陈留根捏着钱一个劲地道谢，心里道：是啊，肖老师说得对，孩子这病急是急不好的，只有慢慢想办法。

这天晚上，肖意刚上床休息，电话铃就响了，陈留根在电话里拖着哭腔说："肖老师，豪杰这孩子不、不见啦！"肖意大吃一惊，慌忙穿好衣服往医院跑。

刚才，陈留根因为太累，趴在病床旁打了个盹，醒来时一看床上是空的，他以为儿子去了厕所，可他跑到厕所找，没看见儿子。他找遍了整个医院，还是不见陈豪杰的影子。

这时，他才发现枕头边有张纸条，是儿子留的。纸条上写着："爸爸，我找医生打听过，我得的是尿毒症，要治好得花好多钱。我知道家里没钱，这些年您为我吃尽了苦头，我不想再拖累您了。我走了，爸爸，您不要找我。"

肖意心猛地一揪，陈留根更是急得六神无主。肖意一边安慰他，一边打电话叫来几位同事，大伙儿分头寻找，忙活到天亮，终于在城郊铁路边找到了陈豪杰。

见到儿子时，陈留根只觉得全身发软，他紧紧地抱住儿子说道："儿啊，你快把爸爸吓死啦！你怎么这么傻啊我的儿子！"说完父子俩抱头痛哭。

肖意长长地舒了口气，他用半是爱怜半是责怪的口气对陈豪杰说："你已经16岁了，怎么还这么不懂事？你生了病就自暴自弃吗？你对得起你爸吗？你爸为了你吃了多少苦，遭了多少罪，可他无怨无悔，你知不知道，你爸把你看得比他自己的生命还宝贵！你这样做，他有多伤心？"

一番话说得陈豪杰愧疚难当。陈留根连忙扯了扯肖意的衣角，用哀求的语气说："肖老师，求您别、别再说孩子了，他以后绝不会这么傻了，对吧，儿子？"

经过了这事，陈豪杰不再胡思乱想了，慢慢变得乐观开朗起来，积极配合医院的治疗。陈留根表面上跟儿子嘻嘻哈哈的，可他这心上始终压着一块沉重的大石头：上哪儿弄那么大一笔钱，来救儿子的命呢？

肖意心里也着急这事。他一有空就来医院看看陈豪杰。这天他刚到医院门口，陈留根就跑了过来，他眼睛发亮，脸上挤满了笑容："肖老师，我正要去找您哩！您快跟我来。"不由分说，扯着肖意就进了另一间病房。

病房里站满了捧着鲜花、拎着水果的人，还有几个扛着摄像机的记者。肖意这才知道，这间病房里住了个女孩，脑子里长了个肿瘤。女孩是个孤儿，就有人写信给晚报，晚报登了女孩的凄惨身世后，许多人都跑来探望她，给她捐钱。有家私人企业老板1人就掏了10万元。

肖意把陈留根拉到一旁，问："老陈，你是不是也想……"陈留根突然变得局促不安起来，吭吭哧哧地问："这行么？"肖意想了想："咱们试试吧，我负责给报社写信。"陈留根激动得不停地搓手："那太好了，肖老师，太谢谢您啦！您真是我们家的大恩人。"

一回家，肖意就给晚报写了封求助信，当天就挂号寄出了。第二天早上，他刚起床，陈留根就打来电话，问报社登了没有，肖意哑然失笑："老陈，你也太性急了吧。这会儿信还没到报社哩！"下午陈留根的电话又来了，肖意只好安慰他耐心等，没这么快。

陈留根天天追问肖意，还跑到外头买晚报看。一晃过了个把星期，陈留根更急了，他问肖意："为啥人家女孩的事能登，我家儿子就不让登呢？我儿子的病比她可一点也不轻呀！"肖意被问住了，老半天才说："我估计，会不会因为那女孩是孤儿，比你们家豪杰更可怜。"陈留根一呆，再也没吭气。

这天，陈留根找到肖意，先是说了一大通感谢的话，接着告诉肖意，他有个远房亲戚在广东开了家公司，很有钱，他准备去找那位亲戚，看能不能借到钱。他想拜托肖意帮忙照顾一下儿子。肖意说："老陈，你放心去吧，豪杰那儿你不用太担心，我会想办法的。"陈留根眼圈一红，扑通一声跪倒在地上，要给肖意磕头，肖意慌忙把他搀起来。

肖意找了几个学生，大家轮流上医院照顾陈豪杰。一天深夜，肖意刚从医院回来，电话就响了起来，是个男子打来的："你好，是肖意老师吗？我是郊县公安局。你认不认识一个叫陈留根的？"肖意懵了：郊县公安局？陈留根不是去了广州吗？莫非他骗了我，跑到郊县干什么坏事去啦？

公安局的同志接着说："你别急，是这样的，陈留根受了重伤，请你马上来一趟。""好，我，我立刻就来。"肖意慌里慌张打了辆出租车就往郊县赶。

陈留根正在郊县医院的急救室里抢救。公安局的同志告诉肖意，城郊有个叫七里庙的地方，十分僻静，最近两个多月来，接连发生了好几桩持刀抢劫的案子，不少受害者被砍成了重伤。今天晚上，有个小伙子和女朋友驾车路过七里庙，被三个歹徒拦住了，小伙子和女朋友被洗劫一空。

那三个家伙还想凌辱那姑娘，就在这当儿，突然打树林子里冲出个中年人，嘴里嗷嗷叫着，赤手空拳冲上去阻止那三个家伙，结果被砍了七八刀，全身都是血，他好像不要命了，又冲上前紧紧地抱住其中一个家伙，结果背上又挨了几刀。

那小伙子和女朋友趁这当儿跑掉了，打电话报了警。等警察火速赶到时，那三个歹徒已经跑了，躺在血泊中的中年人已经奄奄一息。警察从他身上找到一张纸条和一封信。纸条上写着肖意的名字、单位和电话号码，那封信也是写给肖意的：

尊敬的肖老师：

请原谅我对您说了假话。您还记不记得上回我问您，为什么报社能登那女孩的事，为什么不肯登我家豪杰的事。您告诉我，因为她是孤儿，豪杰还有我这个爸爸。我就想，如果我死了，豪杰变成孤儿后，他不就可以上报了么？人家也会给他捐很多很多钱，他的医疗费不就有了么？

可我不想自杀，那样会让人瞧不起，让儿子瞧不起。我从报纸上看到，郊县有个叫七里庙的地方，最近经常发生抢劫案，我就决定天天守在这里，等坏蛋出来抢劫时，跟他们搏斗，让他们把我杀死，这样我死了，也算为社会除了害。

肖老师，说实话，我不想死，豪杰也舍不得我死，可我实在没有办法搞到钱给豪杰治病。您是个好人，求求你，帮我的豪杰一把！

信读到一半，肖意早已泣不成声。

这时，急救室的门轻轻地开了。肖意赶紧冲了过去，他心里有个声音在大喊：“老陈，你一定要活着！一直要活下去啊！”

一滴泪落下需要多长时间

整整七天七夜，这滴泪水才从父亲的眼中滴落下来。那是感动的泪水、欣慰的泪水、希望的泪水啊，能不流下来吗？

一滴泪落下，到底需要多长时间？我不知道。我只知道，父亲的一滴泪落下来，花了七天七夜。

从来没有见过父亲落泪，除了那唯一的一次，以前没有过，以后也再没有见到。都说天有不测风云，这句话对于刚过 36 岁生日的父亲来说再合适不过了。那一年的春天，母亲突然患了精神分裂症，父亲一时不知所措。看一眼身边的三个孩子，最大的 13 岁，最小的才 6 岁；再看一眼家徒四壁的家境，一时间父亲真正陷入了孤立无助、悲痛绝望之中。

父亲呆呆地坐在堂屋的角落，呆呆地看着母亲在堂屋中间哭闹，呆呆地看着瞧热闹的人从他面前来来去去，呆呆地看着三个儿女在旁边畏缩成一团，陪着母亲低泣。他就这样坐着，一句话也不说，脸上一点表情都没有，慢慢地，眼圈红了。我分明看见一滴眼泪出现在父亲的眼眶中，眼看就要落下，但，终究没有落下，因为父亲已经站起来，走到堂屋中间，把哭闹的母亲从地上扶起来，扶到凳上坐下，又客气地对瞧热闹的人说："不要影响她休息，大家请回吧。"然后，父亲打来一盆热水，缓缓地为母亲洗去脸上、头发上和衣服上的灰尘，最后把母亲抱到里屋，哄她睡觉。等父亲将母亲安顿好，已是深夜，当他看到我们三个子女因为饥饿、困倦和害怕缩成一团睡着了，又迅速地走进厨房开始做晚饭。不知过了多久，我像是在梦中，被一股诱人的饭菜香味馋得流出口水，突然睁眼一看，果真见父亲做了好几个菜，正准备叫我们吃饭呢。

第二天一大早，父亲就托人带信给离我家不远的两个舅舅，叫他们过来商量救治母亲的事。两个舅舅看到正在房间里哭闹的母亲，都怔住了。父亲说："我打听了，长沙有家精神病院，听说不错，我想带她去那儿医治。但需要乘车一天一夜才能到达，这么远的路程我一个人带她去确实很困难。你们是知道的，我没有兄弟，三个孩子都这么小，帮不上忙，所以只有看你们谁能抽出时间，和我一起把她带到长沙治病。"两个舅舅听了，良久沉默。大舅舅先开口："那得多少钱？"父亲说："最少要带 200 块钱。"大舅舅接着问："你有多少钱？"父亲顿时脸色黯然，不无伤感地说："我现在只有十几块钱，全家只有这么多钱了，希望你们能帮一把。"

又是久久沉默。小舅舅这时开口了："我们回去考虑一下。"一丝失望马上掠过父亲的心头，还能怎么说呢，只有让他们回去考虑了。两个舅舅头也不回地走出我们的家门。

舅舅走后，父亲呆呆地坐了好久好久。没办法，他又托人带信给城里的两个姑妈，请求她们回来一趟。

第三天一大早，小姑妈回来了。父亲又把对舅舅说的话对小姑妈说了一遍。小姑妈说了声好，说应该治疗，但转口说："我给 20 块钱，你再到其他地方想办法借些钱。"小姑妈当时的工资是每月 60 块。20 块钱管什么用呢？父亲只有苦笑，发自内心的一声苦笑，这就是所谓的姐弟情深吗？小姑妈给了钱，没多逗留，回城了。

第三天下午，两个舅舅又来了。没有带一分钱来，而带了一个道士来，也不知哪里请来的道士。舅舅说："先不忙跑那么远治病，说不定是中了邪，我们请了道士来镇邪。"道士镇邪？镇什么邪？父亲欲哭无泪，一句话也说不出来，茫然地看着道士在屋子里挥舞，茫然地看着门口一大堆瞧热闹的人。道士挥舞了一会儿，说了声可以了，就拿着道具出门走了。折腾这一阵，母亲竟愈发哭闹起来。不是镇住邪了，而是使病情加重了。两个舅舅没再说什么，也出门走了。

第四天傍晚，大姑妈才从城里回来。她在家待了一晚，第二天一大早就回城了。走的时候，给父亲留下 10 块钱。

大姑妈走后，整个上午父亲坐在房里没吭一声。两个舅舅考虑来考虑去，没有回音；两个姑妈都是施舍性地给一点钱，来了就走。难道说这就是所谓的兄弟情、姐妹情吗？难道说真要应验周围人说的“家破人亡”的结局吗？母亲还在哭闹，父亲只是漠然地坐着。良久，良久，父亲的眼圈又红了，一滴泪水又出现在父亲的眼中，但，这滴泪水依然没有落下来，因为父亲已经站起来，低沉地说了一句：“我出去借钱。”说完就出门了。

父亲在外面整整跑了两天，总是吃完饭把母亲安顿好再出门，到点的时候赶回来做饭，照顾母亲和我们三个孩子。第七天晚上，父亲回来的时候，把所有的钱拿出来清了一遍，包括向高利贷借来的钱，一共是191块钱。父亲轻声说了句：“明天可以出门了。”

直到这个时候父亲才突然想起来，他和母亲走了，三个孩子在家怎么办呢？三个孩子都这么小，而他这一次外出寻医不知道哪一天才回来，怎么办呢？

父亲看一眼姐姐，再看一眼哥哥，又看一眼我，嘴巴动了一动，没有说出话来，脸上满是无奈和伤感。这时，姐姐开口了：“爹，你准备明天到长沙去吗？”父亲点点头轻声说：“是的。”姐姐没再说什么，走过去把哥哥牵过来，又搂着我过来，三个人一起站在父亲面前。父亲疑惑地看着姐姐，不知道她要干什么。这时，姐姐开口了：“爹，你放心带娘去看病吧，我知道你是担心我们三个在家没人照顾。爹，你不要担心，我已经长大了，会照顾好两个弟弟的，我还会督促他们好好学习的。”父亲听着姐姐尚带奶声奶腔的话，张大了嘴看着她，他不敢相信，这些明事理的话，竟然出自一个孩子之口。这时哥哥开口了：“是的，爹，我们会自己照顾自己的，你放心带娘去看病吧。”父亲的眼神由吃惊变平静，又由平静变悲凉，他低下头来，伸出手摸摸我的脑袋，把我拉过去搂在怀里。依偎在父亲怀里，我拉着他的手轻声说：“爹，我在家会听话的。”瞬间，父亲的眼睛红了。不是眼睛红了，而是眼眶里涌满了泪水，一滴一滴的泪水正从父亲的眼里夺眶而出。整整七天七夜，这滴泪水才从父亲的眼中滴落下来。父亲从我们三个幼小的、懂事的孩子身上看到了生活的希望，看到了治愈母亲疾病的希望，那是感动的泪水、欣慰的泪水、希望的泪水啊，能不流下来吗？

第二天一大早，父亲就带着母亲出门了，走到远远的拐弯处，回过头来看一眼站在门口的我们姐弟三人，什么也没说，然后转过头去头也不回地走了。那泪水，也从姐姐、哥哥和我的眼中无声滑落下来。

父亲的尊严

那是一个父亲的尊严，也是一个人的骄傲。

新生入学，某大学校园的报到处挤满了在亲朋好友簇拥下来报到的新同学，送新生的小轿车挤满了停车场，一眼望去好像正举行汽车博览会。

这时，一个衣衫褴褛的中年男人出现在保安的视野中，那人在人群里钻出钻进，粗糙的手里拎着一只发黑的蛇皮袋，神色十分可疑。正当他盯着满地的空饮料瓶出神的时候，保安一个箭步冲上去，揪住他的衣领，已经磨破的衣领差点给揪了下来。

“你没见今天是什么日子吗？要捡破烂也该改日再来，不要破坏了我们大学的形象！”

那个被揪住的男人与其说害怕不如说是窘迫，因为当着这么多学生和家长的面，他一时竟说不出话来。这时，从人缝里冲出一个女孩，她紧紧挽住那个男子黑瘦的胳膊，大声说：“他是我父亲，从乡下送我来报到的！”

保安的手松开了，脸上露出惊愕的表情。不错，这位农民来自湖北的偏僻山区，他的女儿是他们村有史以来走出的第一位大学生。他本人是个文盲，10 多年前曾跟人到广州打工。因为不识字，看不懂劳动合同，一年下来只得到老板说欠他 800 元工钱的一句话，没有钱买车票，只得从广州徒步走回鄂西山区老家，走了整整两个月！在路上，伤心地他暗暗发誓，一定要让三个女儿都读书，还要上大学。

女儿是老大，也是第一个进小学念书的。为了帮家里凑齐学费，她 8 岁就独自上山砍柴，那时每担能卖 5 分钱。进了中学后住校为节省饭钱，她 6 年不吃早餐，每顿饭不吃菜只吃糠饼，为节省书本费，她抄了 6 年的课本……

他绝对想不到会在这个心目中最庄严的场合被人像抓贼似的揪住。当女儿骄傲地叫他父亲，接过他的化肥袋亲昵地挽着他的胳膊在人群中穿行的时候，他的头高高地昂起来。那是一个父亲的尊严，也是一个人的骄傲。

报到结束了，他一天也不敢耽误，而且他的路比别人都要遥远，因为他将步行回到小山村。

不过，这一次步行，他会比一生中的任何一次都要快乐，因为心里充满了希望。

最安全的姿势

那是对于一个母亲腹中的婴儿来说最安全的姿势，尽管对她自己是最危险的。

这件真实的事，发生在去年冬天。

那天清晨，县城城西老街的一栋居民楼突然起火了。那是40年代修建的、砖木结构的老房子——木楼梯、木窗户、木地板，一烧就着。居民们纷纷往外逃，没想到才逃出一半人，木质楼梯就“轰”一声倒塌了。剩下的9个居民只好跑到唯一没烧起来的3楼楼顶，等着消防队救援。

消防队不一会儿赶到了，可让他们手足无措的是，这片老巷子太窄太深，消防车和云梯根本过不去。情势已经十分紧急，大火随时可能烧到顶楼。眼见着底层用以支撑整幢楼的粗木柱被烧得“嘎吱嘎吱”响，随时可能倒塌，消防队长再来不及想别的，随手拽下一位逃出来的居民披着的旧毛毯，和其他三个消防员一起拉开，对着上面的人大声喊：“跳！一个一个地往下跳，往毛毯上跳！背部着地！”

为了安全起见，他亲自示范类似背跃式跳高的动作。只有背部着地才是最安全的，而且不容易撞破旧毛毯。

第一个男人跳下来了，屁股着地，可没有受伤；一个小孩子跳下来了，背部着地……人们的姿势越来越规范，顶多是从毛毯上滚下来时有些擦伤。可还有一个裹着大衣的女人站在楼顶，犹豫着不敢跳。

火势越来越猛，一根柱子燃烧着忽然“咯嚓”一声断了。人们惊叫了一声，消防队长的喉咙都嘶哑了：“跳啊！你赶紧跳啊！”

小楼晃荡了一下，女人终于下定决心跨过护栏跳了下来，在场的人集体惊呼：她用的分明是跳水的姿态，头部向下。女人好像一发炮弹一样迅速坠落在毛毯上，由于受力面积太小，旧毛毯“嗤”一声裂开，女人的头部重重撞到了地上，顿时鲜血横流。

这个女人真是笨啊，前面的人跳得那么好，看也该看会了，在场的人都这样想着，忍不住奔了过去，奄奄一息的女人在消防队长的怀里很艰难地笑了。她的大衣敞开，大家这才看到她的小腹高高隆起。“已经8个多月了。”女人轻声地说：“赶紧送我去医院，剖腹，它能活……”

那是我亲眼见着的一幕，女人后来被送去了医院，我不知道她后来有没有活下去。可我记得，那一刻所有人的沉默和感动。那是对于一个母亲腹中的婴儿来说最安全的姿势，尽管对她自己是最危险的。

忽然想起了丰子恺《护生画集》里面的一幅：有人烹煮黄鳝，发现黄鳝熟了以后头尾弯成弓型，中部翘在滚水外。剖开来看，发现里面密密麻麻全是鱼子——原来所有的母亲都是一样的，心里最安全的，永远给予孩子。

生命的姿势

一个平凡的姿势只要倾注了生命的爱便可以伟大并且直至永恒。

一对夫妇是登山运动员，为了庆祝他们儿子1周岁的生日，他们决定背着儿子登上7000米的雪山。

他们特意挑选了一个阳光灿烂的好日子，一切准备就绪之后就踏上了征程。刚天亮时天气一如预报中的那样，太阳当空，没有风没有半片云彩。夫妇俩很轻松地登上了5000米的高度。

然而，就在他们稍事休息准备向新的高度进发之时，一件意想不到的事发生了。风云突起，一时间狂风大作，雪花飞舞。气温陡降至零下三四十度。最要命的是，由于他们完全相信天气预报，从而忽略了携带至关重要的定位仪。由于风势太大，能见度不足1米，上或下都意味着危险甚至死亡。俩人无奈，情急之中找到一处山洞，只好进洞暂时躲避风雪。

气温继续下降，妻子怀中的孩子被冻得嘴唇发紫，最主要的是他要吃奶。要知道在如此低温的环境之下，任何一寸裸露在外的皮肤都会导致迅速地降低体温，时间一长就会有生命的危险。怎么办？孩子的哭声越来越弱，他很快就会因为缺少食物而被冻饿而死。

丈夫制止了妻子几次要喂奶的要求，他不能眼睁睁地看着妻子被冻死。然而如果不给孩子喂奶，孩子就会很快死去。妻子哀求丈夫："就喂一次！"

丈夫把妻子和儿子揽在怀中。尽管如此，喂过一次奶的妻子体温下降了两度，她的体能受到了严重损耗。

由于缺少定位仪，漫天风雪中救援人员根本找不到他们的位置，这意味着风如果不停他们就没有获救的希望。

时间在一分一秒地流逝，孩子需要一次又一次地喂奶，妻子的体温在一次又一次地下降。在这个风雪狂舞的5000米高山上，妻子一次又一次地重复着平常极为简单而现在却无比艰难的喂奶动作。她的生命在一次又一次的喂奶中一点点地消逝。

3天后，当救援人员赶到时，丈夫已冻昏在妻子的身旁，而他的妻子——那位伟大的母亲已被冻成一尊雕塑，她依然保持着喂奶的姿势屹立不倒。她的儿子，她用生命哺育的孩子正在丈夫怀里安然地睡眠，他脸色红润，神态安详。被伟大的生命的爱包裹的孩子，你是否知道你有一位伟大的母亲，她的母爱可以超越5000米的高山而在风雪之中塑造生命。

为了纪念这位伟大的母亲、妻子，丈夫决定将妻子最后的姿势铸成铜像，并且告诉孩子，一个平凡的姿势只要倾注了生命的爱便可以伟大直至永恒。

活下去的动力

母爱如山，如山的伟大，如山的崇高，如山的厚重……

我所做医学实验中的一项，是要用成年小白鼠做某种药物的毒性实验。在一群小白鼠中，有一只雌性小白鼠，脑根部长了一个绿豆大的硬块，便被淘汰下来。我想了解一下硬块的性质，就把它放入一个塑料盒中，单独饲养。

十几天过去了，肿块越长越大，小白鼠腹部也逐渐大了起来，活动显得很吃力。我断定，这是肿瘤转移产生腹水的结果。一天，我突然发现，小白鼠不吃不喝，焦躁不安起来。我想，小白鼠大概寿数已尽，就转身去拿手术刀，准备解剖它，取些新鲜肿块组织进行培养观察。

正当我打开手术包时，我被一幕景象惊呆了。小白鼠艰难地转过头，死死咬住自己拇指大的一块肿瘤，猛地一扯，皮肤裂开一条口子，鲜血汩汩而流。小白鼠疼得全身颤抖，令人不寒而栗，稍后它一口一口地吞食将要夺去它生命的肿块，每咬一下，都伴着身体的痉挛。就这样，一大半肿块被咬下吞食了。我被小白鼠这种渴望生命的精神和乞求生存的方式深深感动了，收起了手术刀。

第二天一早，我匆匆来到它面前，看看它是否还活着，让我吃惊的是，小白鼠身下，居然卧着一堆粉红色的小鼠仔，正拼命吸吮着乳汁，数了数，整整10只。小白鼠的伤口已经停止了流血，左前肢腋部由于扒掉了肿块，白骨外露，惨不忍睹，不过小白鼠精神明显好转，活动也多了起来。

恶性肿瘤还在无情地折磨着小白鼠。我真担心这些可怜的小东西，母亲一旦离去，要不了几天它们就会饿死的。从这以后，每天第一件事情，就是来到鼠盒前，看看它们。看着10只渐渐长大的鼠仔没命地吸吮着身患绝症、骨瘦如柴的母鼠的乳汁，心里真不是滋味，我知道，母鼠为什么一直在努力延长自己的生命。但不管怎样，它随时都可能死去。

这一天终于来到了。在生下仔鼠21天后的早晨，小白鼠安然地卧在鼠盒中间，一动不动了，10只仔鼠围满周围。我突然想起，小白鼠的离乳期是21天，也就是说，从今天起，仔鼠不需要母鼠的乳汁，可以独立生活了。面对此景，我潸然泪下。

世间最伟大，最无私的爱就是母爱，奉献和牺牲是母爱这两个字眼丰富内涵中最动情和闪光的部分。正是这种博大深厚的爱的力量，繁衍传承了生生不息的人类社会和万物生灵，谱写出永恒不朽、传诵不衰的爱的诗篇和情的乐章。

漫漫人生旅程，正是无私奉献的母爱，教会我们用心去关爱他人，关爱社会，关爱世界，也正是母爱这种惊天动地的力量，激励我们摒弃自私和怯懦，用爱心拥抱真善美的生活，一步步走向成熟和成功。可当我们长大参加工作后却常常忽视了这份爱，母亲的唠叨也常常使我们厌烦；其实每一个老人对儿女的要求并不多，只希望儿女们都常回家看看。

曾听一位朋友讲过一个悲壮感人的母爱的故事：一天深夜，一场突如其来的特大泥石流吞没了小山村。次日，当救援人员循着哭声刨开泥土，掀开屋顶，发现一个光着身子蜷缩在屋梁下的两三岁小女孩竟然活着。救援人员赶紧将小女孩抱出来，可她死活都不肯离开，边用小手指着边哭喊起来："妈———"救援人员沿着隐约露出的一双泥手小心翼翼地往下刨，眼前现出一幅惊心动魄的画面：一个半身裸体的女人，呈站立姿势，双手高高举过头顶，仿佛一尊举重运动员的雕塑……女人竟是一个盲人，身体早已僵硬。而她的身下，又刨出一个昂首挺立的男人！女人正是站在男人肩上，双手高举小女孩，小女孩才奇迹般地成为这场泥石流中唯一的幸存者!

动物也罢，人类也好，唯有父母之爱是默默奉献，不求回报的。生死攸关的时候，他们总是义无反顾地舍弃自我，把生的希望留给后代。当初，白鼠妈妈挣扎着多活了21天，用自己的生命换取了小鼠的生命。而盲人父母舍己救子女的壮举更是对母爱力量的最好诠释。母爱如山，如山的伟大，如山的崇高，如山的厚重……母爱是原始情感，理解了母亲的爱，我们才能爱人爱己，才能让爱迸发出光辉，照亮我们未来的路!

母爱的谎言

我和母亲已经创造了一个生命的奇迹，相信在以后，我们会创造出更多的奇迹来。

自小起，我就不喜欢我的母亲，主要原因除了她对我特别严厉外，另外就是她的冷漠，她就如一颗坚冰，永远地横在我的生命里。

我经常抱怨自己生的家庭不好，母亲对我的严酷胜过了老师，而父亲又是一个老实巴交的农民，常常地，我躲在学校后面的小操场上孤单地玩，那时的心事单纯得像天上的白云，总想有一天，自己能变成一只风筝，永远地飞在蓝天和白云里。

我11岁那年，父亲永远地离开了我。父亲的死缘于一场车祸，由于肇事车辆外逃，加上治疗不及时，在动了两次不管用的手术后，父亲撒手人寰，我和母亲蹲在父亲棺材前痛不欲声。

接下来的日子，如水一般地平淡。忽然有一天，母亲高兴地告诉我："我们就要有一个新家啦！"她说的所谓新家我知道，别人又给她介绍了对象，男的我认识，就在村西，也是一个老实巴交的汉子，还是个瘸子，他家里还有个女孩。我极力阻挡母亲的想法，觉得母亲不像我印象中的纯洁，父亲才刚刚死了两年，就携家带口的要下嫁，这不符合我的人生观。

但胳膊是扭不过大腿的。终于有一天，一辆大车停在我家的门口，我的继父，那个瘸子站在车前，当他从我的手中要接过我抱着的东西时，我奋力把它扔在地板上。

转眼间，在新家里过了3年，我也上了高中，但这其中，我对这个家仍然没有产生丝毫感情，尤其是继父，老实得好像一个木头疙瘩，家里全靠母亲张罗，有时候，我总在想，如果这个家没有了母亲，是不是就会走不动啦。母亲总是跑前跑后地忙活着，原来的家改成了豆腐房，母亲没日没夜地磨豆腐。而我从来不会去给她帮忙，因为在这个年龄，正是草长莺飞的季节，年轻的心永远是飘浮的，我向往幸福的生活，渴望有一天能够逃离这个家，永远不要再回来。

在学业上，母亲从来没有管过我，这主要在于她没有文化，没有意识到知识的重要性，在她的眼里，只要她的儿子能够听话，能够学上一门手艺，就已经足够啦，她所说的手艺我知道，就是磨豆腐，母亲给我讲这可是祖传的，十里八村都喜欢咱家做的豆腐，有了它，一辈子都饿不死。我总是不屑一顾，把她所说的话当做耳旁风，记忆里没有任何痕迹。

高二那年的一天夜里，母亲忽然得了一种怪病。那夜下着大雨，继父套了毛驴车，告诉我要看好家和妹妹，然后连夜去了城里。

在城里住了几天后，他们又套着车回来啦，脸上的神色很不好看，我问母亲“妈，啥病?”母亲回答我：“没啥，是阑尾炎，已经做过手术，好了。”从那天起，我就觉得母亲忽然间像变了个人。她对我的严厉到了最严重的地步，原来，她一直不管不问的我的学业却成了首要的问题，她告诉我：“虽然我没学过文化，但我知道文化的重要性，以前没有管过你，从现在起，你必须努力学习，考上大学，为家里争光。”

突如其来的改变令我无法应对，以前的我是懒惰的，我不喜欢那些阿拉伯数字，更不喜欢去做那些无聊的化学试验。但母亲却一直在叮嘱我：“每次考试，必须让我知道成绩，我还要去你们学校。”我不知母亲葫芦里卖的什么药，难道是一场病让母亲糊涂啦。

从那时起，每天一大早，天还没亮，母亲就把我从被窝里揪出来，“赶紧吃饭，上学去”。我总是有着明显的叛逆思想，慢吞吞地穿着衣服，脸上还蒙着一丝惺忪，母亲一个巴掌打过来，把我从梦中震醒，望着和原来判若两人的母亲，我不知如何是好，只有听从她的安排，吃完饭，骑上那辆破旧的自行车，去离家两公里的县城读书。

眼看着高考就要来临了，我已经意识到教室的氛围在明显紧张，在那种环境里，任何的梦幻都会变成一支笔，在试卷上没日没夜地描绘理想。我给母亲捎了信，告诉他我要住校，暂时不回家啦，等高考完了再回去。其实我是在逃避她的跟踪，每天回家，她总会唠叨个没完，问这问那的，一旦学习成绩稍有差错，便会引来一阵责骂声，我已经找到了对付她的好办法，就是躲避。

一天上午，一位同学告诉我校门口有个人找我，我喘着粗气赶到校门口，在风中，站着的正是母亲，她是给送钱的，我接过她递过来的钱，没有说一句话，转身消失在她的面前。后来，我才得知，家门前的小河发了水，母亲是弃了自行车，蹚着水过来的。当时，母亲的裤腿脚上全是泥水，由于自己的疏忽和大意，加上对母亲有着很大的偏见，我竟然没有看到这最微小的细节，正是这个细节，让我遗憾了好长时间。

高考过后，我自信没有考好。我郑重地告诉母亲："妈，我可能考不上大学，我总觉得心里没底，我看我不是那块料，我还是给你学磨豆腐吧。"母亲的手哆嗦了一下，她放下手中的工具，半天没有言语，最后她告诉我："做好两手准备吧，明天我去给你明叔说说，先去制药厂干两天吧？"

第二天一早，我便随着母亲去了乡里的制药厂，见了明叔后，母亲告诉人家："这是我儿子，不管分到哪个车间都可以，一定要对他严厉些，拣最脏的、最累的活让他干。"

我恨透了母亲，人家的母亲过来，总是给明叔说好话，让给自己的孩子拣一个最适合的、最轻的工作去干，而母亲却对我变本加厉。我一直在怀疑她是不是我的亲生母亲？有时候，在梦里，我会掉下几滴眼泪来，我知道是母亲有病在身，也许是家庭的无奈改变了她的性格，现在，作为儿子，我别无选择，只有听从和坚忍。

下定决心后，我发誓要在制药厂干出个名堂。我所在的车间是包药组，每天一上班，在机器的轰隆声中，我的双手开始 8 个小时不停地劳作，我们是流水线作业，前面的工序传出药来，后面的工序便开始包装装瓶子，做这项工作必须眼疾手快，要不然，一旦你的药品流转到下道工序，就会被扣分，有时候，如果有领导来检查，便会被记大过一次。

几天下来，我的双手便如灌了铅般难受，手上也磨出了茧，那些溢出的药沾在磨烂的肉上，甭提多难受。许多工友，都是没做几天，便自动打了退堂鼓。我也曾经动摇过，自小在家里没干过重活，冷不丁地一干就是几个小时，无论是精神还是肉体总是吃不消。

考虑了好几天，我还是坚持了下来，我不能让他们小瞧我，更不能让母亲说我没出息。

一星期后，母亲来看我，当我伸出双手让她看时，她却对我说："刚开始都会这样，这是一个锻炼的过程，你要学会坚持。"本以为会换来母亲的关爱和同情，没想到母亲却如此地无情，我知道母亲的脾气，没有说几句话，我告诉母亲："我要去上班啦!"就这样，在赌气中，我发誓要做一个堂堂正正的男子汉，我要用自己的双手改变未来。

后来的一件事改变了我的个人志向。那天，厂部贴出通知，要在全厂范围内招聘办公室秘书，本来就自信的我便报了名。考试那天，人山人海，一共有30多位考生前去笔试，考场外面站着的都是为每位考生加油的工友。在一阵喧哗声中，我很快地答完了题，我自信凭自己的文采，在这么个小厂里，绝对是出类拔萃、凤毛麟角的。结果是我和另外一个女生进入到最后的面试。面试时，我口若悬河，侃侃而谈，但结果却让我非常失望，那位女生有着汉语言文学的专科文凭，自然秘书一职非她莫属。虽然我在抱怨厂里的领导只重视文凭，不重视水平，但是，我已经明显感到肩膀上的压力。

第二天一早，我破天荒地打电话给母亲："我要去复读。"母亲告诉我："回来吧!"傍晚回家，母亲正坐在屋门口的小板凳上，继父正在为她熬药，屋里一种浓厚的中药香。看见我回来，母亲召唤我坐下，问了我在厂里的一些工作情况后，她对我说："不是母亲对你严厉，没有知识，在这个世上举步维艰，还是那句话：考不上大学，别回家。"母亲说完，给了我一沓钱，然后为我准备了行李和一个星期的干粮。

从那天起，我严格将自己控制在三点一线当中，我为自己订立了目标和计划，使每门课程都在有条不紊的情况下进行，而不能顾此失彼。

在这期间，我很少回家，每次缺钱时，都是托人捎来。就这样，功夫不负有心人，一年后，我顺利地参加了高考，出考场后，我自我感觉良好，那晚，在乡里的小饭馆里，我和几位同学，划拳行令，并且头一次喝了酒。

晚上，我借着酒劲，骑着自行车回家。母亲正坐在家里，旁边坐着的是继父。看我回来，母亲很高兴，他招呼我坐下，并且问我考的如何?

借着酒劲，我头一次对她发了脾气，我说："我考的如何关你什么事，你只会对我发脾气，你不配当我的妈。"母亲的脸抽搐了一下，接下来，她突然间哭出声来。

继父拉我坐下，对我语重心长，他告诉我："孩子，你不能怪你妈，这都是为你好，你妈不让我告诉你，还记得两年前吗？你妈被诊断是癌。为了你的将来，你妈和我商量了半天，她必须对你严厉，否则，将来你如何立足社会。"

继父说完，转身把一沓厚厚的病历交给我。手里拿着一张张病历，我的眼泪在瞬间成了汪洋，我搂着母亲的肩膀："妈，你为啥不早告诉我，你为啥要骗我呀，你告诉我你得的是普通的炎症啊。"父亲说："我曾经想过告诉你，可是你妈不让，说会分你的心，耽搁你的学习。两年前，医生告诉我们，你妈最多只能活一年，但是现在，她已经创造了一个生命的奇迹。两年里，唯有对你的牵挂，成了她搁舍不下的生命源泉，也正是这种动力，在支撑着她的生命。"

我忽然明白了母亲的良苦用心，我知道以后的路该如何走。我和母亲已经创造了一个生命的奇迹，相信在以后，我们会创造出更多的奇迹来。我搀扶着年迈的母亲，走在明媚的阳光里。

人间天堂两相知

爱是什么？爱，是无私奉献；爱，是无尽思念。

朋友徐泉是一位医生，见惯了人间的悲欢离合、生死离别，所以在别人看来非常悲惨、非常感人的事情却无法让他有丝毫动容。我们笑他心肠太硬，他笑答：“没办法！要是你每天都面对鲜血和死亡，你也会变成铁石心肠的。不硬不行，我要是每天都感动、都激动，我还怎么给病人做手术？”

说的也有道理。我想，到底是生活太单调了，还是我们忽略得太多，连鲜血和死亡都不能让我们有所回应，麻木不仁的难道仅仅是医生的心吗？

忽然有一天，徐泉找到我说：“我遇上了一件让我感动并且犯错误的事！”

让徐泉感动已属不易，更何况还要犯人生中的错误。我当即点头表示愿意洗耳恭听，于是便去了他家吃饭。

这是关于一个姑娘的故事。女孩子叫罗云，是徐泉妻子同事的同学，通过关系找到徐泉，想让他帮她开一张健康证明。徐泉见罗云面黄肌瘦，似乎营养不良。问起罗云健康证明的用途，罗云支吾着不答。徐泉向来讨厌托人情、找关系求他办事，见罗云不肯实言相告，就不答应她的要求，公事公办地把她打发走了。

不久，妻子的同事亲自登门为罗云说情。徐泉关心的是健康证明的用途，妻子的同事也说不知，不过她相信罗云确有难言之隐，因为罗云从来都是心地善良、为人真诚的姑娘。徐泉有些生气，声明不说明用途他决不会冒着犯错误的危险开出健康证明。他认为当一名医生不仅要为病人负责，还要为社会负责。

很快，罗云又亲自找上门来，还送上许多礼品。妻子感到过意不去，就让徐泉开证明。罗云看上去很虚弱，出于医生的敏感，徐泉感觉罗云一定有病在身，而且还病得不轻，这就更不能开什么健康证明了！徐泉明白无误地对罗云说，如果她不能说出让他信服的理由，健康证明他是不会开的。同时他还告诫罗云，最好去医院做一次全面检查，他是对她负责才这么做的。

听了此言，罗云忽然哭了，她竟朝着徐泉跪了下来，求他一定要帮她这个忙。她要健康证明是为了考研究生，而且她必须考研究生，尽管她早知道自己身患绝症。

徐泉吃惊不小，忙扶起罗云细问究竟。罗云说她已获知自己得了肝癌，最长不过半年寿命。半年时间，从考上研究生到拿到录取通知书已绰绰有余。这是为了父亲，因为她父亲的最大心愿就是能看到女儿考上研究生。但父亲的寿命已不足一月，已无法等到那一天，所以她一定要在父亲临“走”之前看到她考研究生的准考证，并且告诉他女儿考出了好成绩。

这一切是真的？徐泉十分惊讶，他难以置信人间会有这样的事。罗云从随身携带的包中拿出两张诊断书，触目惊心的全是“癌”字。罗云恳求说，她只认识徐泉一个医生，他是她唯一的希望。

所有的疑团烟消云散，所有的担心不复存在，徐泉在那一刻作出了一个重大的决定：即使违背了医生的职业道德，也要开出健康证明以满足一个垂死女儿对垂死父亲的拳拳孝心。徐泉被真正地震撼了！他见多了在死亡面前人们为了抓住最后一线希望，是如何地暴露出人性丑恶的一面的，而这个弱小的女子罗云，却一心牵念父亲在人间的最后愿望！其实她的生命只不过比父亲多出几个月的时间！

这一顿饭竟吃了两个小时。其实谁也没吃几口饭，心中充盈的感动无以言说，我想现在就去看看这位了不起的、胸怀真爱的姑娘。

罗云在伏案复习功课。尽管开着空调，她的脸上渗出的汗水仍不停地滴落。我们悄然退去，没有惊动她。徐泉告诉我，他执意为她安排了这样一间病房，不收她分文，只希望她能在有生之年一偿考上研究生的夙愿。尽管罗云知道父亲已无法看到最后的结果，但她还是要为自己的生命画上一个大大的完美句号！

几个月后，罗云收到了录取通知书。在父亲墓前，她烧掉了录取通知书以告慰远在天国的父亲。又一个月后，罗云平静地离开了人间。徐泉对我说，这是医生的悲哀与无奈，他无法留住这个善良并且充满爱心的人匆匆离去的脚步，他第一次为作为医生的自己感到难过，尽管这一切并不是他的责任。原来世间还有这么多的无能为力，这么多的无可奈何。

幸好，我们都很善良、都很真诚地热爱这个世间和每一个人，我安慰徐泉，至少我们爱过并为之奋斗过，这便是我们无怨无悔的理由。

父亲节礼物

在“没有父亲的父亲节”里，通过回忆，让父爱洗涤心灵，更能感受到父爱的温暖。

谢总事业有成，经营一家拥有500名员工的科技开发公司。平时忙于做生意，父亲节那天，为一表女儿的孝心，她特设宴为父亲庆贺。

亲朋好友集聚一堂，喜气洋洋，置身其中的年过70岁的老父笑得顾不上吃饭。这也是谢总最希望看到的。她走到父亲身边明知故问：“爸爸，你高兴不?”

“高兴，高兴!”老父拍着手掌。

“为什么高兴?”谢总还想逗父亲开心。

“因为你生日啊!”父亲大声说道。

在场的人都听到了，谢总想纠正父亲的话，但欲语又止，黯然神伤。

自从她的小妹妹出嫁后，家里剩下年老的爸妈，父亲开始不爱说话，不知道什么时候起，他记性变差了，每天到了傍晚时分就打电话给她：“你怎么还不回家?”开头，她不解地反问道：“我没有说过要回家呀!”后来到医院检查得知，父亲得了老年痴呆症。

父亲什么也记不起来了，只知道天黑的时候催女儿回家，有人请他吃饭，他就觉得那天是女儿的生日。

看上去，父亲很快乐，因为他把烦心事都忘记了，他甚至把自己也忘记了。但女儿很悲伤，因为即使她待在父亲身边，父亲仍然会看着门外，问她，她怎么没有回家——这成为他留在记忆里无法实现的最后的记忆，挥之不去。

一掷万金为父亲庆贺，不如在天黑的时候常回到父亲身边。谢总非常后悔。

在2005年的父亲节，看到报上有“没有父亲的父亲节”的文章，令人想象那些父亲不在身边，或者已经失去父亲的孩子，他们是如何过父亲节的。多抽出时间陪伴父亲远比在父亲节时请父亲吃饭，或者说声："父亲，我爱您！"甚至在报上登一则给父亲的贺语，更有意义。

在"没有父亲的父亲节"里，通过回忆，让父爱洗涤心灵，更能感受到父爱的温暖。与父亲在一起时，我们理所当然地享受着父爱而让父爱迷失了，只有在离开父亲独处的时候，我们才能发现爱与真理，然后更好地回到父亲身边，回到我们的亲人身边，这是爱的好方式。

回忆是为了思索今天，我们常在失去的时候才会备感珍惜。但愿，今天的思索能使我们的明天过得更有价值和意义。

其实，节日本身就是一份礼物。

我将继续挡下去

那时由不得多想，大概只剩下本能吧，父亲保护女儿的本能吧。

秋日里那个星期天，难得男人有了空闲。他带着自己5岁的女儿去动物园玩。

看了猴子、孔雀、狗熊、骆驼、锦鸡和长颈鹿后，他们都有些累，开始往回走。经过狮子洞的时候，女儿突然叫嚷着要看狮子。

男人笑笑，说，好。

灾难就是这样降临的。

他们倚着狮子洞上方的铁栏杆逗着狮子。那个位置，只能看到狮子的后背。5岁的女儿咯咯笑着，把脑袋探得很远。男人想提醒女儿小心，可没等来得及张嘴，就看到女儿一头栽了下去。父亲慌忙伸手去抓，可是他什么也没抓到。

那段铁栏杆突然断了。女儿是抓着那段铁栏杆掉下去的，空中她惊恐地叫了一声“爸爸”！后来动物园的负责人说，那几天连绵的秋雨，让那段陈旧的铁栏杆，加快了腐蚀的过程。

掉下去的女儿似被摔昏，她躺在那里，紧闭着双眼。男人大叫，妞妞你没事吧，妞妞你没事吧?他的喊声没有叫醒女儿，反而惊动了狮子。狮子懒洋洋地站起来，先是看一眼落在它不远处的不速之客。然后，它突然兴奋起来，直奔女孩而去。

周围的人急了，有人慌忙拨打110，有人跑去找动物园的驯兽师，还有人高叫着，试图赶开正一步一步逼近女儿的狮子……

没有用。现在狮子距离那个昏过去的女孩，仅剩一步之遥……

这时，男人突然做了一个让所有人都目瞪口呆的举动。他纵身一跃，跳了下去……

他正好落在女儿与狮子中间。

男人重重地摔倒，可是他马上爬起来。他没有看自己的女儿，只是狠狠地盯着狮子。周围一下子安静了下来，人们甚至可以清晰地听到男人和狮子怦怦的心跳……

也许是他的镇定让狮子不安，也许是他的样子让狮子恐惧，总之，在对视了几秒钟之后，狮子竟然慢慢地转过身，快步而去。

所有人都长舒了一口气。剩下的事，就是他们静静地等在那儿，直到动物园来人把他们救出去。

可是，故事到这里并没有结束。事实上，故事才刚刚开始……

女孩突然醒了。醒后的女孩看着陌生和恐怖的一切，竟“哇”地大哭起来。于是，刚刚躺下的狮子再一次被激怒，它慢慢站起来，然后，向女孩直扑过去！

狮子的血盆大口，此时距女孩的头，只剩分毫。父亲看到了狮子暗红的舌头和闪着寒光的牙齿……

男人迅速推开自己的女儿！他伸出自己的右臂，挡在狮子面前。其实这时他更像是把胳膊友好地递到狮子嘴里，也许那时男人在想，只要狮子的嘴里咬了什么东西，那么，它就会静下来吧！那么，它就不会继续伤害他的女儿了吧?那么，当它啃噬自己胳膊的时候，动物园的驯兽师们，也许就会赶过来了吧?

他能够感觉到狮子的利齿深深地扎进他骨头。狮子咬着他的右臂，兴奋地甩着头，男人被抛起，然后重重地跌落，狮子再一次盯着他的女儿。此时女孩已经退出很远，脸色苍白，似乎已经吓得忘记了哭泣。

狮子一步步紧逼过去……

男人再一次爬起来，再一次扑向狮子，再一次在狮子呼着腥气的血盆大口距女儿仅剩分毫的时候，伸出胳膊挡在狮子面前。

这次是左臂。他的右臂已经动弹不得。他就那样伸出左臂，似乎要友好地送给狮子一顿晚餐。狮子愣了一下，再一次咬住了他的胳膊，开始疯狂地撕咬……

动物园的驯兽师终于赶来，他们用两个麻醉枪才将狮子击倒。

男人躺在医院里，他两只胳膊的肌肉都被狮子撕烂，鲜血淋漓，并且严重骨折。有人问他，那个时刻，为什么要用你的胳膊阻挡狮子?男人认真地想想说，不知道。

那时由不得多想，大概只剩下本能吧，父亲保护女儿的本能吧。

是的。那时仅剩下父亲的本能。而不必去细想，为女儿挡住的是一抹刺眼的阳光、一粒微小的灰尘、一辆飞驰的汽车、还是一头凶猛的狮子?

可是，假如动物园的人没有及时赶到，你还将怎么办呢?那个人继续问他。

那么，我将继续挡下去……用左腿、用右腿、用胸膛、用脑袋。男人轻描淡写地说。

有一种欺骗叫真爱

当欺骗夹藏着善心的亲情，又怎能不让人泪流满面呢？因为这一种欺骗，叫真爱……

有个男人下岗后，每天靠蹬三轮车养家糊口，在热闹的路旁等客，他总是用鹰一样的眼神搜寻着顾客，起初，同行们还以为他在积极地抢生意，后来才知，他只是因为怕遇到乡下的熟人而难为情。

逢到过年过节，这个男人整天不出车，而是溜达大小集贸市场，跟摊贩讨价还价，最终用三轮车驮回米油呀，粉丝、花生米……

第一次男人买这些农产品回家，他的妻子很不解地训斥他“家中乡下老人刚送来这些，你又买回，放着不怕坏呀!”男人没有理睬妻的唠叨，只是用以前单位发福利的大米袋装米，尔后缝口，油也用10斤的油壶装满，花生米也是6斤称秤，粉丝也不例外。他的妻子见他这样傻举，更是气急败坏，脱口而出“你有时间在家闲着发神经，还不如出去拉几个客!”面对妻这样咄咄逼人的话语，他欲怒无言，眼中蓄满了浑浊的泪水。妻一时感到自己有点过分，心生怜爱，想想男人本来有不错的单位，突然下岗了，还能吃这样的苦，没日没夜蹬车挣钱，鼻子一酸，泪下来了，从后背抱住男人，请他原谅刚才过激的话语。男人转身，拥着妻，吞吞吐吐说出他“傻举”的目的。

原来，男人曾经有工作时，每年过节，单位总发放大米、油、粉丝和花生米，他总跟妻子商量送一半给乡下父母。尽管父母在乡下不稀罕这些，但老人因儿子在城里工作有东西发，自然乐意接收，缘于儿子有个好单位而自豪。如今，男人下岗了，他不想告诉父母，只是怕他们担心，所以才……

男人的妻子被他的细腻感动了。以后再过节，她总帮着男人做着同样“傻举”

欺骗乡下的两位老人。

这个男人，就是我的大哥。

有个女人和丈夫外出打工，日子过得很清苦。她每天早晨三四点钟去农贸市场买一些蔬菜，尔后到天亮后躲着城管人员在僻背的小巷坐卖。丈夫则在一家建筑工地做苦力。然而逢到过年过节，他们总是穿戴一新，拎着大小礼品回家看望父母，口口声声说自己在外工作清闲，钱比种田好挣多了……可父母从她清瘦的面容上早已洞察一切，因而，一次次拒绝了她的礼品和钱。

偶然一次，她的母亲要去城里走一家亲戚，母亲连续去了几个邻居家，才借回一双皮鞋。女人看在眼里，疼在心里。临去打工的路上，她跟丈夫说："再回家，一定得给妈买双新皮鞋，她这辈子，没穿过皮鞋！"丈夫欣然同意。

临到再回家，皮鞋买到手，她犯难了——一双新皮鞋，母亲肯定拒收，因为她的脸上依然清瘦憔悴，若是母亲真拒收新皮鞋，这鞋怎么处理呢?突然，她眼前恍惚想起城里有人拾垃圾的场景。顿时，她脸上露出了幸福的笑容。

她连忙吩咐丈夫，把新皮鞋折折皱皱，自己又捧着尘土往新皮鞋上洒。丈夫一时满脸狐疑。

当他们再去看望父母时，她除了那双满是灰尘的皮鞋，两手空空。

一见父母，她满脸难色，怯生生地说："妈，这次看你们，我依着你们的意思，真没带什么礼品！不过，我在城里的垃圾堆里捡到一双还不算太旧的皮鞋，正合您脚，就给你带回来了！

当母亲接过皮鞋，吹吹了皮鞋上的尘土，一边试穿皮鞋，一边惋惜道："这城里人真够浪费的，好端端的一双鞋就扔了。这下可好了，以后再走城里的亲戚不用借皮鞋了！"正当她和丈夫会意地对笑时，母亲又来了一句："以后再进城，留意给你爸也捡一双，他长这么大也没穿过皮鞋呢！"

以后，她又如法炮制带给父亲一双"旧皮鞋"。

这个女人，就是我的姐姐。

有一个小青年，他高中一毕业，就被亲戚介绍到上海的一家船厂打工，船厂开给他的工资有1000多。然而他仍省吃俭用，每月定时给父母汇钱，缘于想早日帮父母盖上三间瓦房，让他们脱离低矮阴湿的茅草房。

谁知，工作不足半年，他被上海光怪陆离的生活一时熏昏了头，变得财迷心窍。一日他偷拿了几个同事的工资卡，取不出来，被人当场擒拿。

一下子，他懵了。接着他被拘留，亲戚一脸失望去看他。他低着头，一脸悔恨的泪水，突然，他“扑通!”一声跪倒在亲戚面前，哭着请求不要把这件事告诉他父母。亲戚看他还是个孩子，产生怜悯之心。临别，他又请求亲戚，给家人捎口信，就说他被船厂安排到国外学习技术，3年后才能回家。因为此时，他已得知自己被判3年有期徒刑。亲戚答应了他，且还说帮他汇钱回家修建瓦房，了却他的孝心，只是望他积极改造，争取早日重新做人。

望着亲戚远去的背影，他哭喊一声：“我将来定会加倍偿还你的汇款!”

入狱后，他果真积极改造，提前一年释放。当然，他那年犯事已被船厂解雇了。那一年，他没日没夜在搬运站工作，搬运东西简直拼命。

他的汗水为自己赢得了一笔钱，可当他还给亲戚钱时，亲戚拒绝了，说是早点回家看看父母吧。都整整三年了，他何尝不想父母双亲。

当他回到家，往日的茅草屋早被眼前的青砖瓦房代替了，他的心中顿时涌动起一股不可名状的酸楚。父母见他满脸憔悴的面容，止不住关切地问：“在国外是不是太苦?”他哽咽一句：“只是水土不服!”尔后避着父母，任凭泪水外溢。

这个青年，是我的堂弟。

当我写完这三则故事，我的心抑制不住颤抖起来。欺骗，曾是人们最最憎恶的，不论欺骗的大与小，人们都难以容忍。然而，当欺骗夹藏着善心的亲情，又怎能不让人泪流满面呢？因为这一种欺骗，叫真爱……

爱就一个字

直到现在，这个孩子仍然只会叫一个字，那就是——“妈！”可这个字的分量，却比世界上所有的语言都要重。

我听说过这样一个真实的故事：有一年冬天，一个叫云架岭的地方下起了一场罕见的大雪，几乎将所有的沟沟坎坎夷为平地。恰在这时，一个3岁的聋哑孩子突然得了一场怪病，高烧烧得像一块火炭，三天三夜昏迷不醒，急坏了他的父母。

在村里能请到的医生一个个摇头而去之后，他的父亲试探地对妻子说：“那……只有到县医院去看看了。”

前来探望的村民一齐将吃惊的目光投向他的脸。从云架岭到县城，至少要走100多里路，其中60多里是险峻异常的山路，平常人走都提心吊胆，在这样恶劣的大气里下山，谁都觉得是一件不可思议的事情，弄不好连一家三口的命都得赔上。

可是，做妻子的听了丈夫的话，近乎绝望的眼神一下子又有了亮色，迅速用棉被包住毫无知觉的孩子，抱起来就往门口走去。年轻的父亲顺手拎过一把铁锹，紧紧地跟在后面。

乡亲们说不出什么话来，默默地让开一条道，目送着他们一头扑进漫天的风雪。接着，他们看见那位年轻的父亲紧走几步赶在妻子前头，用铁锹在没膝深的雪地里铲出一条路，让妻子稳稳当当地往前走。

不知是谁带了个头，大家轰地一下追了上去，夺过他手里的铁锹，轮流在前边开道，一直护送他们到了60里外的山下。

然后，丈夫借了一辆手推车，推着妻子和孩子连夜往县城赶去。

他们到达县城的时候，已经是第二天的中午了。这时，孩子通体冰凉，连心跳也消失了，县医院的大夫无比遗憾地告诉他们：“晚了，给孩子……找个好地方吧！”

丈夫沉默半晌，嗫嗫嚅嚅地对妻子说：“到这一步了……咱们……把孩子送走吧……”

神情木然的妻子仿佛受了电击一般，猛地一抖：“不！我不丢！娃还活着，我要跟娃一起回家……”

无论人们怎样规劝，执拗的母亲总是咬住这一句不放，丈夫只好叹了口气，又推起妻子和孩子，艰难地踏上了回家的路程。

雪依然在下，天地间混沌一片，似乎要将这对悲痛欲绝的小夫妻彻底地淹没。走着走着，坐在手推车上的母亲索性解开自己的衣襟，将孩子紧紧地搂在怀里，仿佛要用自己的体温将冰凉的孩子暖热。每过一会儿，她就要温柔地拍拍怀里的被卷，梦呓似地呼唤几声：“娃乖乖，妈带你回家……”丈夫机械地走着，汹涌的泪水从眼角流下，在脸上结成长长的冰凌。

“要么，你哭出声，让心里好受些？”丈夫说。

妻子摇摇头，她哭不出声来。

不知走了多长时间，走了多少路，天黑了又明了，雪小了又大了，忽然，手推车上的妻子一声惊呼：“他爸，快看，娃动了，娃活了！”

丈夫一个箭步冲上前去，将妻子和孩子一起揽在怀里。果然，孩子僵硬的小手慢慢地伸了出来，像要吃力地抓住些什么东西，接着，眼睛也睁了开来，静静地盯住母亲的脸。

“妈！”孩子的嘴唇一动，轻轻地吐出一个石破天惊的声音。

可怜的母亲头一歪，稀泥似地瘫了下去，幸福地死在丈夫的怀里。

直到现在，这个孩子仍然只会叫一个字，那就是——“妈！”

可这个字的分量，却比世界上所有的语言都要重。

诊所里的母亲

走到门口的时候，女人回过头来朝他笑笑。笑得他心酸。

流感说来就来了。好像，城市里每个人都在流鼻涕。这让他的诊所里，总是堆满了人。

诊所不大，靠墙放着两个并排的长凳，人们挤坐在那里，有秩序地，一个挨一个地，等着他开出药方，或在头顶挂一个吊瓶。这场面让他稍有欣慰。他不喜欢有人插队，正如他不喜欢有人生病，尽管，他是一个大夫。

有时他认为自己好像选错了职业。比如现在，他已经忙了一个上午，面前依然晃动着没完没了的病人，这样他就有些烦躁。后来他更烦躁了，因为他看到一个没有排队的女人，身子有些佝偻、头发已经花白的女人。女人紧抱着叠成筒的被子，踉跄着慌张的脚步，直接挤到他的面前。他看到女人在皱纹间顽强地挣扎出一双浑浊的眼，吸盘般吸附着她的脸。女人说，看病，感冒了。声音沙哑。

他皱了皱眉，用手指着长凳上等候着的那些人，说，都看病，都感冒了。

女人说，我给你钱。

他的眉毛马上打成结，他说都给钱，这里没有赊账和赖账的。

女人并不理会他的话，说，孩子感冒了，很严重，你快给他看看。女人轻轻拍打着怀里的被筒，露着焦急和紧张的表情。

女人递过来一张破旧的两毛钱，他认为这张钱的年龄，应该不会比女人小多少。

女人小心冀冀地揭开包得紧紧的被筒一角，他歪着头，向里面看了一眼。只一眼，他便愣住了。他突然记起有人曾给他讲过的一个故事，他想，也许面前的老女人，就是故事里的主角。

你不要理她。坐在凳子上的一个男人说，我认识她，这附近所有的国营医院和个体门诊，没一个理她的。

他摆摆手，示意男人不要说下去。他轻轻问女人，孩子病得很重吗？

是的，很重。女人说，他整夜咳嗽呢。

还有呢？他问，他把听诊器小心地塞进被筒。

不吃饭，有时候发高烧……夜里总是哭！女人说。

你别理她！坐在凳子上的男人又说话了，还有这么多人等着呢！

你闭嘴！他冲着男人吼。他不知道自己为什么突然变得很激动。

男人撇撇嘴，不说话了。

给他打一针吧。他朝女人笑笑，马上就好，不会疼的。他站起来，把椅子让给女人。

现在好了。您摸摸看，是不是不烧了？过一会儿，他对女人说。

好像是呢。女人的表情终于平静下来，嘴角有了些笑。

回去的时候，把被子包严实点，别让他受凉。他叮嘱着女人。

那谢谢你了……不过明天我还想来，您再给他看一看，行吗？女人说。

当然行。他收下女人推过来的两毛钱。

女人终于走了，心满意足，脚步也变得轻盈。走到门口的时候，女人回过头来朝他笑笑。笑得他心酸。

他开始给下一位病人开药，挂吊针。他心里想着那个故事：单身的母亲和 17 岁的儿子，儿子辍学打工，摔下脚手架，死去……母亲疯了，每天抱一个被筒，到处找人给儿子看病。她总说，儿子刚满 2 岁，没有人理她……

他想，被子里包的那个干瘪的、脏兮兮的枕头，应该是她儿子枕过的吧。

他流下一滴眼泪。

他想，不管如何，也得把这个诊所开下去。他答应过女人的。哪怕，他仅剩下女人一个顾客。

母亲的最后一吻

我握着母亲苍白的手，感受着母亲给我的那最后的一吻，我的心中，泪如雨下。

大学毕业后，我带着相处了3年的男友回家见父母。父母看到男友长得挺帅气，而且说话也十分得体，都表示十分满意。可是当母亲知道男友是来自一个偏远山村时，她的脸色立刻沉了下来。望着母亲骤变的脸，我知道我最害怕的事情终于还是发生了。

我送走男友后，一进门，母亲的一句话便扔了过来："你别想跟他！"我有些不服，回了母亲一句："他怎么了，你凭什么瞧不起他?"母亲大概没想到在她眼中一直是乖乖女的我居然敢顶撞她，立刻对我吼道："怎么了，翅膀硬了是不是?跟着一个穷小子。哪会有什么好日子过?"这一句话也激起了我心中的怒火，我准备要发作。这时，一直在旁未说话的父亲咳嗽了两声，我看了看父亲，他示意我不要。我马上明白了过来：母亲心脏不好不能受太大的刺激。我无奈地坐到沙发上，母亲见我没再顶撞她，也坐到我的旁边，语气缓和了下来："欣儿，妈是为你好，嫁给他你是不会有幸福的。"我低着头，一句话也不说，对着一个势利的母亲，我还能说些什么?

后来，男友来找过我许多次，都被母亲以各种借口拒之门外，我不敢违背母亲的意思，更怕背上不孝的罪名，男友渐渐也知道我们之间是不可能的了，便与我就这样分了手，一年后，我顺着母亲的意嫁给了门当户对的张涛。

我和张涛之间没有多少感情可言，婚后的生活一直平平淡淡，可是到后来我发现我们的性格极其不合，我们开始为一些小事发生争吵，吵后便彼此冷战，直到那一次，当他在抽屉里发现了我珍藏的男友写给我的情书时，我们之间的火山终于爆发了，他动手打我，还不停地骂我。顷刻间，我对他的种种不满也通通涌了出来，我再也忍受不了，摔门而去。最后，我提出离婚，他也毫不犹豫地在上面签了字。

这次失败的婚姻让我承受了莫大的痛苦，而我把这一切都归咎于母亲身上。要不是她当初的决绝，我也不会有如此的痛苦。我开始怨恨母亲，可我不敢对她发泄，她毕竟是我的生身母亲。于是，我只好选择离开。几个月后，我带着满腔的怨恨，只身一人去美国念书。

在异国的日子，我试着学会忘却，可是我做不到。偶尔打电话回去。一听是母亲的声音，我便不说话。母亲也明白，会马上把话筒递给父亲。而后来，母亲也没有再接我的电话。父亲也曾多次叫我回去。而我依然无动于衷。

3年后的一天，父亲急急地打来电话，他的声音有些颤抖："欣儿，你回来吧，你妈快不行了。"我的心猛地一颤，我从未见父亲如此紧张过，父亲见我不说话又接着说道："欣儿，你也知道，你妈不是有意的。这些年来，她一直在责备自己，怪自己当初不该拆散你们而断送了你的幸福……"我倏地挂断电话，泪水决堤而出。一直以为失去了幸福的我是最痛苦的那一个，没想到母亲比我更痛苦。我没再犹豫，匆匆准备好一切。急急地赶了回去。

当我走进病房的时候，母亲眼睛一下子亮了起来，她欲挣扎着坐起来却不料重重地一摔，我赶紧跑了过去，望着母亲，望着多年不见已白发苍苍的母亲，我的眼泪缓缓地滑落。

母亲看着我，看着怨恨了她整整3年的女儿，她的嘴唇不停地颤抖，可是一个字也吐不出，我把耳朵凑到她的嘴前，我能感觉到她那沉重的喘息声，我知道她有话想对我说，可是，她久久未能说出一个字。我看到母亲有些慌了，忽然，她在我的额头上重重地一吻。一瞬间，一种从未有过的暖流迅速涌遍我的全身。我一把抱住了母亲，激动地说着："妈，我懂，我懂……"最后的那一道隔膜终于在一瞬间消融。

不一会儿，我感觉到母亲的手从我的肩上无力地滑落，我松开母亲，看见母亲已经安静地闭上了眼睛，嘴角还留着一丝微笑。旁边的医生念叨着："真是一个奇迹啊，你妈已经撑了半个多月了。"

我忽然有些后悔，后悔自己的绝情，世上会有什么事值得谁去恨自己的母亲，谁又知道当初的男友就一定能给我幸福，而为了那份可能的幸福，母亲却内疚了几千个日日夜夜，或许，我在心底早已原谅了母亲，只是由于我的倔强与任性，不肯再向前迈出一步……

我握着母亲苍白的手，感受着母亲给我的那最后的一吻，我的心中，泪如雨下。

爱父如子

把老人当儿善待，爱父如子，这，便是最好的孝顺！

有人说，人的一生是一个轮回往复的过程。两三岁的孩子努力的方向是不要尿床，而对于80岁的老人而言，生活自理恐怕也是主要的努力方向；五六岁的孩子常以能够独立完成生活中的“某项任务”而引以为荣，而90多岁的老人的成就感也往往来自于能做好一些生活小事。童年和老年是人生的两个端点，有着相似的生理特征。俗话说，老小，老小，人老了便越来越孩子气。他们会变得思想天真、单一、主观，对别人的言语非常敏感，特别爱听奉承话，稍不如意就感到委屈，感情脆弱，容易激动等。

就拿我的父亲来说吧。年轻时，很绅士气，潇洒，沉稳。年过古稀后，便变得越来越孩子气了，常常和孙儿们玩得乐不可支，他常和孙儿们一起上山放风筝、捉蝈蝈，和孙儿们“疯”得尽兴；笨手笨脚地和孙儿们“藏猫猫”，一会儿躲进门角落，一会儿爬到桌子底下；有一天，他不知从何处找到了一个被我丢弃的手机，竟把它别在腰上，四处炫耀……

对儿女们的言辞举动，他十分在意。有时他会为我们的一句话、一个眼神或一个手势而产生许多想法，从中品味儿女们的心思，对他是否尊重，心中有没有他，从而，或感动不已，或长吁短叹。

现在，父亲已没有了当年的风度翩翩，完全似个“老小孩”。为了顺应父亲变“小”的心态，我们做儿女的也就换用了一种新的孝顺方式——“爱父如子”。

生活中，我们细心体察父亲的感情，顺着他的心意，想办法化解他的不快，变着法子让他心情舒畅。有时也免不了把对待孩子们的那一套用上，逗着、哄着老人高兴。

老人的心理与孩子颇为相似，很容易满足。我抓住这一特点，常给父亲戴“高帽”，夸夸他洞明世事，夸夸他人情练达，夸夸他菜做得好，饭煮得香，甚至把许多功劳都记在他的“功劳簿”上，使他“得意忘形”，乐在其中。

老人大多都有恋旧情结，常爱追忆过去光荣的“历史”。我们做儿女的就常提父亲的“当年勇”，与他一起分享逝去的快乐时光。

其实，爱父如子自古以来就是一种大孝道。

清代大清官、大孝子郑板桥，曾在山东潍县任知县，因为民请命，赈济灾民，得罪了豪绅权贵而被罢官。他离开时，“一肩明月，两袖清风”，仅一个书童为他挑着两箱子书同行。他的清廉、他的孝悌，深深地感动了潍县百姓。百姓倾城出动，绵延十余里哭送。走到城门，只见几个年轻人，跪在他面前，他立即上前，一一扶起，问他们有什么冤要申。其中的一个年轻人说：“大老爷，您要走了，请给我们留句话吧！”郑板桥略加思索，随口说道：“你们要把父母当儿待。”说完便走了。

年轻人一愣，觉得这句话初听起来有些不顺耳，进而思索才慢慢悟出，这是希望他们孝顺父母的一句精辟独到的告诫，一句经验之谈，是教育他们怎样做孝子。从此，潍县人听从这一教诲，十分孝敬父母，全县孝风盛行，成为有名的孝子县。尊老敬老之风流传至今。

若问何为孝顺，其实很简单：满足老人孩童般的需求，理解老人充满童趣的世界，把老人当儿善待，爱父如子，这，便是最好的孝顺！

趁双亲还健在

如果你想为父母买些苹果，你就赶快出手；如果你想说声“谢谢”，你就马上说出口……

曾读到过这样一个故事，既让人心酸又让人掩卷沉思：

旧金山的约翰给在纽约工作的儿子戴维打电话。

“我也不想让你感到难受，但是我不得不告诉你这个坏消息——我和你母亲已同意离婚，45年的煎熬我们受够了。”约翰的话音中有一些失落感。

“老天！你在说什么呀?老爸！”戴维大吃一惊。

接着戴维马上给芝加哥的妹妹打电话：“苏珊，你一定要冷静，听着，老爸老妈想离婚，怎么办?”

“什么?上帝！我们得回去阻止他们！”苏珊在电话那边尖叫。

挂断哥哥的电话后，苏珊立刻拨通了家里的电话，是约翰接的电话。“你们不许离婚！我们明天就到，千万不要冲动！听见没有?”苏珊一口气嚷嚷完就挂了电话。

约翰放下电话后，转身对妻子说道：“好了，他们能回来过感恩节了，但圣诞节我们怎么说?”

为了让儿女们回家过一个感恩节，做父母的竟然要采取如此“欺骗”的伎俩，对于长大了就远走高飞或长期在外工作的儿女来讲，我们该作何感想呢?我们是否忘记了对父母应该有最深的牵挂、最彻底的感恩之心?我们是否一次又一次地心存侥幸，反正父母们活得还很好，对他们的感恩不用太着急！

然而，即使我们对父母的感恩来得及，我们是否想过父母们等得及吗?假如有一天，父母们因为终于等不及而撒手而去，我们是否会因为我们的慵懒而充满无尽的懊悔呢?有一位作家就这样忏悔：

我不曾问过自己为什么爱戴并继续爱着我的双亲，尽管他们早就与世长辞。但是，我要说，在他们仙逝之后，我反而对他们爱得更深。这是为什么呢?

直到现在，在我成熟以后，我才真正认识到他们是怎样一些人，他们都为我做了些什么。他们为了我往往不顾自己，甘愿牺牲。

在我父亲卧床不起、病入膏肓时，为了让我去上学，他决定卖掉一块葡萄园和一头公牛——实际上是家里唯一的一头公牛。虽然他本身需要补养，需要为自己的病痛买些补品，但即使是在这种情况下，他仍然没有为自己着想而是为我操心。他用被子蒙住浮肿的双腿，装出一副健康的样子，舍不得花掉用来看病买药的“保命钱”，以这种方式缩短了自己所剩无几的寿命。

他为我卖掉了葡萄园和公牛，我却没有说一声“谢谢”。现在，没有说出口的这声“谢谢”使我越发感到沉重和悲哀，因为我父亲永远也不会听见这句“谢谢”了!

正因为如此，我要对所有那些爸爸妈妈都还活着的人们说：“趁他们还健在时，去爱他们吧，说出对他们的爱吧！一定！这是因为，明天或许就晚了，到那时，那些没有说出口的感激的话语、爱的话语将如鲠在喉，使你感到沉重和痛苦，无法解脱!”

如果你想为父母买些苹果，你就赶快出手；如果你想说声“谢谢”，你就马上说出口。因为或许再过一刻，你和你的双亲，将永远失去快乐。

那一天，我终于读懂了爱

许多年过去了，我仍然珍藏着那个破旧的皮书包。
因为，那上面的每一针每一线都是用爱缝起来的啊！

那已经是很多年前的事了，我上四年级时的第一个星期。那天放学之后，我从学校出来，沿着联合大街向市中心的我爸爸的修鞋店走去。然而，在到达他的修鞋店之前，伍尔沃斯连锁店的橱窗像磁铁一样吸引了我的目光。橱窗正中显著的位置上摆放着一个红色格子花呢的书包。书包上那红色鲜艳的塑料手柄在秋日明亮的阳光下闪烁着绚丽多彩的光芒。书包的前面是一个嵌入式的铅笔盒，它的开口处镶着一条有着黄色拉环的拉链。我靠近橱窗，把脸贴在玻璃上，以便能够看清楚它上面的那两个扣环。它们也是用那种红色鲜艳的塑料做的，而且被恰到好处地安装在书包的盖子上。“如果我能有个这样的书包，那我不也就像珍妮特和我们班上其他女孩子一样了吗?”我想道。但是，我知道那是不可能的，我爸爸从来都没有说过要给我买这种书包。

想到这，我气愤地从肩头把我的那个褐色的书包滑下来，然后使劲将它摔到我前面的人行道上。在这明媚的秋阳下，这个皮书包一点儿光泽都没有，而书包上那黄铜做的扣环也是那么黯淡，没有一丝闪光。此刻，它就这么静静地躺在人行道上，像一头又老又丑的母牛，横亘在我和橱窗里的那个红色格子花呢书包之间。我的书包是爸爸自制的。

然而，无论我怎么苦思冥想，也想不出一个合适的理由对爸爸说我不想要他给我做的这个书包。最主要的，那个红色格子花呢书包要3.98美元一个，我想我们可能买不起。

第二天早晨，当我醒来准备去上学的时候，我感到非常为难。因为今天，珍妮特邀请我们班级所有的女孩放学后到她家里去喝下午茶。在这之前，我不仅从来没有喝过下午茶，而且也从来没有去过珍妮特的家里。我不想背着这个破书包去她家里。在我们班里，她是一个很讨大家喜欢的女孩，而且，她还拥有我们每一个人想要的任何东西。不仅如此，珍妮特还拥有一头漂亮的金色鬈发，她住在郊区的一栋单门独院里。她的爸爸在一家大公司里工作，而且还有自己的办公室。珍妮特也有一个从伍尔沃斯连锁店买来的配有铅笔盒的红色格子花呢书包。

那天上课的时间好像特别长，没有尽头似的。终于，好不容易熬到了放学，我们 8 个女孩一起来到了珍妮特的家里。哦，这一趟我真是不虚此行，大开了眼界。她的家比我所想象的还要漂亮。看着她家豪华的装饰，我感到就好像是在拜访一位公主似的。

珍妮特的妈妈端着一个银质的茶壶，帮着她为我们倒茶。而我们则几乎都在等待着吃饼干呢。就在这时候，门开了，珍妮特的爸爸走了进来。

“嗨！爸爸！”珍妮特张开双臂向他跑去迎接他。他没有看珍妮特，只是心不在焉地用手轻轻地拍了拍她的头。“哎，别把我的衣服弄皱了。”他一边说一边向后退了一步。

“哦，嗯，对不起，爸爸。”珍妮特说，“您想见见我的朋友吗?”

“我没有时间。”他不耐烦地说，同时，打开公文包，从里面掏出来一摞报纸。

“凯瑟琳，”他对着珍妮特的妈妈粗鲁地问道，“我们家今天要干什么?”

他指的是我们。

“罗恩，”珍妮特的妈妈道歉说，“我知道你想说什么——不过，请原谅这些女孩子们。”她说着离开了餐厅走进厨房。

顿时，这间漂亮的餐厅成了珍妮特父母争吵的回音室。

“你应该知道，我回到家里喜欢安静。”珍妮特的爸爸嚷道。

“是的，我知道，但是，这一次，我认为你不应该介意。”珍妮特的妈妈争辩道。

“如果我回到家里没有一个和睦安静的环境，又怎么能够指望我养家挣钱呢?我想让那些小孩儿立刻离开这儿!”

接下来，珍妮特的妈妈就没有做声了。然后，厨房的门“砰”地一声关上了，并且，我们听到沉重的脚步声向楼上走去。

一会儿，珍妮特的妈妈回到了餐厅。“姑娘们，我非常抱歉打断你们，”她低着头，眼睛不敢看着我们任何一个人，满怀歉意地说，“现在，大家赶快把饼干吃完，然后你们可以到珍妮特的房间里去玩，等你们的父母来接你们。”

于是，我们只好默默地吃完饼干喝完茶，然后又默默地走到珍妮特的房间里去了。珍妮特的床上盖着镶有荷叶边的床罩，窗户上挂着带有皱边的落地窗帘。不仅如此，她还有一台电视机、一台收音机和一台电唱机。长那么大我还从来没有见过这样的房间——真是太漂亮了。

看着看着，我又想起了自己的房间——在我那个墙上涂着廉价的、略有点晃眼的粉红色油漆的窝里，地板上铺着破烂不堪的油布，家具也都是别人用过的旧家具。我环视着这里，几分钟前，我还对它艳羡不已，而现在只让我感到畏惧。

我的思绪不禁又回到了那个下午。那天，当爸爸伸出双臂紧紧拥抱我的时候，他身上的粗布围裙把我的脸都磨疼了，想到这儿，我不禁抬起双手揉搓着我的脸颊，我又想到了那块苹果卷饼，爸爸每次只买一块给我吃，而他自己却从来都不舍得吃一口。而且，不论他每天有多少鞋子要修理，他总是要抽出一些时间和我说话，对爸爸来说，我好像是最重要的人。他总是慈爱地看着我，问长问短。

这时，我的目光正好落在了珍妮特的那个红色格子花呢书包上，它正放在白色的写字台上。我情不自禁地伸出手去，满怀羡慕地抚摸着那个漂亮的红色塑料手柄。但是，我突然发现，它的上面布满了一道道划痕，不仅如此，那用来固定背带的铆钉也因为书籍太重的缘故而被拽了出来。仔细想来，这个书包，其实就像珍妮特的生活一样，并不是那么完美。

就在那一刻，我突然非常想回到家里去。我想和我的家人们一起围坐在厨房的桌子旁，大家一边吃着硬皮面包，一边开心地笑着，聊天儿……就这样，我一边想着，一边焦急地盼望着爸爸快点儿来接我。

许多年过去了，我仍然珍藏着那个破旧的皮书包。爱，不是来自于银质的茶壶里——当然，也不是来自于红色格子花呢的书包上。有时候，它却来自于一间不大的房间，来自于一块特意准备的苹果卷饼，当然，也来自于那个自制的褐色的皮书包上——因为，那上面的每一针每一线都是用爱缝起来的啊！就在那天，我终于明白了，爸爸对我的爱就像他用来给我做书包的那块皮子一样坚韧，一样真实。

有爱不觉天涯远

“有爱不觉天涯远，哪怕是隔着两重世界。”

她 15 岁那年，父亲死于一场车祸。家里塌了半个天，她的心却完全塌了。从小，她就是父亲最宠爱的宝贝，可是幸福从此戛然而止。那个忧郁沉闷的夏天，她封闭了自己，几乎不和任何人说话。她看着母亲依然衣着光鲜地上班下班，依然和别人谈笑自如，心就像被针尖一点点地刺了个遍。她不明白，难道父亲的离去，对母亲，竟然没有留下丝毫痕迹吗？

母亲发现了她的自闭和忧郁，开始带她出去游玩，给她买色彩鲜艳的衣服，甚至给她配了电脑，让她寂寞的时候上网找开心。她对母亲所做的一切，只是冷冷地拒绝。母亲买的那些衣服，她一次都没穿过，就塞进了衣柜。

父亲去世后她的第一个生日，母亲一大早就起来上菜市场，说要热热闹闹地过，叮嘱她放学后把要好的同学都请到家里来。晚上，她独自回来，看到家里流光溢彩，人声喧嚷，桌子上摆着三层的生日蛋糕，上面插着 16 支蜡烛。她刚一进门就被一群男人女人给围了起来，纷纷往她手里塞礼物，说生日快乐。母亲在旁边兴奋地介绍，这是赵伯伯，这是许阿姨……母亲问，怎么没带同学回来啊？我准备了这么多的菜呢……

这样热闹的场面，让她不可抑制地想起父亲，突然悲从中来。歇斯底里地喊了一声：“没有爸爸的生日，我不快乐！”把手里的礼物统统摔在地上，又把桌上的蛋糕砸了个稀烂，留下不知所措的母亲和一屋子尴尬的人，头也不回地跑进自己的房间，把门重重地锁上。

那天晚上，半夜的时候她起来上厕所，忽然听到一阵压抑的哭泣声。她在母亲的房门口站住，房间里的灯还亮着，母亲背对着她，肩膀一耸一耸，剧烈地抖动着。

这是父亲离世后她第一次看到母亲哭，她也第一次发现，原来母亲的肩膀竟是如此瘦削。她默默地站了半晌，终于走进去，轻轻揽住了母亲的肩头。

第二天，她起床时发现床头放着一张纸条，上面是母亲的字迹："娇娇，爸爸在天上看着我们呢，我们娘俩儿在一起，要快乐地活着，他才会开心。有爱不觉天涯远，哪怕是隔着两重世界。"

有爱不觉天涯远，她反复读着这7个字，泪水涌满了眼眶。

她读高三那年，因为单位的效益不好，母亲下岗了。母亲从旧货市场买回一辆三轮车，去水果批发市场批了水果回来，蹬着三轮车大街小巷地叫卖。有一次，她回家跟母亲要钱买复习资料，走过路口时，正好看到母亲的三轮车停在那里，有个人正在挑苹果。那个人一边拣苹果，一边挑剔苹果的颜色不好价格太贵，母亲谦卑地赔着笑脸，不住地说好话，那人不依不饶，称完了非要再添上两个。母亲便急了，正争执间，突然有人喊："城管来了！"母亲一惊，钱也不要了，骑上三轮车就跑。那条街正挖暖气管道，母亲一没留神，三轮车便歪进了旁边新挖的土沟里。她看见母亲麻利地爬起来，扶正了车子，也顾不上拣地上掉落的苹果，继续蹬着车往前飞奔。

她跑过去，把地上的苹果拣起来，看着母亲瘦削的背影飞快地消失在街角，突然蹲在地上，泪水再也抑制不住。

母亲就这样供着她，一直读了大学，又获得了全额奖学金，要出国深造。临走的晚上，她抱着枕头来和母亲一起睡。母亲把所有该叮嘱的都叮嘱了一遍，她偎着母亲，一直沉默。到开口说话，已是泪眼婆娑："妈，我走了，你怎么办？"母亲拍拍她的头，笑着说："傻丫头，有爱不觉天涯远，我会自己照顾自己的，等你回来，买了大房子，接我去享福。"母亲一直轻轻地笑着，可是母亲的手，却是颤抖的。

学成归来，已是两年之后，她以优异的成绩，被一家大公司高薪录用，买了复式楼房。她把母亲接来，在她装修得舒适典雅的新家，母亲欢天喜地在阳台上种满了花，把她的床单被罩都洗了一遍。有一天夜里，她听见母亲一直咳嗽，起来去看，母亲却闭着眼睛，好像睡熟了。

第二天，母亲说想家了，要回去。她急了，说你要回哪儿？这就是咱的家啊。可是母亲执意要回，她无奈，只好送母亲回去。母亲回家后便一直剧烈地咳嗽，最后，竟咳出血来。送母亲去医院，肺癌，已经到了晚期。医生埋怨她，怎么这么晚才送来？

怎么这么晚才送来？她一遍遍地问自己。9月的阳光灿烂耀眼，她眼里的世界却失去了颜色。

一个月后，母亲静静地去了。最后的时刻，母亲抓着她的手，嘴角翕动，她俯身上前，把耳朵贴在母亲的脸上，听到母亲很轻微的声音说："乖……不怕……有爱，不觉天涯远……"

有爱不觉天涯远，她跪在母亲的床前，泪如雨下。

有些爱，你无法还

真正的爱，它从来都是隐在最深处，像洋葱一样，一层层地剥开，会让你泪流……

亲爱的孩子，今晨你在桌上留了张极简短的纸条，便奔你想要的幸福去了。我在隔壁卧室里听你哭了很长的时间，又低声给男友打电话，默默地收拾好自己的东西，准备像昨晚吵架时说的那样，彻底与这个家断绝来往，过自由自在的生活。你在纸条上告诉妈妈，你会还清22年来你欠父母的一切——以金钱的形式。

你是商学院的学生，应是比妈妈能更准确地算出，你22年来所花掉的父母的工资，甚至利息。以你的能力，妈妈也相信，你会连本带息地一并还清。可是，亲爱的孩子，你的老师忘了告诉你，任何看起来如真理一样的公式，都有它适用的范围。而在爱这一领域里，迄今还没有任何人，能够精确地算出它的价值。就像，你不能仅仅凭一个拥抱，一款首饰，一句甜言，一件衣服，就认定你如今的男友，是值得你终身依靠的伴侣。因为，有些爱，你看不到，也摸不着，甚至不知道，更无法偿还。爱这种东西，隐藏起来的，远远比显现在外的多得多。我和你的爸爸，都不曾告诉过你，你在出生以前，所带给我们的慌恐和折磨，与你以后的20多年，给我们的担忧和焦虑相比，相差无几。

你的出生，并没在我们的计划之内。那时你的爸爸远在他乡，而我，又在化学实验室工作，时常会与有毒害的物质打交道。再加上我那时心脏有点毛病，医生很坚决地要求我们将你放弃，休养几年后再作打算。我们在痛苦地一番挣扎后，还是决定，无论如何，我们也要将你留下来；哪怕，要冒一辈子的风险。

你的爸爸因此辞掉了待遇优厚的工作，专心地回来照顾我；只因为曾有个医生说过，如果这10个月很精心地调理，或许没有什么大的问题。这样不十分确定的话，却让我们奉为真理，小心翼翼又一丝不苟地履行着。我们都是极热爱自己工作的人，我那时又是个有些小资的女子，对自己的形体和衣着很是在意；可是为了你能健康平安地来到这个世间，且在以后的人生路上，不因身体上的缺陷而耽误你的生活，我们情愿放弃一切，而不是你。我吃掉了你的外公外婆爷爷奶奶小姨小姑们，从天南海北寄来的所有营养品；我婀娜多姿的形体很快状如水桶，而肚子里蓬勃生长的你，愈加地让我斗志昂扬。但每每深夜被你“吵”醒，莫名的恐惧，还是会掠过心头；如果，如果你真的成了有残缺的孩子，我和你的爸爸，将有怎样艰辛的一生?可我还是慢慢安慰自己，上帝给的，就是最好的，不管你带给父母的是明亮还是灰暗，我们选择了你，就永远都不会将你放弃。所以后来你无数次地让父母伤心，你逃课早恋与人打架，你在愤怒的时候说会恨我们一生，你漠视我们的关心和期望，你在昨天又义无反顾地要与并不让父母放心的男友同居，我都觉得可以原谅。因为我曾拿了一生的幸福作为赌注，还有什么，不能够让我去宽容?这样的付出，与你记事起看得见的关爱与操劳，是一样的不能算清且偿还的。

那 10 个月的煎熬，或许而今的你，还无法深刻地体会。而今你所能认识到的爱，只是你男友的海誓山盟，蜜语甜言，只是他对你没有任何保证可言的激情与吸引，只是他一句“我带你走”的虚空的豪言。或许他会慢慢地成熟，切切实实地在细碎的日子里给你体贴和呵护；可是至少，他的那句“帮你还清所欠父母的一切”，确实是一个不知道责任与爱到底是什么的轻狂少年，才会说出的。

亲爱的孩子，我并不想阻拦你们的爱情；我亦相信，这样的激情之恋，对于你，是一个必经的阶段，你会从中成熟，且重新认识爱与生活。我只是想让你知道，有些爱，确实是无法计算且还付的；而真正的爱，亦不是写在脸上，挂在口边，或嵌在缤纷多姿的玫瑰与物质里的，它从来都是隐在最深处，像洋葱一样，一层层地剥开，会让你泪流……

还姐姐一个拥抱

爱与痛的边缘，姐姐是我心底最柔的那根弦，涟漪也好，汹涌的波涛也好，都缘于这根弦。

姐姐是初中毕业生，我是在读大学生，农村中有太多类似的家庭，父母无力供养如古代沉重赋税般的学费，孩子只能辍学，老大当然就首当其冲了。

姐姐上了一年医校，然后跟随妈妈去了广东，人家都说那是个花花绿绿、灯红酒绿、纸醉金迷的世界；人家都说那是个“娱乐场”，让人流连忘返；人家还说去那打工的女孩，过年在家待不住……众说纷纭，姐姐带着一脸稚气踏上了南下的火车，在“隆隆”声中开始了另一种新生活。那时，她才 15 岁。

不久，姐姐打电话给我。她没有描述城市的喧嚣，没有讲述城市的繁荣，只给了我一句话：“兰，好好读书！”那时我 11 岁，我不明白那句话到底有多重，我听话地“嗯”了一声，然后是沉默。

那年冬天，姐姐没回家，这似乎验证了那些流言，我不明白姐姐为什么不回家过年，但我有点害怕，是我 11 岁所揣摩不透的害怕。

之后，我频繁接到姐姐的信，我喜欢收信，那一行行隽秀的字绑牢了我和姐姐的心，当时我不知道为什么我爱上了收信。一遍，两遍……以至于让老师误会我早恋，因为姐姐的信封上寄信人地址那栏永远都是“内详”二字。

初中升高中，我没考上省重点中学，没完成预先的约定。何去何从？爸爸说：“别读了！”姐姐说：“读！要让她读书！”于是我继续着收信的爱好。但是，姐姐的信薄了，少了以前的叮嘱，而多了以前没有的放任和自由。这让我无所适从。没有了指导，我得自己去寻找生活的方法。惶恐渐渐涌上了心头，我认为姐姐不管我了。

爸爸不给我学费，因为是姐姐承诺让我读书的。“你不供，我供!”爸爸把他应承担的责任推得一干二净。我从银行取姐姐汇给我的钱，吸着姐姐的“奶”，沿着姐姐给我铺的路，一直走，一直走……

高中毕业，我名落孙山，榜上无名。爸爸说：“不读了!”姐姐还是说“读!”于是我背着姐姐的鼓励再读一年高中，俗称“二进宫”。那时我身体不行，药不离身，但依然是孤身一人，延续着已经六年的大寝室生活。说句实在话，每当看到那些为孩子送东西的家长亲人，看着他们欢笑的神情，我不止一次地羡慕、忌妒，也不止一次地奢求姐姐来看我。当然，我的欲望总没实现过一次，那种渴求却因失望而更强烈。

复读一年我考进了财专，爸爸说：“不读了，供不起，还是个专科!”姐姐仍然说：“读！我来供，反正你从来没有供过!”所有的这些关于我是否继续读书的争吵都是瞒着我的，直到我进了财专。舅舅在一封信里说：“这几年，你让太多人失望了，而这些人一如既往地支持你!”当看到这句话时，我只想到姐姐。千山万水之外的姐姐，也许此时你不是在想我，但我知道，当我有困难时你会为我焦急，而我第一个想的一定是你!

也许有人会奇怪，妈妈呢？妈妈去哪儿啦，妈妈体弱多病，在家几年了，是姐姐在维持她的药费。人家说：“灯红酒绿没让这个孩子心野。”姐姐还是回家过年了，我不再担心那些流言，流言只是对某些人的总结，而不适合我姐姐。

无意中我看了姐姐一条未发出去的短信：“我真的很累，多想找个人依靠，可是还有那么多人要依靠我，再累也要坚持！都说苦尽甘来，我就等着我的甘吧!”放心，姐姐，我会像你爱我那样爱你，我会给你“甘”，即使是痛的，但只要你感觉到爱，我也会快乐地痛。

那次我对爸爸说：“你可以让我不快乐，但你绝不能那样对姐姐，我不会让你那样对她的!”当然，我没让姐姐知道。

爱与痛的边缘，姐姐是我心底最柔的那根弦，涟漪也好，汹涌的波涛也好，都缘于这根弦。我在姐姐的情里融化，不久的将来，我要让姐姐在我的情里微笑。

哥哥，我心底永远的痛

婚姻，我可以没有，而哥哥，我永远不能再失去了。

三月，我与女友分手了。这次分手其实早在我的意料之中，因为这已是我第六次失败的恋爱了。我这几次恋爱的情形都十分相似，女方和我见面时，对我的印象都不错，无论是我的相貌、谈吐、事业都让她们很满意，可接下来当我如实地告诉她们我的家庭情况时，她们的眉头皱起来了，笑容消失了，严肃地看着我，一遍遍地盯住我问："你不是开玩笑吧？不是想考验我吧？"待我很肯定地拿出我和妈妈哥哥的合影给他们看时，她们刚才还对我充满倾慕的眼神消失了，神色变得矜持起来，口气也犹豫不决了。好半天才说，家庭并不重要，重要的是两个人在一起的感觉，先交往交往再说也不迟。我说："非常感谢你这么想。不管以后如何，冲你这句话，我都视你为朋友。"话虽这么说，可每次事情的发展都一样。这些女孩子总是尽可能不去我的家。可我却一定拉她们去，去了之后，她们多半是饭也不愿留下来吃一顿，当然我们的交往也因此基本走到了尽头。

所有这一切，都只因为我家里有一个患病的哥哥。哥哥患的是一种类似于自闭症的精神病。他几乎不说话，很害怕见生人，更害怕走出我们居住的三室一厅，他没有生活能力，只愿意和他的一条狗待在一起。他需要我养一辈子，方方面面地照顾他一辈子，而我是一定要养他一辈子的，不管我将来是怎样的生活状况，我一定要和他生活在一起。面对这样的情形，一想到要和一个有病的哥哥一起生活一辈子，那些女孩打退堂鼓也就不足为奇了。

和她们分手我并不遗憾，我照样过着自己的生活。一般来说，晚上我会推掉所有的应酬，按时回到家中，陪哥哥看卡通片，和哥哥及他的那只叫小跛的狗玩耍。

那是哥哥一天中最高兴的时候。他会对着我憨憨地笑，会说："好看，好看"。看到哥哥高兴我当然也高兴，可心里更深的是痛。如果不是因为父亲过早的去世，不是因为家境过于贫寒，哥哥不会在 17 岁那年迫不得已地退了学，从此开始担起一个成年人的责任；而我如果不是那么贪心读书，如果我能够在高中毕业后就和哥哥一道撑起这个家，哥哥现在一定也和他同龄的人一样已成了家，做了一个孩子的父亲，过着自己有滋有味的小日子……虽然明知道事情不可能按照人们的愿望从头再来，可一想起这些，我的心便如刀绞，不得安宁……

父亲去世那年，我 14 岁，哥哥 16 岁，家里唯一的经济来源是妈妈种的一亩三分地。妈妈当然希望把我们兄弟俩一起培养成才，可是才过一年，她就再也无力支付我们的学费了。于是，她让上高中的哥哥退了学。她对哥哥说："不是妈偏心，你弟弟实在太小，他出去打工没人要啊……"哥哥是个文静内向的人，对妈妈的决定，他除了流了一天的泪，没有再多的表示。过了一周，他便跟着村里的几个人一起去外地打工了。

他这一去，很少打电话回来，信也少写，只是半年一年的寄一次钱给我们。

三年后他第一次回来。人长高了些，却出奇的瘦，话比以前更少。我和妈妈问起他打工的情形，他只淡淡地说一句："就那样。"然后再也不多吐一句。我们知道他肯定很苦，因为他回来的那半个月里，半夜里我们常被他的哭声惊醒，开灯看他紧闭着眼，哭得喘不上气来。把他摇醒，他愣愣地看着我们，半天才回过神来，说一句"原来是在家里"然后倒头又睡去。妈妈悄悄向和他一同打工的人打听，那些人欲言又止，只说哥哥肯干活，只是太老实，容易受人欺负，具体情形却不愿说。

妈妈回到家，抱着哥哥流泪说："妈知道你苦啊，你别出去了，我们娘仨就守在一起。"哥也抱着妈哭，也叫着不出去了，不出去了。可是，半个月后，同乡们回工地时，哥哥又跟着一同出发了。临走前我拉着他不放手，哥拍拍我的肩："弟，哥再出去干两年，等你考上大学哥就回来。你得好好学啊，哥天天盼着你考上大学……"我的泪流下来了，他的泪也流了下来，他用袖子一抹，狠拍一下我的肩，走了。

他这一走又是三年，除了寄钱几乎音讯全无。我读大一那年，突然接到妈的电话，让我赶紧去广州一趟，说是哥出事了……

我见到哥时，哥躺在医院的床上昏睡，他的身上脸上伤痕累累，不忍再看。可医生说，他身上的伤是次要的，重要的是，哥哥的精神受了强烈刺激，有时不说一句话，有时又狂躁得摔东西、打人，完全控制不住，不得已，只有给他注射镇静剂……

我去哥哥打工的工地询问情况，同乡们一开始都不想说，在我的再三哀求下才告诉我一些情况。

他们说哥哥从开始打工就显得与众不同。除了拼命干活外，休息的时候他还拿出书来看。大伙儿都笑他，说这个样子还想读书，是不是有病啊。哥哥并不理会他们，一味地看下去，有一天工头对他的行径实在看不惯，以为他这样做耽误干活，阴阳怪气地嘲笑了他一番后给他换了工地上最苦的工作，说看来是哥哥的工作太轻闲，要不怎么会有闲工夫看书！老乡说，如果是换了别人，会和工头套套近乎，然后把书收起来了事。可你哥真犟啊，活照样干，书继续看。这下可把工头惹恼了，他从此想方设法折磨你哥，重活累活总让你哥干，还经常当着众人嘲笑他。一些趋炎附势的人也跟着工头调侃你哥，你哥为此还和别人打了几架，可每次打架都是他吃亏，他的话因此越来越少了，而且不愿意和大家接触了。

一个月前，工地附近跑来一条跛脚的小狗，一看就是一只被主人抛弃了的流浪狗。你哥对这条狗特别好，每次吃饭时都留些饭来喂它，给它洗澡梳理皮毛，还给它起了名叫小跛。渐渐的，狗就和他混熟了，一天到晚跟在他后面，看得出来，有了这条狗，你哥开心了不少。可工地上的几个人打起了这条狗的主意，他们想捉住这条狗杀了煮来吃，于是前几天中午十多个人围追那条狗。你哥当时坚决不准他们这么干，可谁听他的呢？大家继续去追。你哥急了，挥着一根钢筋冲进人群，一手将狗搂在怀里，一手舞着钢筋，追狗的人被打伤后也气急了，也抡起钢筋朝你哥打……

我泪流满面，抱着那只叫小跛的狗回到了哥哥的床前，我对昏睡中的哥哥说：哥，我来带你回家，带你和小跛一起回家……

两个星期后，哥哥身上的伤基本没有大碍了，我决定带他回家。考虑到哥哥的病情，而且带着小跛不能坐火车和长途大巴，我租了一辆出租车回家。虽然租车的费用花去了哥得到的补偿费的一大部分，掏钱时我却没有一点儿犹豫。把哥交给妈妈时，我对妈说："你好好在家照顾哥吧，再也不能让他受到任何伤害。我会挣钱养活你们……"

我要拼命挣钱养活哥哥和妈妈，就像当初他养活我一样。大学四年，我做过各种兼职，有一个时期同时打五份工。大学四年级时，我在校外租了间房子，把妈妈和哥哥接到了身边，只有天天看到哥哥，我心里才踏实，而我发现他看到我时，神经也不会那么紧张，甚至会说上两句话，有时还对我和妈妈微笑。这一切都让我对生活充满了希望，我觉得哥哥一定会好起来。

毕业后，我和几个同学合伙开了一家经销化学涂料的小公司。我们真是找对了路子，公司开张两年后，生意好得出奇，这样，我买下了一套大房子，把哥哥和妈妈接了进去。

我为哥哥找了很多医生，可效果并不明显。唯有一个医生说，没有什么药物能比得上爱，爱他关心他，也许会慢慢打开他的世界……我以为，这个医生为哥哥开出了最好的药方。

那只叫小跛的狗一直跟着哥哥，它和哥哥形影不离。我因此受到了启发，为哥哥买了许多关于狗的碟片，还买来孩子们看的卡通片，在这些片子里，世界一片美好，花正红天正蓝，人与人之间和善相处，正义终将战胜邪恶……那样的世界，正是哥哥希望得到的世界……我和妈妈小心呵护着哥哥，几年下来，哥哥的情况有了明显的好转，他对生人不再那么害怕，虽然我带他在小区花园里散步时，他一直紧紧地抓着我，浑身止不住地颤抖，可他毕竟能迈出家门了，这是多大的进步啊。我为此欣喜若狂，我盼望着有一天，能看到他自由自在地在洒满阳光的大街上轻松地行走。

他唯一的一次狂躁发作，是我不小心将一本书带进了他房间。他看到那本书时，浑身一激灵，突然跳起来抓起那本书就撕，边撕边大叫，泪水四溢，直到把那书撕成碎片，他才浑身一软倒在地上，人事不省……那天晚上，我在他床前守了一夜，也流了一夜的泪。不难想象，当年的被迫辍学带给哥哥的伤害有多大，那些无知的人们对他渴望读书的心灵打击有多大！也就是在那天晚上，我更坚定了要守护哥哥一辈子的决心。

所以，我才有了六次失败的恋爱，直到三十好几还是独身一人。妈妈曾不无忧虑地一次次对我说："儿啊，这样下去你会一辈子讨不到老婆的。要不，你再给我和你哥找处房子，我和你哥搬出去住。他现在好多了，我一个人能照顾他，可别让你哥耽误了你的终身大事……"妈没说完我就阻止她再说下去。他们是我在这世上最亲的人，我不能和他们分离。

婚姻，我可以没有，而哥哥，我永远不能再失去了。

况且，我一直坚信，我会找到那个能与我同行的女子，她爱我，也爱我哥哥。因为这个世界上毕竟有那么多拥有美丽心灵的人。

哥，我是你媳妇儿

站台上你的哭喊声以及你被我用书包打倒在地时那张苍白的脸，那丛挂着泪的睫毛，已永远在我的脑海中定了格。

外婆告诉我："妞妞的妈妈走了。"

"哦，去哪儿了?"

"去了很远很远的地方，再也不回来了。"

"哦?那妞妞呢，她妈不要她了吗?"

"别问了，俊儿，你还小，不懂。"

"哦……"

这是 1975 年那个燥热夏季里的一天，妞妞 5 岁，我 6 岁。

3 天后的清晨，妞妞爸牵着妞妞的手来到我家，沙哑着嗓子对我外婆说："难为您老人家了，每天给她带点吃的，您老就当、当条小狗喂着她吧。"

外婆张了张嘴，一句话没说出口，先撩起衣襟擦起了眼泪。我妈弯腰抱起妞妞搂在怀里。我爸伸手摸了下妞妞的脑袋瓜儿，轻轻叹息一声。

此后，妞妞爸一上班，妞妞就像只小猫那样悄悄来到我家。我发现外婆没当小狗那样喂她，而是像喂我一样喂她。这使我的心理很是不平衡了一阵子：哼哼，这不等于说我是小狗吗?而爸妈却隔三差五地对我说："妞妞没妈，好好带她玩，不能欺负她，听见了没?""好啊好啊，行啊行啊。"我满口答应，心里挺乐的，终于有人听我招呼了啊，呵呵。

妞妞长得瘦，有一头长长的、微微发黄的头发。每天外婆都精心地把她那头发编成一根麻花辫儿，还高兴地端详着她的脸说："这小妞儿清清秀秀多俊哪！嘴边上还有个小酒窝儿，招人疼哩。唉，就是命苦了点，等长大了就给俺俊儿当媳妇吧！”

妞妞就莫名其妙地点头，我也不明白那是怎么回事，心里觉得肯定不是什么好事，从外婆脸上逗小孩玩的表情上看出来的。

看到我俩出双入对，那个叫前进的坏小子就领着建设啊解放啊等一伙精赤条条的男孩在我俩面前蹦，边蹦边唱：“领着小媳妇逛大街，逛、逛、逛大街！你那么一对真丢人啊，真丢人啊，真、丢、人！”唱和蹦配合得天衣无缝，节奏明快而硬朗。他们脐下那蚕蛹似的小玩艺儿也跟着舞之蹈之，活龙活现地冲击着我的视觉和自尊。好几次我想发作，都被妞妞拽着跑开了。

那天我领着妞妞刚来到房头，前进他们又故技重演。妞妞红着脸怯怯地躲在我身后，拉着我的背心，声音小得像蚊子叫：“哥，咱一边去吧，咱一边去吧……”“不！”我一把拨开妞妞的手，指着他们怒骂：“你们才不要脸呢，光腚猴！”真是会骂的骂一通，不会骂的骂一句。我一张嘴即触犯了众怒，因为这几人没一个不是全裸的。“揍他！”随着前进一声喊，那帮小裸男一哄而上，把我按倒在地，数不清的拳脚落在我的头上背后。妞妞大哭起来，舍身掩住我的背，一边替我挨打，一边苦苦求饶：“求求你们别打了！求求你们别打了！你们饶了他吧！你们饶了他吧！”这也太拿我不当男的了！我一使劲把妞妞从身上掀下来，暴怒地转着圈儿。

当我摸起一块半截砖要拼命时，妞妞又扑过来死死抱住我的手臂，转过头对那帮傻了眼的小裸男喊：“求求你们快跑吧，求求你们快跑吧！”看到他们跑散了，妞妞才松开我的手，一个劲哽咽着抹眼泪。“你——”我狠狠地把她推了个腚墩儿。妞妞立即停止了哽咽，也不抹眼泪了。她睁大眼睛看着我，怕怕地说：“哥，你……是不要和我玩了吗?”

我一愣，这问题我倒是没想过。见我犹豫，她突然抱住我的腿，泪珠成串地往下滚：“求求你和我玩吧，求求你和我玩吧！哥，哥！”

“唉——”我叹一口气，抱头蹲在地上。

妞妞伸出双手捧住我的下巴，一个劲儿地问：“哥你疼吗？你疼吗哥?哥?”我不耐烦地拨开她的手：“行啦行啦，不疼了。”

妞妞紧紧地抿着嘴，左嘴角那个酒窝显得特别深。她不眨眼地看着我，清晰无比地问我：“哥，我是你的媳妇儿吗?”

“嗯，是吧。”

“哦，媳妇儿是什么呀?”

“不知道。”

“……”

她不作声了，静静地低了会儿头，口气挺坚定地说：“那你就不和我玩了吧。别和我玩，他们就不打你了，不臊你了。”

“哦?那……你和谁玩啊?”说实话，当时我觉得她这建议太有道理了，不免怦然心动。可她没回答我，而是低下头小声抽泣起来。

当然，这件事是不会影响妞妞每天到我家来的，那毕竟是两家大人之间的协议。可从那天起，妞妞好像觉得欠了我什么似的，除了处处讨我的欢心外，她的饭中，只要有一点好的，像饼干油条之类，她都一古脑儿地给我。当着我爸妈的面我装模作样地不吃，她就说：“求求你了，哥，你吃了吧你吃了吧。”“求求你”成了妞妞的口头语。

妞妞不挑食，好的孬的都能吃。我就不行了，面对一碗黑乎乎的地瓜干儿只有哭的份了。妈火了要打我，妞妞就挡在我身前说：“求求阿姨别打啊，别打啊，求求你，好阿姨求求你。”说完就捧着那碗地瓜干儿哄我：“哥，好吃啊，很好吃啊，你看——”说着就夸张地扒下一大口。在她的感染下，我只好勉强吃几口。吃了就想，这妞妞的嘴有毛病吗?这么难咽的东西还说好吃?因为嘴馋，我也是越来越瘦，快赶上妞妞了。

那时我已开始上小学，上学的路上有家食堂。某春天的一个中午，天上下着那种挺美的蒙蒙细雨。因为和同学打架，我被老师叫去训了一顿，一脸晦气地走到那食堂时，正赶上开饭时间。闻着阵阵的饭菜香，我不由贪婪地向食堂看去。

当时我真是怀疑自己的眼睛出了问题，往前紧走两步，皱眉眯眼地往里看。

是她，是妞妞。妞妞正拽着一个手拿混合面馒头的男人的衣摆，仰着脸可怜巴巴地乞讨：“大叔，求求你给点吧，求求你，给点吧，大叔。”那男人摇摇头，很不情愿地揪下约鸡蛋大的一块塞到妞妞手中。

我不知从哪来的那么一股子邪火直冲脑门，一边在心里狠狠地骂着小馋鬼小要饭的，一边飞快地向妞妞跑去。那时妞妞刚刚转过身来，正张着嘴满脸喜色地看着我，拿着馒头的手向我伸来。

“你还好意思笑!”我怒喊着，抡起手中的书包结结实实地把妞妞打翻在地。

妞妞躺在地上，死去般没有一丝声响。而那块馒头却紧紧攥在她的手中。

“妞妞!”我害怕了，坐到地上把她抱在怀里。

妞妞艰难地睁开眼睛，用泪眼望着我，一缕额发贴在她的眼角上。她怯生生地伸出手摸着我的脸，愧疚地说：

“哥，我不好，我、我惹你生气了。”我看到她的泪顺着眼角流了下来。

“哥，你吃不下地瓜干儿，都快和我一样瘦了。我就想给你要点，要点……哥，都是我不好，我不好啊哥。你打我不要紧，可别不和我玩了啊哥!”

“妞妞啊，妞妞啊。”我怎么也没想到她这饭是给我要的，听到这话不由呜呜地哭出声来。

“哥，你别哭，我要告诉你……”

“嗯。”我使劲点头。

妞妞搂住我的脖子，脸上挂着从心底泛出的笑容，对着我的耳朵说：“哥，我问爸爸了。媳妇就是最亲最亲的人，和爸爸妈妈一样亲……爸爸不是逗我的。哥，你能让我做你的媳妇吗?能吗？哥?”

我一边呜咽一边鸡啄米般点头：“能、能、能啊妞妞，能啊。”

妞妞笑了，嘴边那酒窝儿深深的。

妞妞要走了，跟爸爸一起调回她数千里外的老家。那天，我们全家为妞妞父女俩送行。

火车发出一声凄厉的长鸣，缓缓启动了。送行的人们与车上的人们频频挥手告别，响起一片此起彼落的祝福声。

突然，我看到妞妞的身子几乎有一半探出了窗外，车站的上空飘荡起一个童稚女孩撕心裂肺的呼喊：“哥——哥——记住我——我是你的——媳妇儿!”接着，传来妞妞越来越远的痛哭声。

看着渐渐远去的列车，我如从睡梦中突醒，咬紧牙关攥着拳头跟车猛跑……扑通一声，我摔倒在站台上，伴着火车无情的铿锵声，我放声大哭起来……

哦，有着一个小酒窝的妞妞啊，你知道吗？

尽管那趟列车的震荡声已远了淡了，可你探出车窗外的小小身躯，你布满站台上空的哭喊声以及你被我用书包打倒在地时那张苍白的脸，那丛挂着泪的睫毛，已永远在我的脑海中定了格。

我抹不掉了，我永远也抹不掉了，妞妞。

妹妹，永远的遗憾

我回头看到每一双眼里都噙着男子汉无以言明的泪水，像是在说：妹妹，我们的好妹妹！

1982年，我穿上庄严整齐的军装，走进了大学。在这军营式的大学宿舍里，在这环境优越的学习生活又将开始之际，我这个高大的男子汉，却禁不住让自己的泪水一行行滚落。我想起了妹妹。我们家只有一个妹妹。她小，倒数第二，其余四个都是男孩。父亲已年过半百，母亲则患有间歇性的精神病。在我们那还未富裕起来的小山村，我们家庭当属贫困之列。

我们兄妹五个，都是读书勤奋的学生。而我们贫困的家庭，的确是无法支撑五个人的学习费用！何况，母亲还不时的犯病……妹妹仅仅读到小学四年级，就停学了。她默默地离开了学校，在家里帮父母干活。而让四个男孩继续读书。是什么支撑着我们的家庭、支撑着我们兄弟几个的勤奋和努力？那时候，我们曾经认为是父亲那越来越老、却越来越表现出慈爱和沧桑感的目光；是我们兄弟几个人互相鼓励、不同贫困屈服的斗志和毅力。

终于，大哥考上大学，一年之后，二哥又将踏入高等院校的大门。这，在我们的穷山村，特别是我们这个穷困家庭，是多么巨大的喜事，真不容易啊！这天二哥要上路了。我和妹妹去送二哥，当我放下向二哥告别时高高扬起的手时，突然感到，在贫苦中长大的妹妹，竟是那样的瘦小！我也读高中了，才知道大哥、二哥离家住校读书时是多么艰难。我是班里家庭最贫困的学生之一，经常吃不饱饭，更不用说吃什么菜了。有时，饿得实在不好受时，就花两分钱，去水房打一瓶白开水，泡着粗粮拼命咽下去。在那些日子里，我唯一盼望的就是在校门口那条泥泞的路上，见到我妹妹的身影。

妹妹几乎成了我们家庭的支柱。她 12 岁开始进山打柴，每次能挑回五六十斤干柴，当地价钱是一元。然而靠的就是这一元钱，换回我们全家的油盐、还有我们兄弟读书的费用。县城的中学，离家 100 多里。为了节省车费，妹妹每次来送米、送菜、送钱给我，都是走着来，又走着回去。而每次交到我手上的，总是沾着她温热的汗水的米，几缸子自腌的咸菜，还有皱巴巴的钞票——有时是五毛，有时是一块，从来没有超过两元的。可是，对于我来说，那该是多么大的财富！而对妹妹来说，又是多少血汗的积累啊！

在县城的高中，我读了三年。妹妹就这样给我送了三年！每次，她总是在大门口站着，把东西交给我，重重地喘口气，然后向教室、操场的方向茫然地看上几眼，又默默地转身走上回程路。我知道妹妹也想读书，可我们家，实在是穷，实在是没办法啊！那时候，我认为，对父母、对妹妹、对我们家，我所能作出的最大报答，就是努力读好书。尽管我经常饿着肚子，尽管我从来没为自己拥有任何一件好的物品而自豪过。但我为我学到的知识、为我的优秀成绩而自豪。有一次，妹妹来送米时告诉我，村里好些女孩子都到城里去了，有的去做工，有的去给人家当保姆。“哥你记得我们的领居阿兰么？哥，她也到县城去了。才两个月，回家一趟，穿了几件新衣，听说是主人家给的，主人还给衣服，还给钱，阿兰她说也给我介绍一家，也去当保姆。哥……”我明白了妹妹的意思。可是，她一走，家里的话谁干？

父母又由谁来照顾？还有读小学的弟弟又由谁来关照？

沉默了许久的妹妹默默地低下了头。“哥，我知道……”说完她又朝来的路默默地回去。看着她瘦小的背影，我当时心头一阵辛酸，妹妹，你才是我们全家的支柱啊！

农闲时，我们放假回了家，妹妹却早我们一天出去了。听说她是和村里的一群汉子和身体强壮的妇女结伴而去的。她留下话说：“哥哥你们读书都要钱，而这段时间田里家里的活不多，我们兄弟都干得了，我要和大人们一道出去卖苦力，好挣些钱，给哥哥读书、帮补家用。”我们这些当哥哥的，听了都默默无语。我们拼命做她留下的活，恨不得一天把一年的活儿全干完，更恨不得一天把几年的书全念完！妹妹随着大人们勇敢地“闯荡四方”，连我们这些出门在外的哥哥，听了也大为惊讶：她为了卖苦力，竟到过北京、天津、武汉等大城市！挖土方、栽树、割麦割稻，她都干过。妹妹曾用她那歪歪扭扭、错漏甚多的字体，给我写过一封信。说她这次给我寄的钱不多，是因为给那个林场老板干活前没讲好条件，结果结账时，吃亏了：干了三个月的活，栽树、挖土、除草什么都干，到头来每天只有七毛钱！她的吃、住用去了一些，现在只有15元了，全寄给我……她嘱咐我一定要读好书，一定啊！读了书不会再轻易受骗，读了书不用那么凄凉地出外卖苦力……当我收到那几乎每1分都浸透着汗水与辛酸的15元钱时，又把它分给弟弟和哥哥时，我真想厚着脸号啕大哭一场——我们的妹妹啊！

那一年暑假，大哥从大学回家，第一次给妹妹带了个小礼物：一小瓶廉价的花露水。妹妹曾多少次毫无保留地把她的血汗钱全部慷慨地为我们献出，而哥哥这极小的礼物，却让她激动得满脸通红，眼睛都潮湿了。她不会说客套话，只是对大哥笑了又笑，把瓶子放到鼻子前闻了又闻。让我们兄弟都为她的欣喜而感到快乐。那时，我曾很冲动地对自己说：妹妹，下次回来，我无论怎样，也要给你买一瓶擦脸油！我在大学里度过了第一学期。

当我们兄弟又从充满现代气息的城市大学里，回到贫瘠山村的温暖家里时，我们可敬可爱的妹妹，又离乡漂泊出去打工了……寒夜的风在窗外一阵一阵地吹过，我们的家虽然很穷，但全家围坐在熊熊的火炉旁时，怎能不感到家的暖烘烘。可是，少了妹妹，我们在很长的时间里，都默默无语。最后，大哥终于抬起头，对我们说，按中国的传统意识，兄长有抚养弟妹的义务，但我们家，却是妹妹——我们弱小的妹妹，牺牲了自己童年和少年的全部，为了我们这些哥哥的前途……大哥说不下去了，我也听不下去了。我急忙站起，冲进了妹妹的那间破旧的小屋。我掏出那一瓶擦脸油，轻轻地放在妹妹床上的枕头边。这时我听到了身后的脚步声，哥哥和弟弟都一起涌到了这间小屋。我回头看到每一双眼里都噙着男子汉无以言明的泪水，像是在说：妹妹，我们的好妹妹！

弟弟的爱

我知道，十几年前那个跟在卡车后面跑的孩子，其实应该是我。

每当我坐在全市最豪华的写字楼里，看着街道上忙忙碌碌的人们，都会有种特别的感觉。谁能想到，不过才十几年，我就从一个山沟里背着干粮上学的孩子，变成这家独资公司的白领，开着新买的“赛欧”，西装革履地出入高级场所。而这一切，其实都缘于一场灾难。

我13岁那年，一场大水毁了老家整个山村，等我被人从树上救下来后才知道，全家只剩下我和同父异母的弟弟两个人。父母和家里那座破房子，早被洪水不知冲到了什么地方。

我感到了前所未有的绝望。以前虽然家里穷，但是我学习好，完全有可能到大山外面去上学，然后飞出这个穷地方。可现在一切都破灭了。而我那个同父异母的弟弟，从小就粗野鲁莽，不爱学习，却因为后母的偏心能得到更多疼爱。我一直不喜欢他。

不久，乡干部带来一个中年人，说是父亲的一个远房弟弟，我们的叔叔。我感觉一下有了希望，叔叔一定会把我们带出去。谁知，叔叔却说自己家没有多大的能力领养我们兄弟俩，只能带一个走。我心里刚燃起的希望一下又破灭了。弟弟长得又高又壮，假如让叔叔挑选，八成不会选我。可第二天，叔叔却给弟弟留下一点钱，要带着我走。弟弟哭着跟我们走到村口，我也哭了，可自私的心理让我不敢回头去看，我害怕叔叔会改变主意。

卡车开动了，透过灰蒙蒙的后窗，我看到弟弟跟在后面边哭边跑。卡车越开越快，他的身影也越来越小，最后终于看不见了。

跟着叔叔到了省城，日子过得并不好。虽然他家没有孩子，可是婶子经常在家里指桑骂槐。不只是我，叔叔也一样整天被她骂。不管怎样，我都一直忍着，只要能让我上学。

我终于顺利考上了北京一所重点大学，因为成绩优秀，还没毕业就被现在的独资公司抢先聘用。很快，我在市中心按揭贷款买了一套大房子。那时婶子已经去世，我把叔叔接了过来。

就在我对生活充满希望的时候，弟弟突然出现了。当我看着眼前这个穿着黑棉袄、满脸胡子，已经完全成了农民的弟弟时，心里忽然涌起很多愧疚。虽然这么多年我没怎么想起过他，可看到现在俩人的差距，我还是觉得对不起他。

弟弟住下了。

他吃饭时蹲在地上，说话扯着大嗓门，并把我刚装修的家搞得一塌糊涂。最糟糕的一次，我喜欢的一个女同事来家做客，他居然盯着人家看半天，还一边傻笑，吓得那女孩夺路而逃。第二天，全公司都知道我有一个山里来的兄弟。而那个女孩再也不肯答应我的约会，她说她无法想象怎么能和有这样一个弟弟的人交往。

我意识到，自己已无法再习惯有一个弟弟，更别说是这样一个弟弟。于是我问叔叔，弟弟打算什么时候走。可叔叔却告诉我弟弟这次来不准备走了。我忽然想起，叔叔家以前的老房子现在正是开发商眼热的地带，听说可以卖很大一笔钱。难道叔叔要把旧房子分给弟弟？我准备和弟弟好好谈谈。

谁知还没等我开口，弟弟说话了："哥，俺这次来，是叔让俺来的。说要分给俺一套房子。"我心里"咯噔"一下，果然让我猜对了。弟弟继续说："俺没想着要那房子，本来俺也不想来，可心里想着你，这十来年，俺从没忘了你，心里想着咱哥儿俩怕是再也不能像从前那样了。"说着，满脸胡子的弟弟居然有些哽咽："俺也看出来了，你不喜欢俺……俺过两天就走啦。"

弟弟的话一点都没让我感动。我只是想，假如他留下，家里还会这样乱下去，我还要给他找工作，娶媳妇，而且，叔叔的旧房子还要分一半给他……于是我没接弟弟的话茬儿，心里想着只要他离开，我宁肯给他一笔钱。可叔叔坚决不让弟弟走。我连反驳的理由都没有，叔叔什么都给了我，比起弟弟，我的命运已经好太多。

由于叔叔的挽留，弟弟终究没有回去。不过他不再像开始那样和我说话了，谁都能看出来我对他的抵触。每当看到他蹲在地上吃饭，在花园里晒太阳抓虱子的样子，我就生出一种厌恶的感觉。

我决定再和弟弟谈。同样，没等我开口，弟弟却说道："哥你不用说，俺就要走了。这阵子也麻烦你了，现在天冷了，俺……"没等他说完，我马上接着说："没问题，给，这是2000元钱，你拿上，回家买几吨煤，花完了再找哥要。"弟弟说什么都不接，我以为他嫌少，又添了1000元，可他依然不接。我越发相信他是为了那旧房子，于是拉下脸说："你怎么这样！哥挣钱也不容易，就算你嫌少，我也得慢慢给你才是。"

弟弟的脸一下涨得通红，不认识一样看着我："你说啥呢哥，俺不是嫌少，俺是嫌你把俺当外人。"我随口说："你不就是想着那套旧房子吗！我知道你这次来是想分拆迁费，告诉你，那钱没你的份！"

弟弟瞪大了双眼看着我，满是风霜的脸上一片愕然。听到争吵声，叔叔走过来，用哆嗦的手指着我："你，你简直是混蛋，你怎么能这样说你兄弟！你不该这样啊，你们是哥儿俩，他在老家已经够苦的了，这么多年一次都没找过咱们，你不觉得有愧吗?"

我自知理亏，只好硬着头皮说："这是各人的命运，我也不想这样。"

叔叔再次气得喊道："各人的命运？我告诉你，当年我去找你们的时候，根本没想带你回来，是你兄弟说你身体差，吃不了苦，非让我带你走不可。现在你居然这样对待他！"

我待在那里，一下想起多年前弟弟在车后面跟着跑的情景。叔叔指着我的鼻子继续骂："这么多年，我一直想把你兄弟接来，可他不干，说怕连累你。告诉你，那套旧房子就该是他的，你想都别想！"

自己的私心被戳穿，我从后悔变得恼羞成怒，也喊道："我是你的养子，那房子就该是我的！"叔叔挣脱弟弟的拉扯继续喊："他是我亲侄子，比你亲！"

我吃惊地愣在那里。叔叔继续说："你根本不是你爹亲生的，你是他第一个老婆带来的！论到天上我也不该把你兄弟扔在老家，你和我们家没一点血缘关系！"

房间里死一般地静。我只觉得血液全部涌到头上，小时候婶子骂我的话在耳边回响起来：领回个白眼狼，不知道什么时候养大就跑了！

叔叔渐渐平静下来。弟弟蹲在一边抽着烟说："哥，俺也是后来才知道你不是俺亲哥，可俺一直当你是亲哥。"他站起来对叔叔说："算了，俺还是走吧，俺哥有文化能挣钱，以后全靠他给你养老啊。"说完，他从腰里拿出一个布包："这些年俺赶大车拉石头挣了钱，俺不缺钱，这 1 万块钱给叔吧，俺哥起早熬夜的，挣钱也不容易。"弟弟说。

我流着泪扑过去，一把搂住了弟弟……

我终于没能留住弟弟。我送他上了长途车。车开了，我跟在后面跑着，看到弟弟在里面向我挥手。车开得越来越快，我却不想停下来。我知道，十几年前那个跟在卡车后面跑的孩子，其实应该是我。

第三辑

亲情的力量

亲情是一种力量，是一种要比爱情更持久，更内敛而热烈的力量。

天堂里的电话号码

当那头响起父亲苍老的“喂”时，我的眼睛突然有了潮湿的感觉。

好友的手机丢了。

她趴在桌上哭，眼泪哗啦啦地怎么也止不住。

的确，手机很漂亮，粉红色外壳拴了粉红色的中国结。可是我知道，好友不会仅仅为一个手机而如此伤心。

一个礼拜过去了，我俩一起吃饭，冷不丁，她问我：“你相信天堂有电话吗?”“你打算给我讲童话故事吗?”我笑着问。

“我相信。”她低着头轻轻地说，“我就有一个，可是那个号码和我的手机一起丢失了，这个号码是我天堂里的爸爸的。”

她父亲一年前死于癌症。

“刚上大学，很多同学都有手机，我没有。同学笑着聚在一起玩手机时，我只能默默走开。爸爸知道后说给我买一部，我们在商场一眼就看中了那部手机，都喜欢那种机型和颜色。爸爸说，就买这个，很像我女儿!”

对面的她完全沉浸在对父亲的回忆里。

“我的电话簿里第一个号码就是我爸的，有时淘气的我会拨爸爸的手机，通了响两声就挂掉，阴谋得逞似的笑笑。如果手机占线，我就知道爸爸正忙。”

“手机买了不到一个月，爸爸就住院了……”

去年，她请了几天假，再来上课时手臂上多了黑色的挽纱。

“爸爸落葬后，我去电信局注销了爸爸的手机号，可我保留了手机里的这个号。每天睡觉前我总要拨这个手机号码，那头开始总是忙音。‘哇，爸爸，你在天堂还

要加班吗？要注意休息呀，我睡了，你也要早点睡啊……’

“每天夜深，我会对着忙音说这些话。碰到困难时，我听到忙音觉得那是天堂里的父亲给我的鼓励。过了一段时间，电话那头变成‘此号码不存在’。爸爸，你为什么把号码漫游到天上去了呢？你还记得我吗？你的女儿还在想你呢。”

这天晚上我打了个电话回家，当那头响起父亲苍老的“喂”时，我的眼睛突然有了潮湿的感觉。

父爱的深度

父亲的爱像右手，它只知道默默地给予，却从不需要左手说谢谢……

我跟杨炎结婚八年，没见过公公。开始我以为杨炎是怕我嫌弃那个家，不肯带我回去。于是我积极表态：选了你，就做好了接受你的父母的准备，无论他们是穷是富，是老是病。杨炎握了我的手，含情脉脉，却不说话。

有一次，我甚至买好了三张去他家的车票，兴冲冲地摆到他面前，说：冲儿都五岁了，也该见见爷爷奶奶了。却不想杨炎的脸一下子拉得老长，把车票撕得粉碎。杨炎鼻子不是鼻子脸不是脸地说：冲儿没有爷爷，我也没有爹。回手，他把一个杯子摔到了地上。

我从没见过他生那么大的气。

我沉默着把收拾好的包打开，把给公婆买的礼物都扔进了垃圾桶里。那个晚上，我睡在了冲儿的床上。

杨炎从农村出来，我知道他不是个忘恩负义的人。每年过年过节，他都要买很多东西寄回家里。每次打电话，他都说：娘，来城里住些日子吧！娘去了哥哥姐姐家，他总心急火燎地奔过去。看得出他想家，却从不提回家的事。杨炎也从来不提爹。我不知道他们之间到底有什么了不起的心结。

第二天是周末，杨炎把冲儿送到姥姥家。回来接过我手里正洗的衣服，他第一次跟我说起我未见过面的公公。

杨炎是家里的老三，他上面有一个哥哥，一个姐姐，都上了大学。这我是知道的。从前我总说：咱爹咱娘真的很伟大，农民家庭供出三个大学生，那得受什么样的煎熬啊！那时，杨炎总是一口接一口地抽烟，不接我的话。

杨炎上初三那年，姐姐继哥哥考上大学后，也考上了本省最好的师范学校。收到录取通知书那天，全家人都在侍弄那二分烤烟地，阳光明晃晃的，把家里人的心情都晒得焦躁。姐姐带着哭音说：我不去了，我去深圳打工，供小炎上学。

爹重重地把手里的锄头摔在地上。不上学，也轮不到你！

他抬起头，说：姐，我 16 岁了，我不念了。母亲在一边抹眼泪。哥哥蹲在地边，有气无力地说：我再找两份家教，咱们挺挺，我毕业了就好了。

家里东凑西凑还是没凑够姐姐的学费。爹抬腿出去，回来时，手里攥了一把崭新的票子。他把马上就可以卖钱的烤烟地贱卖给了村里的会计。娘说：就这点地都卖了，咱往后吃啥喝啥？爹说：实在不行，就让老疙瘩下来。或者爹只是那样一说，杨炎却记在了心里。尽管他说了不念的话，但这话从爹的嘴里说出来，他的心里还是很不是滋味。

姐姐上学走了。爹出去帮人家烤烟叶。爹的手艺好，忙得不可开交。杨炎却因为爹的那句话，学习上松懈下来，反正早晚都是辍学的命，玩命学又怎么样？很快，他便跟一帮社会上的孩子混到了一起。

直到有一天，他跟那些所谓的“朋友”去水库玩了一天回来，看到爹铁青着脸站在门口等他。

见了他，爹上来就给了他一巴掌。爹说：既然你不愿意上学，那好，从明天起，你就别上了，跟你三舅去工地上做小工！

他瞪着爹，心里的委屈一下子涌上来，他喊：凭什么让他俩上学，不让我上？

爹说：因为你是老疙瘩，没别的理由。

他梗起脖子，说：不让我上学，我就不活了。杨炎是个说到做到的人。他整整饿了自己五天，娘找来了村里叔叔伯伯。爹说：想上学可以，打欠条吧，你花我的每 1 分钱，你都给我写上字据，将来你挣钱了，都还给我。我和你娘不能养了儿子，最后谁都指望不上。

他坐起来，抖着手写了字据给爹。他咬牙切齿地说：你放心，我一分一厘也不会欠你的。

那晚，他跑到村东头的小河边哭了一夜。爹一定不是亲的，否则，他怎么会如此对他？人家的老儿子，不都是心头肉吗？

他上学，很少回家。可是爹却总是以各种各样的理由叫他回家帮他干活。烤烟要上架，他一个人干不过来，要杨炎回家帮忙。麦子黄了，不及时割会掉粒，还要杨炎回家抢收。杨炎咬着牙，拼命地干活，他想：考上大学就好了，考上大学，离开这个家，也就算逃了苦海了。

那次割豆子，杨炎一镰刀下去，割伤了腿。娘给他抹药时，他说：娘，我是你们要来的吧？

娘叹了口气，说：别怪你爹，他也是被逼得没法儿了，他怕你们都走了，孤独得慌。

他看了看正在院子里侍弄那半根萝卜垄的爹说：人家的父母砸锅卖铁都供孩子上学，哪像他，一天只知道钱钱钱。他一天到晚净干那没用的。

爹每年都要在院子里种半垄萝卜，也许是土质不好，萝卜全都很小很小，几乎不能吃，全家人只能喝味道很难闻的萝卜缨子汤。

娘还当做好东西一样，把萝卜缨子晒干，给他泡水喝。想想他就有气。

上高中时，哥哥毕业上班了，姐姐的生活费也可以自理了。按理说家里的条件好了很多，爹应该对他松一点了。

可是，每次他回家拿生活费、资料费，爹都郑重其事地掏出那张欠条，让他把钱数记在后面，签上名字日期。每次写这些时，他都会咬紧牙关，然后把对爹的感情踩在脚底下。

那年临近高考，家里的麦子又黄了。爹捎信给他，让他回来割麦子。他终于没忍住，回家跟爹大吵一架，他说：你就不能割，干啥偏指着我呀？

爹狠狠地磕掉烟袋里的烟灰，不紧不慢地说：养儿防老，我不指你指谁？

他没黑天带白天地割了三天麦子，麦子割完，他头也不回地回了学校。

那年高考，他考了全乡最高分。他给哥哥姐姐写了封信，信里说：他不指望爹能供他上大学，希望他们可以借他一点钱，这些钱将来他都会还。信里面写得很决绝，那时，他的眼里只有前程，亲情于他，不过是娘的一滴滴眼泪，一点用处也没有。

上大学走的那天，他噙着泪离家，甚至没跟他打声招呼。他已经很多年没叫他爹了。在他眼里，爹更像是一个债主，有了他一笔笔债压着杨炎，杨炎才能使劲地往外走。杨炎吸了一口烟说：我能有今天，也算拜他所赐！

走到村口，杨炎回头看家里低矮的土房，一不小心看到站在门口的爹，他手搭着凉棚向他离家的地方望。杨炎转过头，心变得很硬很硬。

杨炎说：小云，第一次去你家，咱爸给我剥橘子，跟我下象棋，和颜悦色地说话，我回来就哭了一场。这样的父亲才是父亲啊。

说完，他的眼睛又湿了。

我走过去，把他搂在怀里。我不知道那位未曾谋面的公公会以这样无情的方式对待自己的儿子。难道贫穷把亲情都磨光了吗？

杨炎从一本旧书里找出一张皱皱的纸，我看着上面密密麻麻记着好些账。下面写着杨炎的名字。杨炎说：还清了这张纸，我不欠他什么了。

我看得出杨炎不快乐，他对冲儿极其溺爱，他不允许别人说冲儿一点点不好，就连我管冲儿，他都会跟我翻脸。我知道杨炎的心里有个结。

跟单位打好招呼，我对杨炎说要出差几天，然后去了杨炎的老家。

打听着找到杨炎家，有了心理准备还是吃了一惊。家里三个在城里工作的儿女，都寄钱回来，怎么他们还住着村里最破的土坯房呢？看来杨炎说的公公爱钱如命果然不假。

院子里还有半垄杨炎说的萝卜地。每年婆婆还是会寄些晒干的萝卜缨给我，嘱咐我泡水给杨炎喝。我嫌那味道太难闻，总是偷偷扔掉了。

婆婆出来倒泔水，看到我，愣了一下，说：你怎么来了？我和杨炎结婚时，婆婆去过。

把我让进屋，昏暗的光线里，我看到佝偻到炕上的老人。他挣扎着起来，婆婆说：这是小云，杨炎家的。公公哦了一声，用手划拉了一下炕，说：走累了吧，快坐。

没有想象里的凶神恶煞，感觉他只是个慈祥的乡下老头。

我说爹，你咋了？婆婆刚要说，公公便给她递了个眼色，他说：没啥，人老了，零件都不好使了。婆婆抹了抹眼睛，开始给我张罗饭。

帮她做饭的当儿，婆婆问起杨炎和冲儿。我用余光看公公，他装作若无其事，可我知道他听得很仔细。

跟婆婆出去抱柴，我说：杨炎还在记恨我爹呢！

婆婆的泪汹涌而出。她说：都说父子是前世的冤家，这话一点不假。你爹那个脾气死犟，杨炎更是八头牛都拉不回来。

其实，最疼小炎的还是你爹。你看这半根垄，你爹年年种，就是家里再难的时候，也没把它种成别的。就是因为杨炎内虚，有个老中医出了个偏方说萝卜缨泡水能补气，你爹就记下了。年年，都是他把萝卜缨晒好了，寄给你们，然后让我打电话，还不让我说是他弄的……

那为什么爹那时那样对杨炎呢？

婆婆叹了口气。

那时候杨炎在外面交了不三不四的朋友，你爹若不用些激将法，怕是那学他就真的不念了。每次找他回来干活，都是你爹想他，又不明说，谁知那孩子犟，两个人就一直顶着牛……

你爹的身体不行了，动哪哪疼，可是他不让我跟孩子说，他说，他们好比啥都强，想到他们仨，我就哪都不疼了。他说什么也不肯看病，小炎给的那些钱，他都攒着，说留给冲儿上大学……

我的眼睛模糊了。父爱是口深井，儿子那浅浅的桶，怎么能量出井的深度呢？

娘说：他每天晚上梦里都喊儿女的名字，醒了，就说些他们小时候的事。他说，孩子小时候多好，穷是穷点，可都在身边，叽叽喳喳地，想清静一会儿都不行……

我站在村口给杨炎打手机，我告诉他：父亲的爱像右手，它只知道默默地给予，却从不需要左手说谢谢……

母爱，竟如此惨烈

博大的母爱震撼得我热血沸腾。尽管棉鞋里已灌满了雪泥，我却浑身燥热。

20世纪70年代中期，在我们农村老家，一进入腊月，闲暇的人们便纷纷到谷场边、坟地里、老宅院里下铁夹逮黄鼬，因为腊月里的黄鼬皮最值钱。

剥黄鼬皮是个技术活儿，有经验的人多是“活剥”：逮住黄鼬后，用细麻绳套住它的脖子吊在树杈上，再用小刀在黄鼬的鼻子和嘴巴的嫩皮处切个十字口，然后抓住黄鼬皮双手用力向下翻卷，随着黄鼬一声声痛苦的尖叫过后，一张热气腾腾的黄鼬皮就被完整地脱下来。然后将事先准备好的细沙装进黄鼬皮筒里，吊在过道的阴凉处风干。一张黄鼬皮出手后，过年买肉的钱也就有了，弄好了还能再买两挂鞭炮。

那年冬天，雪下得格外勤，整个冬天地上始终铺着厚厚的积雪。一天傍晚，父亲兴奋地跑回家说发现了黄鼬脚印。

他拿起铁夹子就跑出了门，我也紧紧撵了过去。

在生产队的谷场边，父亲扫开了一小块积雪，下好夹子，将夹子伪装好，外面只露出一只烧煳的麻雀做诱饵，再用细铁丝把铁夹子固定在打场的石磙上，做好了记号后一步三回头地回家了。

那夜的风雪特别大，北风裹着雪花拍打着发黑的窗户纸啪啪作响，我缩在被窝里兴奋得难以入睡，好像嗅到了煮熟的肉香味，望见那串令人手痒的鞭炮。忽然，我看见一只小黄狗般大的黄鼬东张西望地向铁夹子处凑来。眼见得那只大黄鼬一口吞下了夹子上面的诱饵，铁夹子却没有动静，我急得直跺脚……

父亲的声音把我从梦中惊醒，看看窗纸已经透亮。

我悄悄地穿衣下炕，不顾风大雪猛，连滚带爬地向谷场边狂奔而去。

远远地望见昨天下夹子的地方黑乎乎的一片狼藉，等扑到跟前后我惊呆了，铁夹子上夹着一张卷状的黄鼬皮，却不见黄鼬踪影。

正在发呆的我又发现雪里一条醒目的暗红色印迹向场边延伸，我顾不上多想，顺着红印向前追去。追到生产队的草料房根，听见里面发出“吱吱”的微弱叫声。

破窗进去仔细翻找，发现了草窝里有四五只出生不久的小黄鼬。此刻它们围着一个脱了皮的死黄鼬乱拱乱啃。

我翻动了一下早已僵硬的脱皮黄鼬，它腹下肿胀的奶子依稀可辨。

惨烈的场景刺激得我心头一热，直想呕吐。

原来，我们夹住了一只产后不久的母黄鼬，它为逃生不惜脱皮而去，因为它是一位母亲！母亲的天职，促使它挣脱夹子时已将生死置之度外，已将扯皮裂肉的痛苦抛到脑后。被困后它只有一个信念：尽快与孩子团聚，尽快回去为孩子哺乳。

博大的母爱震撼得我热血沸腾。尽管棉鞋里已灌满了雪泥，我却浑身燥热。

天快大亮了，村头已有人影向这边晃来，我忙跑回谷场，取回那张黄鼬皮慢慢伸展平整，轻轻地套在母黄鼬僵硬的尸体上，连同那副铁夹子找了干净的地方埋了下去……

尽管那年春节我没吃到肉，也没有买到鞭炮，但 1974 年那个春节让我终身难忘。

生命的支点

以为女儿还活着，是她苦撑两天的唯一理由和希望。

在土耳其旅游途中，巴士行经在1999年大地震的地方，导游趁此说了一个感人却也感伤的故事，发生在地震后的第二天……地震后，许多房子都倒塌了，各国来的救难人员不断搜寻着可能的生还者。

两天后，他们在缝隙中看到一幕不可置信的画面——一位母亲，用手撑地，背上顶着不知有多重的石块：一看到救难人员便拼命哭喊着："快点救我的女儿，我已经撑了两天，我快撑不下去了……"她七岁的小女儿，就躺在她用手撑起的安全空间里。救难人员大惊，卖力地搬移在上面、周围的石块，希望尽快解救这对母女，但是石块那么多、那么重，怎么也无法快速到达她们身边。媒体到这儿拍下画面，救难人员一边哭、一边挖，辛苦的母亲一面苦撑等待着……透过电视、透过报纸，土耳其人都心酸的掉下泪来。更多的人，放下手边的工作投入救援行动。

救援行动从白天进行到深夜，终于，一名高大的救难人员够着了她的小女儿，将她拉出来，但是……她已气绝多时。母亲急切的问："我的女儿还活着吗？"以为女儿还活着，是她苦撑两天的唯一理由和希望。这名救难人员终于受不了，放声大哭："对，她还活着，我们现在要把他送到医院急救，然后也要把你送过去！"他知道，如果母亲听到女儿已死去，必定失去求生意志，松手让土石压死自己，所以骗了她。

母亲疲惫地笑了，随后，她也被救出送到医院，她的双手一度僵直无法弯曲。隔天，土耳其报纸头条是一幅她用手撑地的照片，标题"这就是母爱"。长得壮硕的导游说："我是个不轻易动感情的人，但是看到这篇报道，我哭了。以后每次带团经过这儿，我都会讲这个故事。"

其实，不只他哭了，在车上的我们，也哭了……

最开明的爱

你可以跟我背道而驰，但我还是爱你。这是最开明的爱。

有个吸毒、偷窃、赌博什么都干过的日本大学生，某天在无比的空虚中觉悟了，决心寻找自己的人生意义，于是他走遍全世界最落后的角落、最险恶的灾区，做最粗重的工作，在艰苦的过程中，他慢慢发现了自己生命的意义和价值。只是为了怕父母担心，他从来不敢禀报父母到过哪些国家、受过什么伤、做过什么事。

有媒体将他的行为报道出来后，家长才知道独子在国外做什么。他原本很怕被保守而严谨的父亲责骂，没想到父亲只对他说了一句话："其实孩子并不是为了让父母放心而活的。"

父亲虽然还是不放心，但是，他愿意接受，孩子有他自己的人生道路要走。

这位父亲的爱如此开明：虽然你与我认知不同，你不符合我的期望，但我还是一样爱你，也愿意欣赏你。因为我知道你在努力着。

在塞尔维亚首都，有对父子的事迹更轰动了。激进党的市议员候选人安东尼，在竞选活动中有个头号的反对者：他的儿子拉萨。

26岁的拉萨一点儿也不认同爸爸激烈的民族主义，于是制作了许多宣传标语，上面都写着："别投我爹！拉萨敬上。"

父子反目的举动很受人关注，但儿子声称，他和爸爸感情很好，只是完全不认同爸爸的政见，而爸爸也说，他是我儿子，我不会阻止他扯我后腿。父子之间的"开明对立"精神真令人刮目相看。

对一般人而言，这种父慈子孝的行为真是不可思议，但其中却蕴藏着人性的光辉：我爱我父，但我更爱真理；我坚持我的理念，但我也接受儿子的反对。

你可以跟我背道而驰，但我还是爱你。这是最开明的爱。

小盒子，大爸爸

其实盒子里装不了的那些东西才真正代表了父亲，代表了一个父亲对儿子的爱。

每年父亲节，学校都组织孩子们动手给爸爸做一件礼物。今年，儿子的老师让每个学生都准备一只小盒子，里面要装上能代表爸爸的东西。第二天，他们要在课堂上装饰这个盒子。

这个主意挺新鲜，但我和儿子犯难了，什么东西能代表他爸爸呢？父亲常用的工具太多太大了；我们也不能把他的书房塞进小盒子里；他最喜欢吃的东西是鸭肉和羊肉，但装在盒子里，过不了几天，腐肉就会熏死人。

最后，我们选中了一个黄色的网球和一只榔头。因为丈夫爱打网球，平时也爱做木工活——儿子的小树屋就是爸爸亲手制造的。对了，还有一张棒球明星卡片，因为父亲是儿子所在棒球队的志愿教练。

然而这个盒子始终显得轻飘飘的，不是因为它太小，装的东西太少，而是因为我们知道，无论多大的盒子，和太多需要装进去的东西相比永远都太小。盒子装不了温暖的拥抱和慈爱的亲吻；装不了那些为了看儿子学校剧团演出而耽误的商务会议；装不了那些精彩的睡前故事；装不了无数个教儿子游泳的周末；也装不了那些打雪仗的下午。

其实盒子里装不了的那些东西才真正代表了父亲，代表了一个父亲对儿子的爱。

心之歌

父亲无微不至的关爱所给予她的安全感，而今却都成了回忆，令她悲伤不已。

很久以前，一个健壮的男人娶了他梦寐以求的女士为妻。婚后他们生了一个小女孩，小女孩聪明活泼，她父亲非常疼爱她。

小女孩还很小时，父亲常会将她抱在怀里，嘴里哼着优美的曲调，带着小女孩在房间里跳舞，并对她说："我爱你，小女孩。"

当小女孩渐渐长大，父亲仍拥抱着她说："我爱你，小女孩。"小女孩则会撅着嘴说："我已经长大，不再是小女孩了。"父亲就笑着说："在我的眼里，你永远都是我的小女孩。"

后来，已经长大的小女孩离开父亲，离开家，走入了社会。当她对自己有了更深的了解，也就越加了解了自己的父亲，她意识到父亲是真正健壮而坚强的人，他是那样善于向家人表达自己的爱意，无论小女孩走到世界的哪一个地方，他都会打电话对她说："我爱你，小女孩。"

有一天，已经长大的小女孩得到消息，父亲中风了，并伴有失语症，今后他再不能说话了，甚至听不懂别人的话。他再也不能欢笑、走路、跳舞、与人拥抱或告诉已经长大的小女孩，他爱她了。

就这样，已经长大的小女孩回家看望父亲。当她走入房间，发现父亲已无昔日的健壮，显得格外憔悴而虚弱。男人看到已经长大的小女儿，想要对她说话，却又说不出。

女孩唯一能做的就是来到床边，伸出双臂绕住父亲的臂膀。那一刻，她的泪水夺眶而出。

她将头靠在父亲胸前，想起了很多事情——幼时与父亲共同度过的快乐时光以及父亲无微不至的关爱所给予她的安全感，而今却都成了回忆，令她悲伤不已。

接着她听到父亲心脏跳动的声音，那里蕴藏着多少优美的歌曲与温馨的话语啊！虽然他此刻身患重病，但心脏却仍有力地跳动着，女儿就那样入神地听着，突然，奇迹出现了，她竟从父亲的心脏中听到他再也不能用嘴诉说的话语：

我爱你，小女孩

我爱你，小女孩

我爱你，小女孩……

尊 严

母亲用59美元买回的尊严，将使我一生受用不尽！

我14岁那年，父亲因为生意失败破产了，我们家陷入了最悲惨的境地。我们不得不从富人区的复式楼搬到小公寓，而一直在家做家庭主妇的母亲也不得不第一次拿着打印出来的履历在外四处求职。

“当然，我们可以申请社会福利救济，但我不想让我们的孩子因此失去了他们的尊严。”我还记得当时母亲在房间和父亲争执时说的这句话，那是我第一次看到母亲在父亲面前如此严肃地表达自己的意愿。

为了能赚取一些零用钱，我央求同学在寒假帮我找了一份在一家快餐店打工的兼职。以前这样寒冷的冬天，我通常是坐在家里生着炉火的房间，惬意地喝下一杯滚烫的热咖啡，而现在，我却不得不面对这个现实，我只能给别人端咖啡喝。

有一天，我发现淘气的弟弟竟然把我心爱的棒球棍给弄坏了，我非常恼火。要知道，一开学我就要参加学校的棒球比赛了，而以我现在每天所赚的辛苦钱，至少要苦做一周，才能再买下一根这样的好棍子。

我生气地责骂着弟弟：“嘿，你这个坏家伙，你知道我得在店里受多少委屈，才能买回这个吗?”

当时母亲恰好从房间门口经过，她听到我的抱怨，吃惊地进门来对我说：“约瑟夫，你在店里很受委屈吗?有什么事你就告诉我们，我们会帮助你的。如果你在那里确实很受委屈，那么，你应该辞职回家。”

“回家?”我一阵冷笑地看着母亲手里刚刚打印出来的履历，脱口嚷道，“那么我就会连最廉价的棒球棍都买不起了！你们会帮助我，你们要怎么来帮助我，你甚至都找不到一份能赚钱的工作!”

天知道，我这些一时的气话有多么伤人，因为我已经看到母亲的脸色变得惨白。是的，我不该埋怨和挖苦他们。父亲自从生意失败后很长时间不能从内疚的情绪里解脱出来，而母亲呢，长时间地离开社会，我们又怎么能强求她一下子就能找到一个足以养家糊口的好工作呢！但我不明白，此时家里的状况，母亲为何还要死守住那些所谓的尊严，不愿意向社会福利机构求助呢?能保住尊严当然是最好，可最重要的是合理的生存呀!

“对不起!”我跑向母亲，抱住她孱弱的肩膀，泪水一下子涌了出来。我想，我们都已经快经受不住上帝给我们的这种考验了。

一天中午，一个打扮夸张的年轻人到店里吃午餐，我为他做点餐服务，他要了一块牛扒和一杯咖啡。几分钟后，我把厨房送出来的热咖啡端到他面前。正当我想要放到桌子上时，他突然一扬手碰翻了我端咖啡的托盘，滚烫的咖啡一下子洒了出来，烫得我直龇牙咧嘴，而他的身上也溅满了咖啡。可那人见状，都没问一下我烫伤的情况，就立刻站起来大声地指责我的过失，还要求店里赔偿他洗衣费用。

老板闻讯从后台赶来，他不愿意承担这样的损失，可又不想得罪顾客，便对我说，我的工作失误要由我来负责。无奈之下，我只好跟客人据理力争，说因为他突然扬手才弄洒了咖啡。他一听我不仅不肯赔偿，还说责任在他身上，当即大怒，在店里大发脾气。当时正是店里营业的高峰期，老板见事情越闹越大，只好向对方妥协说，我们店里愿意赔偿他的洗衣费用。没想到，那个客人此时已经不满足于这样的赔偿了，他说我的傲慢态度激怒了他，不仅要求我向他道歉，还提出一个非常无理的要求，要我跪下向他认错。

尽管他的要求是如此令人瞠目，但老板为了尽快了结此事，减少对店面营业的影响，还是建议我照客人的要求做，同时还暗示我说，如果我不肯妥协的话，就会立刻开除我，并且扣发我所有的工资。

我当时真的想立刻掉头就走，但脚却是那么地不听使唤。算下来我已经有59美元的工资了，而我也早就算好了这些钱的用途。我要买蒙特森的毛衫，还有新的棒球棍，去参加学校的春季棒球比赛。天知道，到时班上会有多少姑娘对我尖叫。但如果我离开的话，这一切梦想可就都泡汤了。

就在我忍着眼里的泪水不知所措时，一个女人突然冲了进来，拉着我的手说："孩子，不要跪，男儿膝下有黄金。这件事不是你的错，就算他 1 分钱不给你，也不能承认你没有犯过的错误。"我一抬头，看到的正是我那瘦弱的母亲。

我不知道自己是怎么跟着母亲走出了喧闹的快餐厅回到家的，一想到辛辛苦苦工作赚的 59 美元全都没了，我真是太伤心了。突然，我没来由地怨恨起母亲来，要不是她的出现，也许我就能保住快餐店的工作了。

这些话，虽然我没对母亲说，但我想，她一定都感觉到了，因为那段日子里，我天天把自己关在房间里，哪儿都不去，就算是吃饭时面对母亲，也是一副冷冰冰的脸孔，我甚至都没有正视她一眼。

直到有一天，母亲突然敲门进来，递给我 59 美元，我才惊讶地抬头看她。母亲说：她到店找到老板理论了，还讨回了我的工钱。捏着这些钱，我破涕为笑地抱住了母亲。

很快，寒假就过完了，我用这来之不易的 59 美元买了漂亮的毛衫，还有坚固的棒球棍，学校棒球队已经邮寄给我春季的赛事时间安排表了。路上，我碰到了和我一起在快餐店打工的同学，他对我竖起大拇指说："好样的，约瑟夫，我真没想到，你连那么多钱都可以不要了。"我得意地告诉他，后来我母亲已经帮我到店里去拿到钱了，可同学一愣，对我说："这不可能，你母亲是去过店里了，可老板并没给她钱，因为老板已经把你的工钱赔给了那个小混混。"

这下，我愣住了，我不知道母亲给我的这 59 美元，到底是从何而来的。

在父亲的帮助下，我辗转找到了母亲工作的地方，那是个阴冷潮湿的地下停车场，一进去就闻到一股霉臭的味道，母亲在那里做清洁工人。我无法想象，当初坐在咖啡厅里喝高级咖啡的高贵母亲，如今竟然在这样的地方做清洁工。我走了进去，正看到一辆小车从停车场里飞驰而去，溅起的脏水洒在母亲的脸上，母亲追了上去，车厢里甩出一张钞票，母亲没有说什么，弯下腰捡起钞票，然后毫无尊严地将脏水轻轻抹去。

我能感觉到自己的泪水正一滴滴地落下来，原来，母亲一直是用自己的尊严买回了我的尊严，用 59 美元买回了我膝下的黄金。

多少年过去了，我从一个不谙世事的少年成长为今天在商界驰骋的成功商人，而在这个路途中，每当我的尊严受到挑战时，母亲在停车场抹去脸上脏水的那一幕就会出现在我的眼前。而事实也证明，母亲是对的，一个没有尊严的男人，不可能拥有成功的事业。

我的很多客户正是基于对我个人的钦佩和敬意，而选择了和我合作。母亲用59美元买回的尊严，将使我一生受用不尽！

兄弟与弟兄的另一种诠释

哥哥那是在告诉他，哥哥心中，弟弟永远是第一位的，没有弟，就没有兄。

他在纸上写了两个字——“兄弟”。他指着“兄”字对哥哥说，这个字读兄，兄就是哥哥，又指着“弟”字说，这个字读弟，弟弟就是我，“兄弟”的意思就是先有哥哥，才有弟弟，没有你，就没有我。

他出生那年，计划生育抓得正严，村里有生二胎的人家，不是要躲到城里亲戚家，就是要被罚款。只有他，是一个光明正大生下来的老二，并非家中有权有势，而是因为他的哥哥，先天性脑疾，俗话说，就是弱智。父亲递了申请，没过多久，父亲的申请就被批准了，母亲就怀上了他。

母亲拿着一根小竹竿对哥哥说，永远不许碰弟弟，记住没？说着扬起手里的竹竿，警告他如果不听话，就会挨打。他畏缩地躲到一边，深深低着头。因为担心他会伤害弟弟，父母便不允许他进他们的房间，即使是吃饭，也会盛到碗里，夹些菜，让他在自己的屋里吃。他经常偷偷蹲到父母房间的门下，半弓着身子向屋里望去，当他看到母亲怀里的弟弟时，满脸幸福地笑了，口水顺着嘴角流了出来。

其实他很小的时候，父母和爷爷奶奶也曾疼爱过他，只是逐渐长大，年龄相仿的孩子已经学会说话走路时，他的嘴里却说不出一个字来，目光呆滞。到县上的医院检查出是脑疾后，爷爷奶奶把怨气撒到母亲身上，积年累月，母亲便把委屈强加给了他，于是，他经常因为一些小事，要挨上一顿打。

弟弟慢慢长大，已经牙牙学语，蹒跚走路，全家人心头的石头总算落地。他也高兴，有几次，弟弟伸着胳膊，向他走过来，他兴奋得手舞足蹈，只是母亲总会慌忙跑过来，把弟弟抱开。

弟弟学会了叫爸爸妈妈、爷爷奶奶，可是从不会叫哥哥。他多希望，他能像所有的哥哥一样，被弟弟叫一声哥。为此，他每天在院子里，在自己的屋子里，都要吃力地大声喊，哥，哥。他想让弟弟听到，让弟弟学会叫他哥。

母亲看着弟弟玩时，他在三米外的地方，继续喊着哥，哥。母亲嚷他，一边玩去。这时，正蹲在地上玩的弟弟，抬起头看着他，竟然清晰地叫了一声哥。

他从来没有如此激动过，他拍着巴掌跳起来，忽然跑过去，用力抱住弟弟，眼泪和口水一起流到弟弟身上。

长大后的他看着总是在他眼前晃来晃去、对着他傻笑的哥哥，心中充满厌恶。他是自小被别人喊着"傻子他弟"长大的，他对这个称谓憎恶至极，也曾大声叫喊，我叫王君旺，不叫傻子他弟。也曾因此将那些孩子的鼻子打出血，可是没有用，他们仍旧那么叫。

他渐渐习惯了，却加深了对哥哥的恨。

城里的亲戚来家里，带来了农村没有见过的糖果，母亲分给他六块，留给哥哥五块，想了想，又从哥哥的那份里取出了两块糖塞给他，这样的事情不是第一次，他理所当然地接受。母亲把糖果给了哥哥时，他透过门外的玻璃看着哥哥把那几块放到枕头下，顿了顿，又拿出来左看右看，才放进口袋里。

次日清晨，他起床后，哥哥在窗外敲着玻璃对他笑，他没有理会。哥哥安静了一下，又继续敲窗，他不耐烦地推开窗，哥哥踮着脚把一只手伸过窗子里，他厌恶地躲开，哥哥摊开自己脏兮兮的掌心，是两块糖。他愣了愣，没有接。哥哥把手拿出去，摸了摸自己口袋，再次伸手进来时，已变成三块糖，他含糊地说，吃，弟吃。

那天，他没有吃哥哥的糖，悄悄放回哥哥的枕头下。哥哥发现后，又拿出来给他，着急地跺着脚说不出一个字来，干脆把糖纸剥开，往他嘴里塞，他张开嘴，终于吃下了哥哥的糖。

那天，他清晰地看到哥哥眼里，流出了眼泪。

那段时间，他得了急性肠炎，吃了几天药后，又可以回去上学了。只是最后两片药，任凭母亲说什么，他都不肯再吃，他讨厌那种黄色药片的苦味。

他和几个同学在前面走，哥哥像以往一样在后面跟着，他已经习惯，不回头看。一个同学说，傻子他弟，你傻子哥就这么天天跟着你，你有一天也会变成傻子。他停下来给了那同学一拳，同学捂着胸口嚷，小心你们全家都变成傻子。他们厮打起来，他被那个同学压在身下，忽然对方的身体轻飘飘地离开了他，是哥哥。

他从未见过哥哥使过这么大的力气，把那个男孩举起，摔在地上。男孩顿时在地上滚着喊疼。另外几个同学跑开向老师报信，他害怕了，回家父亲一定会揍他的，是他惹了祸。哥哥还在对着他笑，那一刻，他恨透了母亲，为什么会生下一个傻子给他当哥哥。

他用力推了哥哥一把，气愤地吼，谁让你多管闲事，你这个傻子。哥哥被他推得靠到树上，傻呆呆地看着他，忽然趴在地上，脸几乎贴在地面上，一点点寻找着什么。

他想得找个地方躲一躲，以免挨老师训，挨父亲打。哥哥在地上爬起来后，追上他，在身后喊着，弟，弟，药。他回头，哥哥手里是两片沾了泥土的药片，治疗他肠炎的药片。

那天，父亲让他和哥哥并排跪在地上，竹竿无情地落下来时，哥哥趴在了他的身上。他能感到哥哥的颤抖，哥哥说，打，打我。

拿到大学录取通知书那天，父母乐得合不拢嘴，哥哥也跟着高兴得又蹦又跳，像个孩子。其实哥哥并不明白什么叫大学，但是他知道，弟弟给家里争了气，现在再也没有人叫他傻子，而是叫他“君旺他哥”。

他离开家的前一天晚上，哥哥还是不肯进他的屋子，而是敲他的窗，让他出来。哥哥给他一个花布包，他打开，竟然是几套新衣服。他当然记得，那套蓝色的，是几年前姑姑扯了布，给他们哥俩做的；那套灰色的，是母亲给他买的生日礼物，他嫌弃颜色难看，母亲就给了哥哥，又另外买了一套给他；还有那件黑色的夹克，是城里姨妈送的。

原来，这么多年，哥哥一直都没有穿，而是把这些新衣服都积攒起来留给他。可是，他以及父母，却从未注意过，哥哥是否穿了新衣服。甚至，如果让他回忆，他根本不知道哥哥平日里穿着什么。

哥哥还是多年前傻笑的模样，只是眼里多了几分期待，他知道，哥哥是希望他看到这些新衣服后高兴，哥哥知道他最喜欢漂亮，喜欢穿新的衣服，只是，哥哥不知道他在不断长高，衣服的款式也在不断更新，那些几年前的衣服，他已经无法穿在身上。

此刻，他才注意到，哥哥穿在身上的衣服磨破了边，裤子也已经短了，穿在身上，滑稽得像个小丑。

他鼻子微微发酸，这么多年，除了儿时的厌恶和长大后的忽视外，他还给过哥哥什么呢？

他假装收下了衣服，高兴地在身上比量，问，哥，好看不？很久没叫出这个称呼，吐出来有些艰涩，哥哥很用力地点头，笑的时候嘴巴咧得很大。

他在纸上写了两个字，“兄弟”。他指着“兄”字对哥哥说，这个字读兄，兄就是哥哥，又指着“弟”字，这个字读弟，弟弟就是我。“兄弟”的意思就是先有哥哥，没有你，就没有我。

那天，他反复地教，哥哥就是坚持读那两个字为“弟兄”，间断却很坚决地读，弟，兄！走出哥哥房门时，他哭了，哥哥那是在告诉他，哥哥心中，弟弟永远是第一位的，没有弟，就没有兄。

奔跑的力量

瞬间，场下响起雷鸣般的掌声，那是人们对冠军最衷心的祝贺，也是对母亲最诚挚的祝福。

黑马！又见黑马！

当她第一个冲过终点线时，整个赛场沸腾了。不可思议，在高手如云的国际马拉松比赛中，冠军竟然是个训练仅一年的业余选手！

27岁的切默季尔，肯尼亚的一名农妇，因此一举成名。

切默季尔的全家都住在山区，她的丈夫是个老实巴交的庄稼汉，除了种地一无所长。一年前，切默季尔还一筹莫展，为无法给四个孩子供给学费暗自伤心。丈夫抽着闷烟安慰她："谁叫孩子生在咱穷人家，认命吧！"

如果孩子们不上学，只能继续穷人的命运！难道只能认命？她不甘心。

当地盛行长跑运动，名将辈出，若是取得好名次，会有不菲的奖金。她还是少女时，曾被教练相中，但因种种原因未果。此刻，她脑中灵光一闪：不如去练习马拉松！

马拉松是一项极限运动，坚强的意志和优秀的身体素质缺一不可。她已近27岁，没有足够的营养供给，从未受过专业基础训练，凭什么取胜？冷静之后，她也胆怯过，可是除此之外别无他途。如果连做梦的勇气都没有，那永无改变的可能。

丈夫最后也同意了她大胆的"创意"。第二天凌晨，天还黑着，她就跑上崎岖的山路。只跑了几百米，她的双腿就像灌了铅一般。停下喘口气，她接着再跑。与其说是用腿在跑，不如说是用意志在跑。跑了几天，脚上磨出无数的血泡。她也想打退堂鼓，可回家一看到嚷着要读书的孩子，她又为自己的懦弱感到羞愧。不能退缩！她清醒地知道，这是唯一的一线希望！

训练强度逐渐增加，但她的营养远远跟不上。有一天，日上竿头，她仍然没有回家，丈夫担心出事，赶紧出门寻找，终于在山路上发现了昏倒在地的妻子。他把妻子背回家里，孩子们全部围了上来，大儿子哭着说："妈妈，不要再跑了，我不上学了！"她握着儿子的小手，泪水像断线的珠子般涌出，一言不发。次日一早，她又独自一人，跑在了寂静的山路上。

经过近一年的艰苦训练，切默季尔第一次参加国内马拉松比赛，获得了第七名的好成绩，开始崭露头角。

有位教练被她的执著深深感动，自愿给她指导，她的成绩更加突飞猛进。

终于，切默季尔迎来了内罗毕国际马拉松比赛。为了筹集路费，丈夫把家里仅有的几头牲口都卖了，这可是家里的全部财富……发令枪响后，切默季尔一马当先跑在队伍前列，这是异常危险的举动，时间一长可能会体力不支，甚至无法完成比赛。但为了孩子，为了家庭，她豁出去了。

或许上天也被切默季尔的真诚所感动。她一路跑来，有如神助，2 小时 39 分零 9 秒之后，她第一个跃过终点线。那一刻，她忘了向观众致敬，趴在赛道上泪流满面，疯狂地亲吻着大地。

突然冒出的黑马，让解说员不知所措，手忙脚乱，忙活了好半天才找齐她的资料。

颁奖仪式上，有体育记者问她："您是个业余选手，而且年龄处于绝对劣势，我们都想知道，究竟是什么力量让您战胜众多职业高手，夺得冠军？"

"因为我非常渴望那 7000 英镑的冠军奖金！"此言一出，场下一片哗然。她的话太不合时宜，有悖于体育精神。切默季尔抹去泪水，哽咽着继续说："有了这笔奖金，我的四个孩子就有钱上学了，我要让他们接受最好的教育，还要把大儿子送到寄宿学校去。"喧闹的运动场忽然寂静，人们这才明白，原来，孩子才是她奔跑的力量。瞬间，场下响起雷鸣般的掌声，那是人们对冠军最衷心的祝贺，也是对母亲最诚挚的祝福。

没空相处

但愿不要让这样的事情在你的生活中发生，因为人生只有一次，不能重来。

有一天，我的儿子出生了。

他很可爱，但是我没有时间陪他。

我要挣钱养家，我要出人头地。

我不在他身边时，他学会了走路；我知道他会说话时，他已经能说长句子了。他对我说："爸爸，我长得像你。我长大后会像你一样。"

我摸了一下他的脸颊算是回答，然后夹起公文包往外走。儿子抱住他心爱的猫，抬头问我："爸爸，你什么时候回家?"

"哦，说不准。不过，爸爸有空一定陪你玩，我们一定会玩得很开心的。"

我儿子 10 岁那天，我送给他一个篮球作为生日礼物。他说："谢谢爸爸。我们一起玩吧。你能教我打篮球吗?"

我说："今天恐怕不行。我还有许多事情要处理呢。"

"那好吧。"他说，然后转身离开，脸上没有显出失望。他很坚强，越来越像我了。

儿子从大学放暑假回家了。嘿，他魁梧挺拔、朝气蓬勃，完全是一个男子汉的模样。我对他说："儿子，你让我感到自豪。

你能坐下来和我说一会儿话吗?"

他摇摇头，笑着对我说："暑假长着呢。我约了同学出去兜风，你能把车子借给我用一用吗? 谢谢，再见!"

我退休了，儿子也结了婚搬出去住了。有一天，我给他打电话。

我说："如果可以，我想见见你。"

他说："爸爸，我很想去看你，但是今天恐怕不行。我还有许多事情要处理呢。"

我忽然感到这些话是那么熟悉。是呀，儿子长大了，他真的很像当年的我。我抚摸着怀里的猫，最后对着话筒问道："儿子，你什么时候回家？"

"哦，说不准。不过，我有空一定会去看望你，我们一定会谈得很开心的。"

但愿不要让这样的事情在你的生活中发生，因为人生只有一次，不能重来。

邂 逅

卡利挽起我的胳膊，将我推上汽车。我感觉泪水就要涌出眼眶。

天开始放亮。长途汽车在路边一家旅馆门前慢慢停下。当售票员宣布“停车10分钟”时，用毯子裹着身子打盹的乘客纷纷起身，下车吃早点。

旅馆大门上方“恒河旅馆”四个大字非常醒目。走进旅馆，一股檀木香扑面而来。

一个30多岁、身着洁白衣服的男子正对着墙上的一幅画像祈祷。画像前的供台上摆放着鲜花，铜制香炉里燃着檀香木香。这不是母亲的画像吗？怎么到这儿来了？我感到奇怪。男子祈祷完，在肖像前放了一杯咖啡，回到服务台。

我要了一份糕点和一杯咖啡。我一边吃早点，一边盯着墙上母亲的画像。吃完饭洗过手，我找坐在服务台后面的男子结账，显然他就是这家旅馆的老板。

“15卢比，先生。”他说。我打开钱包取钱时，他一直盯着我看。突然，他从椅子上站起来，握住我的手，激动地问：“你不是卡南吧？”

“我是，”我回答道，“你是谁？”

“你还记得捡破烂的卡利吗？”是的，我记得……捡破烂的卡利。那时我12岁，卡利没有父母。我母亲每天供他吃饭，他成了我们家的一员。不用支使，他每天都会把我们家院子和屋后的小花园打扫得干干净净，并经常浇灌园子里的植物。偶尔，他也有事离开。一天，卡利说他要回老家照顾他的舅舅。我母亲祝福他并送给他一些钱。从此我们就再也没有他的消息了。

“真没想到能在这里见到你，卡利。你是怎么到这里来的？”我问。

“说来话长，卡南。我在你们那儿捡破烂时，只要我到废品回收中心卖破烂，那儿的老板都要多给我 10~15 个卢比。阿妈则管我吃，管我穿，管我住。当我告诉废品回收中心老板我要回老家时，他出于同情也给了我一些钱。

“回到家后，我舅舅送了我这所房子，我在这儿开了一家茶馆，所有路过这里的车辆都要停下，生意很是红火。后来，我又从银行贷款建起这家旅馆。我妻子唐加姆——我舅舅的女儿，帮我经营。”说着，卡利喊妻子：“唐加姆，快来。这是卡南，当年管我吃住的那位阿妈的儿子。”唐加姆向我行礼，我感到很是窘迫。

“我离开你们时，阿妈送我一个信封，里面装着她的一张照片和一些钱。钱我至今未花，现就放在她老人家的画像前。这是她向我祝福的见证。当年，每天早上，我不喝过咖啡、吃过早饭，她是不让我出去捡破烂的。现在每天早上，我都要把第一杯咖啡首先供奉给阿妈。我是从报纸上得知她去世的消息的，可我却未能与你一起哀悼她老人家。”卡利难过地说。

这时，售票员吹响了哨子，汽车又该上路了。我要结账，卡利却摇了摇手说：“我怎么能收阿妈儿子的钱呢?”我双手合十，在母亲的画像前默立了一会。卡利挽起我的胳膊，将我推上汽车。我感觉泪水就要涌出眼眶。

没有翅膀你别飞

他此刻才体味到了死的痛苦，那是死者留给生者的痛苦，是失去的痛苦。

一只灰褐色的麻雀从窗前飞过，“倏”地一声，远了。

他斜倚在窗前，看着窗外新芽初绽的梧桐，还有一掠而过的麻雀。他知道，只要轻轻抬一抬腿，他就可以飞出去，像鸟儿那样自由飞翔，所有的痛苦折磨便随之烟消云散。

他真的这么做了，大脑一瞬间的空白，让他迈出了那一步。他以为他会像一只鸟儿那样，但一跨过那个矮矮的窗台，他就发现自己错了。他像一只笨重的熊，直朝地面砸去。

再次睁开眼睛，是在 5 天以后。他听到了一声苍老的呼唤：“献儿，回来。”于是，他回来了。他慢慢睁开眼睛，看到了一片白，白的墙，白的衣，白的发。

“妈”他想叫一声，但他叫不出来，一滴眼泪从眼角滚落，滚到一只骨节突出的手上。手像被开水烫了似的，哆嗦了一下，然后急促地抚着他的脸：“献儿，献儿，你可回来了。”

两个月后，他被母亲从医院里用轮椅推了出来，除了大脑还能继续思维，从胳膊往下，他的身体变得软塌塌的，像一把面条。

“妈，让我去死吧，你别管我。”他扭头哀求母亲。

母亲不理他，赌气似的把车推得更快。

回到家，确切说是母亲和父亲的家。他的家早在和妻子离婚后成了一片冰冷的地狱，女儿被妻子带走了，他什么都没有了，选择从楼上飞下去，是他做出的最残酷最无奈的选择。

父亲拄着拐杖从屋里出来，铁青着脸，一言不发，一只手帮妈妈把他推进一楼的屋里。从家门口到楼外的4层台阶已经用水泥砌成了斜坡，防盗门拆了，没有了门槛，他被稳稳地放在窄小的客厅当中。

父亲点燃了一支烟，母亲拿过毛巾不停地在脸上擦。

他突然低下头，把头窝在胸前，脸埋在双手间，呜呜大哭起来。

以后大概有3个多月的时间，他被父母小心地照顾着，总有一个人寸步不离在他跟前。父亲和母亲把一张大床和一张小床并在一起，晚上睡觉，他睡最里边，父亲挨着他，母亲挨着父亲，一旦他有什么动静，父亲就推推母亲。两个人一起起来给他翻身、换尿垫。每当父母花白的头低下来，为他收拾衣裤时，他就感觉有千把万把刀子在割他的心，他恨不得自己立刻消失，像一缕烟，被风吹散了，不留一丝痕迹。

那天母亲出去买菜，父亲在家陪他，父亲看他情绪比较稳定，就很放心地把他放在客厅，第一次没有推他到卫生间，自己去解手了。

他等父亲一进卫生间，就快速转动轮椅，一把拉住卫生间的门，把门扣扣上，然后用一小截铁丝插在扣鼻儿里。任凭父亲在里面叫喊，把那扇薄薄的木门拍得山响。

他把轮椅摇到厨房，那里有可以让他消失的工具：刀。

他拿起一把刀，放在腕上，喃喃道："爸，妈，对不起，再不能让你们为我受累了。"然后，对准腕上蜿蜒的青色凸起，割了下去。

感觉不到疼，他露出了一丝微笑。

突然，他的脸上热辣辣地烧了一下！那是父亲的巴掌，实实在在地扇在他脸上。父亲像一只被激怒的狮子一样，瞪着他，双手发抖，嘴巴很难看地歪着："你个孬种！除了死你还会干什么？"

腕上的血还在滴，父亲一拐一拐颠进卧室拿来一根布条，狠狠地把滴血的地方捆住，继续瞪着他。

"养了你几十年。你就这样报答我和你妈？媳妇没了，可以重娶，孩子走了，还可以再要回来，你以为一死就啥都解脱了？你叫我和你妈咋活？"

这时，母亲回来了。一进家门看到他和父亲对峙的样子，看到他胳膊上缠着的血布条。她扔掉手里的菜，坐在沙发上仰着脸号啕大哭。

他转动轮椅，从父亲身边挤过去，转到母亲跟前，轻声叫："妈。"母亲没有一点儿反应，仍旧放声大哭。他伸出双手，抱住母亲的脸："妈，对不起。"

母亲没有理他，突然停住了哭泣，"呼"地站起来，快步走进厨房。等母亲从厨房出来，他看到母亲手里掂着那把明晃晃的切菜刀，"要死是不是？大家一起死，自杀，我也会。"

母亲说完拿着刀毫不犹豫地向自己的胳膊割去，鲜血冒了出来。"妈——"他感到撕心裂肺般的痛，他大喊一声，和父亲同时扑向母亲。

他整个人重重地从轮椅上摔了下去，扑倒在母亲脚下。他此刻才体味到了死的痛苦，那是死者留给生者的痛苦，是失去的痛苦。

当又一个春天到来时，12 岁的女儿推着他在门前的小花园里散步。春风轻拂，杨柳依依，小鸟在枝头唱着轻快的歌。他慢慢给女儿讲他想飞的过去，想被风吹散的过去，讲从卫生间破门而出的爷爷和号啕大哭的奶奶，他似乎很平静。

他说："孩子，生命不仅仅属于个人。人根本不能像鸟儿那样。没有翅膀，千万别飞。"

感恩的轮回

跟出来的女人傻了眼，而孩子们则发出了欢呼声。

多年前一个感恩节的早上，有一对夫妇却不愿醒来。他们不知道如何以感恩的心度过这一天，因为他们实在穷得可怜，别说庆祝丰收的感恩节大餐，现在有一点简单的食物吃就算不错了。

贫贱夫妻百事哀，醒来没多久，这对夫妻就争吵起来。随着双方越来越激烈的咆哮，家里布满了呛人的硝烟。老早就起床等待感恩节大餐的男孩，吓得躲在角落里，一动不敢动。他有一双大得出奇的眼睛，清澈得让人想跳进去。

敲门声也赶来凑热闹，厌恶而刺耳。男孩试探地看了看父母，见谁也不动身，便悄悄走上前去开门。

一个高大的男人出现在门外，他穿着一身皱巴巴的衣服，满脸笑容，手里提着一个篮子，里头是各种各样的过节的东西：一对火鸡、塞在里面的作料、煮熟的玉米棒子、厚饼、甜薯及各式罐头……

一家人都愣住了。陌生男人说："这些东西是一个人让我送来的，他了解你们的需要，他也希望你们知道，总是有人爱着你们的。"

男主人极力推辞。陌生男人说："不关我的事，我只不过是个跑腿送货的。"然后，他把篮子搁在小男孩的臂弯里，说："孩子，你的眼睛太漂亮了。祝你们全家感恩节快乐!"随后，他转身而去。

原来，这个陌生男人是个货车司机，一年中有2/3的时间在外面奔波。遇上感恩节，他却总要回家的，这是他给妻子和6个孩子的承诺。可是，当他带着礼物回家时，这家窗户上映照出来的夫妻吵闹的剪影却刺痛了他。于是，他把带给妻儿的感恩节大餐送给了这户陌生人家。

这个举动改变了那个小男孩的一生。

他长到 18 岁的时候，虽然收入微薄，可是，每到感恩节都要买不少食物，假装是个送货员，开着自己那辆破车，四处留意着最需要食物和温暖的家庭。

这一年，当他敲开一座破落的住所时，看见开门的是一个瘸腿的老男人。

这个老男人有 6 个孩子，一次车祸让他无法再正常工作。所以，今天他不仅面临着断炊之苦，还有妻儿的抱怨。

年轻人开口说道："我是来送货的，先生。"

随即他转过身子，从车里拿出装满食物的篮子，里头有一对火鸡、塞在里面的作料、厚饼、甜薯及各式罐头等。见此，跟出来的女人傻了眼，而孩子们则发出了欢呼声。

女人一边亲吻年轻人的手，一边激动地喊着："你一定是上帝派来的!"

年轻人有些腼腆地说："噢，不，我只是个送货的。"接着，他把"雇主"的一张字条交给男人，上头写着："我是你们的一位朋友，愿你们一家过个快乐的感恩节，也希望你们知道有人在默默爱着你们。"

年轻人走了。女人仍然难以相信，不停地喃喃自语："会是谁呢?"

男人说："只看他的眼睛，我就知道他是谁了。"

咬出你的爱

刚才男孩扑上来咬的那一口，让他回忆起自己那已经很遥远的顽皮而又莽撞的童年了。

中秋节，一个湖南民工满心欢喜地来到车站，来接探亲的妻儿。

自离开家乡到广州一个建筑工地打工，两年间他没有回过家，这是他妻儿第一次来广州探亲。一家三口终于在广州火车站见面了，不由得激动万分。尤其是6岁的儿子，看着在城里生活了两年的父亲，心里满是崇拜和景仰，目光一刻也不肯从父亲身上移开。

一家三口上了一部开往番禺的大巴，男人打工的工地就在那里。可是女人随身带来的东西实在太多了，有被褥，有锅碗瓢盆。6岁男孩的手里还提着一只笼子，笼子里装着一只出生不久的雪白的小兔。

可是他们刚刚把东西弄上车，就遭到司机的斥骂："带这么多东西，让中途的旅客怎么上车？你们以为这是乡下的运货车吗?补三张票吧！"三张票就是30元，而这些破破烂烂的家当一共也值不了几个钱。见做父亲的犹豫，司机不耐烦了："想什么想？不行就下车！"

世界上没有一个男人愿意当着妻儿的面这样被人家责骂，尤其是司机眼神里的轻蔑和奚落让他无地自容。他开始往身上摸，摸了半天，只摸出20元来。男人的脸上急出了一层细细的汗珠儿。

司机越发不耐烦，脸上甚至有了冷笑：这些民工，让他们拿钱比割肉还难受。他不想再等，再看这个男人演戏了，他从座位上站起来，动手往车下扔行李……

6岁的男孩一直蹲在那里，守着放在行李上的小白兔，大人的争吵让他惊慌失措。突然，司机拎起了装着小白兔的笼子，笼子猛烈地晃荡起来，男孩清楚地看到，小白兔的眼里满是大难临头的惊恐……

男孩“嗷”的一声扑上去，准确地咬住了司机的手腕。这是在乡下跟野孩子们打架时练出来的绝技，现在派上了用场。只不过他下口轻了很多，毕竟这是在城里，初踏上城市的乡下孩子心中充满了畏惧。

司机突遭袭击，不由得松了手。男孩从地上拾起死里逃生的兔子，霎时间泪流满面。两年前父亲离家去城里打工时，把两只只有1个月大的兔子交给了儿子，叮嘱他好好养大它们。父亲走了，男孩每天给兔子割草、喂水，一天天把兔子养大了。前不久，母兔产下了一窝小兔，男孩坚持要带一只来广州，他要让父亲看看，他把兔子养得很好；他要让父亲知道，这两年他每天都在思念父亲！

可是，他万万没想到，他一直向往的城市竟如此粗暴！伤心和恐惧让他的眼泪流得更急更快了。

满车的乘客一直沉默地坐在那里，看着发生在眼前的这一幕。男孩的眼泪终于让他们坐不住了。

一个老人从座位上站起来，对那个尴尬而又难过的父亲说：“我也去番禺，身上没带什么行李，这个大包算我的，你少补一张票吧。”

没等那个父亲反应过来，一个老妇人也从座位上站起来，抱过了一只大瓦罐：“这只瓦罐是用来腌辣椒的吧?我很喜欢它的外形，把它送给我吧。”她对着惊慌的女人挤了挤眼睛，悄悄地说：“你只送给我一会儿就行，下车后我就还给你。”

一位少妇把男孩拉过来，抱上自己的膝头：“这孩子长得虎头虎脑的，好可爱啊！借给我做儿子吧！”满车的人哄的一声笑开了。

那个老人拍拍司机的肩说：“东西都挪走了，不会影响到后面的乘客了，赶紧开车吧！”的确，地上那堆小山似的东西都已经被车上的乘客抱到自己的怀里或塞到座位下，车厢通道又恢复通畅了。

司机看了看车厢里的人，经过这一场风波，人们那冷漠的表情不见了，几乎每个人的脸上都挂着帮助过别人后的笑意和满足。又低头查看刚被咬过的手腕，上面有两排浅浅的牙印，没事儿，咬得不重。他嘀咕了一句：“看不出来，小东西倒挺厉害的！”发动车子时，司机脸上也有了笑意，刚才男孩扑上来咬的那一口，让他回忆起自己那已经很遥远的顽皮而又莽撞的童年了。

满车的笑容抚平了男孩的惊恐和伤痛，他在少妇的怀里睡着了。

亲情的力量

亲情是一种力量，是一种要比爱情更持久，更内敛而热烈的力量。

美国大兵在赴伊前线前和自己的妻子、儿女拥抱。电视中播放了登机前半个小时的画面。那个全副武装的士兵拥着妻子，迷茫的眼中有泪。

那个画面就一直留于脑中，很少见过侵略者的眼泪。

在美伊开战的20多天中，全世界都看到了伊拉克人的顽强，美国武器的强大和不可抗拒，美国兵的胆小怕死。

但，我喜欢这样的“怕死”。

做客央视的军事专家说，美国人的自我感觉太好，他们总是认为自己的命很值钱。

我不想从战争和军人的角度去分析美国士兵的怕死，从自己的情感去揣测，这样的怕死理所当然。

从良知上说，他是侵略者。从个人来说，他是无辜者。从家庭来说，他是丈夫和父亲，他的身后是浓浓的亲情之爱。这一切，如何让他不怕死。

他们的命真的很值钱，因为他们身后有爱。

20世纪末，一位二战士兵在太平洋的一座孤岛上被人发现，他在岛上生活了53年。53年前，他的战舰被日本战舰击沉，他只身一人游到这座孤岛上，开始了“原始人”的生活。

回国后的老兵已经丧失了语言能力，他带回来的东西只有一张发黄的照片，照片上有他的妻子和女儿。他唯一能说的几个单词就是女儿和妻子的名字。

53年的“原始”生活，应该有许多种死法，但是那张照片却没让他死去。

亲情是一种力量，是一种要比爱情更持久，更内敛而热烈的力量。

天堂路上铃铛响

母亲说过，不要把那个小铃铛摘下来，她要一路听着铃铛声走向天堂。

母亲有病住院后，我和弟弟妹妹都急忙从几个方向分头赶回她身边。特别是当我们得知她患的是不治之症后，就再也不愿离开一刻，想在她老人家最后的时间里尽一点孝道。但是父亲说，已经这样了，你们又不是医生，都留在这里干什么?该忙都忙去吧，我一个人陪她就行。

医院规定家属不能长期陪床，父亲就采用“赖”的办法。医生查房时他躲在洗手间，等没人注意了再溜回病房。医生和护士捉住过几次，每次都要狠狠训斥父亲一顿，但父亲一个劲赔笑脸，最后医生也不好意思了。或许是被他感动了吧，医生还破例给他弄了床被子，让他躺在地上睡。父亲说，其实他知道留下陪护也没什么大用，但就是觉得母亲会心里踏实。

母亲的手腕上拴了一根细绳，下面吊了一只小铃铛，父亲说，这只小铃铛的用处可大了，母亲有什么事情都可以通过它来传达。比如她想喝水了，就轻轻拉一下绳子，小铃铛就会响一声。想解手了，就拉两下。“你老妈睡不着想和我说会儿话，就乱拉绳子，小铃铛就一个劲儿响。还有呢，她还像年轻时那么调皮，喜欢用铃铛在我耳朵上蹭痒痒。她说铃铛让她想起上学时候的许多事情老校工摇着铃铛在校园里走，鸟语花香的好让人想念呢！想着想着就觉得年轻了，没病了。”

晚上，父亲就睡在母亲床边的地上，那只铃铛坠下来刚好就在耳朵边。

父亲和母亲相视着，呵呵地笑着，我的眼里却慢慢地蓄满了泪。

母亲在 5 个月之后还是走了，她是突然就不行了，等到我们赶到的时候，母亲的眼睛已经永远闭上了。

父亲说母亲是含着笑走的。走的时候和父亲说，她这辈子过得真不错，完完整整的什么也不少。

母亲说过，不要把那个小铃铛摘下来，她要一路听着铃铛声走向天堂。

遗产 13 元

我始终保存着女儿那只布袋，那是她曾经郑重留给我的“遗产”，13元，我只想永久地将它珍藏。

一晚，女儿仅吃了小半碗饭就放下筷子说“妈，我有点不舒服，得去躺一会儿，你吃完先出摊去吧。碗筷等会儿我再收拾。”

当时，我并没有太在意，等我收完夜市回来，看到碗筷和剩菜还在桌上摆着，才想到女儿可能出事了。

我推开她的房门，看见她在床上躺着，满脸通红，我上去摸了摸她的额头，吓了一大跳，她的额头烧得像一团炭火，眼睛眯成了一道缝，似乎睁开都很吃力。

我将女儿抱了起来：“孩子，你发烧了，得去看医生。”但她却从我的怀中挣脱下来“不用了，可能是感冒了，睡上一觉明天就会好的，妈，你去把碗洗了吧。”她的声音虚弱，但还是强睁着眼，冲我笑了笑。

我知道她是在敷衍我，因为一去医院就意味着花钱，她怕。

“不行，得赶紧去医院！”我果断地说，然后来到屋里开始找钱，尽可能地找。当我把所有能找到的钱连同刚从夜市上挣来的散币堆在床上清点时，深深感到仓皇而无助。

“妈，真的不用去医院，我明天就会好的，真的……”我扭头看见女儿靠在房门上，显然已看到了我刚才的窘态。

“快去穿上衣服，我们走！”我胡乱地将钱塞进口袋里，搀着女儿的手说，“我们打的去吧。”

“不，你蹬三轮车去，医院反正又不远。”女儿说着就挣脱了我的手，踉跄地走向锁在院子里的三轮车。当我蹬着小三轮在寂静的街上急驶时，身后传来她微弱的呻吟声，以前我还从来没有听见她这么哼哼过。我有点怕了。3 年前，丈夫身患绝症离我而去，接下来我又下岗失业，于是只得蹬着三轮车去出摊赶夜市，那一年女儿还不到 13 岁。也正是从那时起，我发现她忽然长大了，开始真正懂得了什么是生活。我回头望了她一眼，看见她像一只受伤的小羊羔那样无助地趴在车里，眼睁睁地望着我，我发疯似地蹬车，怕耽误了治病。

赶到医院挂上急诊，接下来是检查、肌注、物理降温，忙碌了一阵后，值班医生告诉我，眼下正流行病毒性脑炎，女儿的症状有些像，要待明天上班后做脑脊液检查才能确诊，我的心又提了起来。夜深了，病房里只剩下我和女儿，我感到了疲倦。女儿突然示意我靠近她，说："妈，我感觉很难受，浑身都痛，和以往不一样。医生的话我听见了，我很有可能是脑炎，我怕是不行了……"

"别瞎想，要等明天做了检查才能确诊，我肯定你不是的。"

"妈，你听我说。"女儿突然严肃起来，很认真地说，"你记住了。家里床头柜的下层，最里面靠右角，那儿藏有一个小铁皮罐子，里面装有一些钱，那是我攒下的一些钱，留给你……"

猛的一阵酸楚直冲我的鼻腔，我的眼睛朦胧了，我抓住了女儿的手，喊着："孩子，你不会有事，因为有我在，我是你妈妈。无论发生什么事，我们都要在一起，一起勇敢地活下去，孩子，你记住了吗？"

女儿怔住了，她异样地、静静地望着我……好一会儿，我感觉到她抓住我的那只手有了力度，她攥住了我的三根手指头，两颗晶莹的泪珠，从她的眼角滚落而下。

待女儿睡着时，东方已经透亮。我来到门外想透口气，突然就蹲在地上号啕大哭起来：从丈夫去世后，我很多年没有哭过了，此刻才体会到了一个无助女人动情时的哭，会是那么可怜。

第二天上午，女儿做了脑脊液检查，显示正常，接着又做了 X 线胸片检查，确诊得的是一般性肺炎。医生说不要紧，住院两三天就可以出院。当我把这个结果告诉女儿时，她一下子就搂紧了我的脖子，搂得很紧。她还从来没有对我这样过，我们都哭了。回去后，我偷偷去打开了女儿的床头柜，那里果然有一个小布包，里面是 13 元钱，全是角票。捧着那只小布包，眼泪再一次从我的眼角滑落。

事情已经过去3年多了，现在，女儿已经远离了我，成了一名军医大学的学生。高考时，她的分数超过了北大清华的录取线，但她的第一志愿却是这所军医大学。用她的话说是不用交钱还管吃管穿，能免去我的负担。这是她真实的第一志愿。

这些年来，我始终保存着女儿那只布袋，那是她曾经郑重留给我的“遗产”，13元，我只想永久地将它珍藏。这只布袋，记录的是我们母女间那段相依为命的日子。

我永远的嫂子

这个年龄不大却历经磨难的瘦弱女子，用一种决然的方式，让我在这个世上又有了血脉相连的亲人……

她叫慧心，是哥哥领回的第 N 个女人。

刚来的时候，她就手足无措地站在我家破旧的、客厅中间，冲我羞涩地笑着。

我实在不知道该怎样称呼她。以前我管哥哥带回来的那些女人一律叫姐姐，可是她的年龄只有 21 岁，比我还小两岁。所以，第一次见面，我们相视无语。

10 年前，父母双双离世后，上高二的哥哥就辍了学。兄妹俩人相依为命，我们靠父母留下的微薄积蓄艰辛生活。他本来打算做点什么以便挣点钱供我读书的，可是从小娇生惯养的他吃不了苦头，最后一事无成。之后，他又跟社会上的不良少年搅和在一起，喝酒抽烟打架，无所事事。每次，手里拿着哥哥通过投机倒把为我筹得的学费，我心里都有说不出的酸涩……

在外人眼里，哥哥无品无德，放荡不羁。可对我，他一直像个长辈一样，呵护着我，不让我受到一点伤害。后来我想，也许那时候我们都小，他只能用这种争强斗勇的方式显示自己的强大，很男人地护卫我不受别人的欺凌。上高中以后，为了让我有更多的时间学习，哥哥学会了做饭洗衣，并且一直坚持到我大学毕业找到工作。在他和他的狐朋狗友聚会回来或者打破别人的脑袋被找上家门的时候，我哭着劝他好好做人，别在外面惹事生非，怕我不高兴，每次他都会老实地在家待上几天……

也许是因为在这个世界上，我是他唯一的亲人，他便把心底里那些未泯的爱和感情都倾注到了我的身上。

哥哥经常不在家吃饭，所以，晚餐都是我随便打发自己的。可那天一进家门，我就闻见厨房里飘来诱人的香气，是慧心正在炒鱼香肉丝。她不好意思地说，听哥哥说我爱吃这道菜，就特意为我做了。我还发现我们破旧的屋子被收拾得整整齐齐，尤其是哥哥的房间，床头的桌子上还插着几朵不知名的小花。阳台上，我和哥哥的脏衣服也被她洗干净了晾在那里。这些多像我幻想中的家的感觉啊，我的心里涌起一股暖流。她，慧心，一个和哥哥以前带回来的女人不一样的女人，一个给我温暖的女人……

慧心没有工作，在家里帮我们做家务。开始的几天，每次下班一进门看到的都是她灰头土脸地拿着刷子粉刷我们家暗黄发黑的墙壁，我想帮她，她却说："这活你干不了。饭我做好了放在锅里，快去吃吧。"她比我小，却像母亲似的照顾我。

慧心告诉我，她从小没有母亲，上大二的时候，一直苦心供她的父亲积劳成疾，总是腰疼得直不起身子，没办法给她学费了。为了给父亲治病，她听同寝室的女生说坐台挣钱快，就含着泪瞒着家人缀了学，偷偷去歌厅坐台，她就是在那儿认识的哥哥。哥哥曾经对她说，她根本不是那条道上的人，不该待在那种地方。并且哥哥从不对她动手动脚。接触几次后哥哥知道了她的情况，给了她几千元钱让她先给父亲看病。现在父亲的腰差不多好了，也能干点儿轻活了，她就出来找哥哥，因为她觉得哥哥虽然经常出入那样的场所，却是个好人。

这是我第一次听说哥哥除了爱护我外，还会爱护别人，也是第一次听人说他的好。

因为慧心的到来，哥哥的确有了不少改变。他开始经常按时回家，开了一家小餐厅，不再跟着他那帮哥们儿打架斗殴花天酒地了，还和慧心商量着等她年龄到 22 岁了就去领结婚证。他的这些变化让我惊喜起来，看来慧心的本事真不小。

让我们没有想到的是，哥哥只跟慧心热乎了三个月，他的老毛病又犯了，经常不回家，还在外面跟别的女人鬼混。慧心知道后，哭了一场，就又恢复了平静，还像以前一样帮哥哥料理生意，照顾我们兄妹的生活。那天，哥哥又把一个妖艳的女人带回家，还当着慧心的面搂着她的腰，说慧心是我们的佣人。

记得慧心是哭着冲出我们家的，我当时实在忍无可忍，愤怒地对哥哥和那女人说，不许你们这样对她。她是我嫂子。我只认慧心是嫂子。

慧心来拿她的衣物时，我觉得她一下子憔悴了许多，头发凌乱，眼睛还红肿着。我拉着她不让她走。她告诉我，她找到了一份打字员的工作，能养活自己。既然有人照顾我和哥哥，她就该走了。我冲屋子里大声喊哥哥，让他留住她，可是哥哥始终没有出来，我看到她转身走的时候，是带着期望的神情，走出大门的时候脸色黯淡下来。看得出她是希望哥哥能挽留她的。

一周后，我无意中从哥哥的被子底下发现了一张化验单，原来哥哥因为长期不规律的生活患上了胃癌。一下子我明白了哥哥设法让慧心离开的原因了。我没有别的亲人，第一个想到的就是慧心，于是惊慌失措地给她打电话。电话那端，沉默了好久慧心才哭出声来。两个女人为了一个男人，在电话的两端，哭得肝肠寸断。

我对哥哥说，我不能失去他，我要盘出餐厅为他治病。可是哥哥死活不同意，他说那是他留给我的唯一财产，不要再为他浪费了。慧心也说餐厅一定要留着，那是日后的生活来源，她说一定能想到办法凑足哥哥的治疗费用。

在我和慧心的恳求和劝说下，哥哥住进了医院，慧心辞去工作努力经营着小餐馆，一有空就跑到医院帮我照顾哥哥。我们的所有收入加上以前的一点儿积蓄，勉强能够支付住院后的治疗费用。医生说，哥哥必须尽快做手术才能防止病情的继续恶化，可是手术的费用对我们来说依然是巨额的，我们根本拿不出来。

有一次，哥哥因为胃疼难忍而脾气暴躁，拒绝医生为他打针，我正束手无策，慧心进来了，她把哥哥的头搂到自己的怀里，像哄婴儿一样在他耳边呢喃了几句，哥哥竟然安静下来，很配合地把手臂伸给了医生。其实那次慧心跟哥哥说的话我听见了，她说："一定要治好病，我还等着给你生个孩子呢！"我知道，她这样说是在给哥哥希望。

慧心雇了人照看餐厅，她说，她要出去找一份更赚钱的工作，为哥哥早点儿做手术。我是很久以后才知道她是又去坐台的。那晚我回家给哥哥拿换洗的衣服，远远地看见她打扮得漂漂亮亮，花枝招展地出了家门，我就尾随在她身后，看见她进了一家夜总会。我一下子愤怒了，冲进去一把把她拽了出来"你怎么能这样？你是哥哥的精神寄托，他看见了会失望的，就是沦落到用这种方式赚钱，也应该是我来……"话没说完就哽咽住了，我怎么能说她呢，一个为了救哥哥的弱小女孩，她能怎样呢？没想到慧心没有生气，反而说："你整天照顾他够累了，就把赚钱的事儿交给我吧。你不能动这样的心思，你以后还要嫁人呢，反正我也是你哥的人了，顾不上别的了，救他的命要紧。只求你千万别把这事告诉你哥哥。”

那晚，我和慧心无声地拥抱在一起，用身体去温暖彼此无助的心。真的，那时她不仅仅是哥哥的支柱，也成为我精神上的依托。

经过一段时间的治疗，哥哥的状态好多了，他说实在不愿意在医院待了，非要回家不可。医生跟我说，这是手术的最佳时期，希望哥哥回去休养几天后及时来做手术。

答应我和慧心要好好活着的哥哥，还是食言了。那天，慧心说她筹够了哥哥的手术费，让他去取。路上，他骑着摩托车从一个很高的坡上冲了下去，浑身是血的他被人送到医院时已停止了呼吸。我懂哥哥的心，从小就能把摩托车玩得特技一样的他怎么会出事呢？一定是他对自己丧失了信心，不忍心让我们人财两空。也许更因为慧心，大男子主义的哥哥，绝不愿意反过来偎依一个弱小的女子，让自己爱着的女孩到处奔波。我一路哭泣着赶到医院的时候，慧心已经哭晕过去。醒来后，她抓住扑在哥哥身上的我，绝望悲痛地说：“他为什么不要我们了？他答应要好好照顾自己的，他说病好后我们要生个孩子的……”那天，我们两个女人，悲切地相拥在一起，一同感受失去亲人的不幸和痛苦。我想我会一辈子都感谢她，没有让我一个人孤苦伶仃地送哥哥上路。

哥哥离开不到一个月，慧心就嫁人了。婚礼之前，她给我发了请柬。我没有理由责怪慧心，她还年轻，不能老沉浸在悲伤里，再说，她已经尽了力，并没有任何对不起哥哥的地方。

婚礼那天，我发现新郎是一个40多岁的男人，而且右腿是瘸的。当着她的面我流了泪，后来我才知道，慧心就是从他那里拿了救哥哥的钱，并答应治好哥哥的病后嫁给他的。实际上，无论哥哥是否活着她都要失去他的，我很难想象，当初她做这个抉择的时候，内心在怎样痛苦地挣扎。

结婚不足六个月，慧心就生了个男孩儿。我去看她时，她正抱着孩子给他唱歌，满脸做了母亲的心满意足。慧心对着孩子温柔地说：“宝贝儿，姑姑看你来了。”他的确长得很像哥哥，我明白了慧心为什么那么快就嫁了人。泪水又一次涌上来的时候，慧心发出嘘声，指了指门外的那个男人说，他是个好人，对我和孩子都好，放心吧！

出门的时候，我第一次叫了她一声嫂子。这个年龄不大却历经磨难的瘦弱女子，为我和哥哥奉献了她的所有，并用这种决然的方式，让我在这个世上又有了血脉相连的亲人。

今生认定，她就是我嫂子，永远的嫂子。

铭记一生的温暖

心里有爱的人，是只知道付出，从不问回报的。

在我很小的时候，父亲就去世了。

在我的印象中，我童年时头顶的一片天是大姐撑起的。在这个没有父亲的家庭中，大姐的位置和作用是没有人可以替代的，家中每逢大事小情，母亲总是用商量的口吻和大姐讨论着，属于男人的体力活儿也由大姐来完成，一切都好像理所当然。

那年，我没有考上大学，赋闲在家，整天无所事事。隔三差五还到夜总会去“蹦迪”。

有一天，大姐在震耳欲聋的音乐声中找到我说：“你去学开车吧!”

我玩世不恭地说：“学那破玩意儿有什么用?”

我一句话便把大姐噎住了，她眼里隐隐有泪光闪动，好半天才说：“姐给你买了辆车，已经办好了出租牌照了。你这么大的人，也该干点儿正事了。”

大姐的口吻越来越像妈妈，唠唠叨叨的我有些厌烦。

我就这样被大姐逼着学了开车。大姐给我车钥匙那天郑重其事地对我说，我只有两点要求：第一要注意安全；第二不管你挣多挣少都要交给我一点儿钱。

有了车我也并没能勤勤恳恳、本本分分地做事，开快车被警察逮着了，收了本，顿时觉得昏天黑地。找大姐到局里给我要本；她起初没给我什么好脸色，但我会缠她。我说：“姐，咱家就属你对我好，这事也非你不行，你就找人帮我说说情吧!”我看着她背着她喜欢的黑色小挎包，在雨天里，撑着一把断了骨的旧雨伞，一步一步消失在窗外的马路上。当时我并没有良心的发现。

后来我把车借给了一个最好的朋友，朋友在夜里驾车去一个小镇，由于疲于奔命，回来的途中不小心撞到一棵大树上。可想而知，我的车除了四个轱辘完好无损外，车的前半部分以及挡风玻璃全都面目全非。我以为这一次大姐无论如何都会狠狠地说我几句，我做好充分的思想准备，等着她骂我个狗血喷头，可是等了一两天，她并没有说我一句。她说："车坏了不要紧，只要人好好的没事，就是最大的安慰了。"这时我心里多少有些不安。

第二年，我又犯了一个不可原谅的错误。酒后开车，撞了人还"穷横"。当时我并没有十分的害怕，也就是赔人家一点医药费的问题。可是，这一次大姐她十分恼火，赔了人家几万块钱，事情了了，她还是收了我的车钥匙，并且到车市上，赔了好几万块钱把车给贱卖了。我也恼了，不能理解她的做法，跑到她的家里，跟她大吵了一架。

我强词夺理地说："你不就心疼那点儿钱吗？你每年奖金就十几万元，你也好意思心疼那点儿钱。"

她气得嘴唇哆嗦，脸色苍白，一句话也说不出来。那时她大学毕业后在外贸公司做事，效益好得不得了，很多人都眼红。她的车我开了两年也并没有给她 1 分钱。

我负气而去，再没和她说过一句话。一辆车成了我和她之间永远的痛。

后来回家时，听母亲断断续续地跟我说了一些她的事。我终于明白，大姐当初是担心我空闲时间太多怕我学坏，于是狠心花了十几万块钱买了一辆车，办了出租的牌照交给我。所谓的交给她一点儿钱，也只是为了约束我不乱花钱。现在把车卖掉，实在是怕我再有意外。

我听了之后默默无言，我心中明白，大姐仍然是这个世界上最关心我的人，她再有钱，也不是大风刮来的，是辛辛苦苦挣下来的。

那之后，隐约听说她从外贸公司辞职了，我替她惋惜了好长一段时间。听说她又开了一家私人外贸公司，做得很有规模，心中略感安慰，同时又替她担心。姐夫是走仕途的人，根本没有时间和精力来帮她，再能干的女人也是女人，需要亲人的帮扶。

再后来听母亲说，二姐的女儿在帮她，我略微放下心来。谁知好景不长，二姐的女儿竟是别有用心，在她那儿干了一段时间后，把她大部分的客户卷带跑了，另外支起了一摊，和她对台打擂。大姐的伤心是可想而知的。

有一次在母亲家里遇见大姐，我的心竟有些颤抖，大姐秀气的脸庞上已经有了细细的皱纹和淡淡的倦意，头发散乱地掖在耳后，她的身上并没有成功女人的气度和从容。她的客户大部分都在国外，常年飞来飞去的，30来岁的人，已经见老。

我想跟她说句道歉的话，看她脸上淡淡的样子，怎么也说不出口。其实在我心中已跟她说过百遍。可不当面向她道歉，我就永远无法为当初的偏激和任性找到合理的借口。

我终于鼓足勇气，对大姐说出了埋藏在心底好几年的话。我说："大姐……那时我年轻、糊涂，你见谅。"

大姐淡淡地笑了，说："就这事啊？我早忘了。"

我一时有些动容，原来心里有爱的人，是只知道付出，从不问回报的。

我终于和大姐和好如初，姐姐的爱如海一样包容着我，让我温暖铭记一生。

远远的大哥最近的爱

大哥，我心里叫着他，眼泪，就那样不听话地又流了下来。

大哥在我们家的地位很尴尬。我们是同父异母的兄弟，10岁之前，我不知道自己还有一个大哥，那天一个人的敲门声让我家的晚饭停了下来。

进来的是一个十七八岁的少年。他穿着极短的裤子，因为短，更显出身子的长，上衣也短，刚刚盖住腰带。我和妹妹转过头去看他，他的两只脚并在一起，绿色的胶鞋上有泥土。父亲一见他就一下子站了起来：小强？爸爸。他张了嘴。我和妹妹瞪大了眼睛，爸爸？

妹妹哭了起来，你凭什么管我们的爸爸叫爸爸？我的眼睛也瞪着他，好像自己的什么珍贵东西被人分享了。

那是个极其难忘的夜晚，父母的争吵隐隐地传来，很压抑，尽管他们努力让声音更小一些，可我们还是听到了。

不是离婚了吗？那还牵牵扯扯的！

这不是有特殊情况吗？她得了绝症，我不能不管孩子！

那你去管他们娘儿俩吧！

事情不是你想象的那样……

爸爸离过婚？我和妹妹在小床上吓得不行，隔壁住着的那个男孩儿，一个穿着旧衣服的男孩儿，他是爸爸的儿子吗？

后来我慢慢弄清楚了，小强是我们同父异母的哥哥。20年前，父亲在那个村子里当知青，有个女孩子爱上了他，于是他们结婚了。不久，父亲进城上大学，她提出了离婚。父亲蒙头大哭，他自然知道她是为什么要求离婚的，为了父亲的前程，这个女子提出了离婚。

父亲当时并不知道她已经怀孕了，几年之后他偶尔听说她有了孩子，一个人带孩子过。父亲回了一趟黑龙江，结果他看到了大哥，和他如一个模子刻出来的。

父亲抱着孩子大哭，那时他又结婚了，妻子就是我的母亲，一个高干子女。不久，有了我，过两年，又有了妹妹。

那个少年，是穿着新衣服走的。父亲让我们叫他大哥，我们一声也没叫过，在我们心里，我们是不承认他的，何况，他的到来让母亲十分不悦。

他带走了家里的1万块钱。母亲与父亲大吵了一通，说这日子没法过了，一家养着两家。我们也特别恨那个雨天来的少年，是他打破了我们家的平静，我不希望再看到他。

当然，我也不承认他是我的大哥。

再次看到他是10年之后，我在北京上大二了，他已经是快30岁的人了，他又来了，这次，是带着很多的玉米面、红枣、小豆、小米之类的东西来的。

东西在地上堆了一堆，多了的，还有一个三四岁的孩子。

叫爷爷，他说。

叫二叔。他指着我。

小姑，说的是上高三的小妹。

大家都很冷漠。他结婚了。下岗了。他的母亲于5年前去世了。他的妻，是乡里一个搞美容美发的女孩儿，三块钱理一个发，挣不了多少钱。“前几年家里闹了洪水，把房子冲坏了……”他还要接着说下去，被母亲打断了，还要钱？1万块？这日子真没法过了！

他的脸上讪讪的，不是，不是。他解释着，脸有些红了，局促中，他不知道应该怎么表达。长大了一些的妹妹，拉着他儿子说，来，让小姑姑看看，这才解了围。他的儿子长得像他，很是可爱。长得像他，当然就像父亲了。父亲拉着小孙子的手说，老了老了。

这次他来，是想让父亲帮他在北京做个小买卖，他说村子里的人在北京开小吃部发财的有的是。父亲低头想了一会儿说我想想吧。

大哥就这样做起了小买卖。他在木樨地附近开了一个小吃店，把老婆孩子全接了来，日夜地忙，全是些地道的东北菜。他花了几万块钱把那个店盘下来时，高兴地要请我们吃饭。大家没有给他面子，觉得他没什么钱，能去什么好地方吃饭。母亲更是说，透着没知识没教养，这样的人还是少来往好一些。

他却并不在意，仍然来，把那些做好的东北菜带来给我们吃。那些菜，除了父亲是没有人吃的，父亲在东北插过队，爱吃东北菜，东北乱炖、杀猪菜、猪肉炖粉条……他做得不错，父亲过一段时间吃不到就说，你大哥老没来了吧？我们就不言语。在我们心中，是没有人把他当大哥的，对他好的只有父亲。父亲是偷偷给过他钱的，这我知道，有一次父亲送他出去，我也出去了，他们正推推搡搡的，手里是一个纸包，他到底没有要。父亲叹息了一声说，唉。

他太实在，所以，上了当。那个饭店急于低价转给他是因为要拆迁，他做了没几个月就让拆了，钱没赚到几个，反而赔了。后来，我去车站送同学，看到他又开始蹬三轮，把站里的货拉出来，光着膀子，特别能干。我看了他好久，发现自己有点心酸……这时，我已经申请到美国一所大学的全额奖学金了，而他还在为生计奔波着。

妹妹也要去国外读书了，是母亲给她联系的学校，家里一下子空了，而父亲的身体越来越不好了，糖尿病高血压，母亲的心脏也出现了早搏，我怎么可以放心走呢？

父亲说，走吧，还有你大哥呢。

母亲嚷着，算了吧，他来，还不是看上了这份家业？别和穷亲戚来往了。

穷亲戚？父亲动了怒，他是我儿子！

临走前，我去找了他，那是我第一次去他家，一个简易到没法再简易的小平房，生着炉子，因为冷，玻璃上结了冰。他看到我，不相信地说，小宾？快进来，说着握着我的手，屋里有客人，他得意地说，我弟弟，要去美国留学，棒吧？

那一刻，我心里有点发酸。他张罗着给我洗水果，倒茶，手有些哆嗦，生活的磨砺让他看起来比实际岁数要大。

我要走了，爸爸……

你不用管了，交给我吧。

还有妈妈——我担心他记恨妈，妈的身体也越来越不好了。

都交给我，爸的亲人就是我的亲人，放心读书吧，咱老陈家出个留学的，哥说出去祖上都光荣呢。

这次，我是真没坚持住，我叫了一声，大哥——

他把我紧紧搂在怀里，哥等这句话，等了快20年了！

几年后我回国探亲。

让我吃惊的是家里的巨变，是大哥开着一辆二手夏利去机场接的我，他又开了饭店，不几年就赚了钱。

咱妈非让买，她添了钱。

我更吃惊了，到家才发现，小侄子正和妈玩得欢，大嫂正在厨房里忙着做饭。母亲看起来春风满面，父亲的脸色也不错，这一切是如何改变的？

原来，我走之后，母亲就出了车祸，腿和腰都撞坏了，家里一下子全乱了。母亲根本不能翻身，大嫂事无巨细，端屎端尿间感动了母亲，而大哥更是三天两头往这儿跑，里里外外全打点了起来。母亲病好以后，下了命令：千万搬回家住，这个儿子和媳妇，我是认了！

她亲自出面，为大哥找地方开饭店，当然，还出了启动资金，让大哥的孩子上了最好的小学，她亲自接送，一家五口三代人，过得其乐融融。

这是我没有想到的结局，也是父亲没有想到的。当然关键还有一个人，那就是大哥。

临走时，我请大哥出去吃饭，我说，谢谢大哥。

大哥给我一掌说，想让我揍你了，一家人说两家话？快给我读完博士，好好在美国混，咱爸咱妈交给我了，放心去吧。

走的时候，大哥递给我一个纸包，是1万块钱。我推了又推。大哥说，别跟我见外，叫了这么多年大哥，就应该花哥的钱，花了，哥就高兴了。哥没有亲人了，你们就是我的亲人！

我又哭了。大哥骂我说，别哭了，不像我兄弟，说着挥着手往外走。我看着他的背影，快40岁的大哥，初现了中年男人的微胖，走路一耸一耸的，很难看，他的肩一高一低，他的手在脸上一抹一抹的。

大哥，我心里叫着他，眼泪，就那样不听话地又流了下来。

第四辑

两棵树的守望

原来，爱到最后，全是心疼，全是怜悯，全是那一丝丝一缕缕剪不断理还乱的真情！“坟前种上相思树，坟后种上同心花，让他们在天堂里相爱吧。”那两棵相思树，是两棵木棉树——根，相握在地下；叶，相触在云里。

陪着你慢慢地走

分担你一生的愁，不用海誓山盟，却能在暴雨狂风中，陪着你慢慢地走……

他的左手扶着她的肩，右手紧紧拽着她的一只胳膊。

她的双手总是握成半全的姿势，两只僵硬的胳膊扭曲着悬在空中。她的双脚也变了形，走一步，身体便会剧烈地摇一摇，远远望去，好似一个巨大的不倒翁。

他搀扶着她，一步一步地挪动。她每迈开一步，他仿佛都要使上全身的力气。或许是长期低头弯腰的缘故，他瘦长的身体显得有些佝偻。常有人远远对着他们的背影叹息：原先是多漂亮的一个女人呀，一场大病把人折磨成这样，不到30呢，可惜呀！也有人嘀咕：那男的肯定撑不久，总有一天会撒手，毕竟，他还那么年轻。

那天早上，他像往常一样扶着她走在沿江大道上，看不出任何征兆，台风夹着暴雨席卷而来。呼啦啦的风声、哗哗的雨声和咣当的物体坠地声响成一片。“轰”的一声巨响，身后的河坝决开了一道口子，浑黄的河水咆哮着冲到马路上。

风雨中，他和她像两棵飘摇的小草，找不到着陆的地方。他挥舞着双手拦车，可是没有一辆车肯停下来。他扯开嗓子呼救，但路上只有偶尔狂奔而过的人，没有谁听见他的呼救。

路上的水一点一点往上涨，很快便没过了他们的小腿、大腿、腰和胸口。他们像两片叶子，在水中漂浮。

他不再徒劳地叫喊，而是拽着她的手，慢慢地在水中挪动。一个小时后，他们被武警发现。他一手抱着一棵香樟树的枝丫，一手死死拽着她。被救起时他已经昏迷，人们无法将她的手从他的手心掰开。直到他苏醒过来，看到她傻笑的脸，他的手指一抖，两只紧扣的手才松开。

如果晚5分钟发现他们，洪水漫过他们的头顶，他们必死无疑。有人说他蠢，只要一松手，他就可以脱离危险。闻讯赶来的朋友甚至忿忿不平地数落他：你已经服侍她整整7年了，再搭上性命，值得吗？

面对朋友的嗔怒，他嗫嚅着：那时，哪还有心思去想值不值得？我只晓得，要像平常那样拽牢她的手，慢慢地陪着她走。

他和她依然在每个清晨出现。他们艰难挪动的每一步，都让人们坚信世间真有这样一种爱：可以分担你一生的愁，不用海誓山盟，却能在暴雨狂风中，陪着你慢慢地走……

爱情的气质

爱情的气质在风雨的打磨和岁月的浸润中，渐渐浸透到我们骨血里，形成一种生命的气息。

她和他走在一起让人们能够想到的，只能是“郎才女貌”，但人们并不看好他们的爱情。原因很简单，她出身一个世代书香之家，他却只是一个穷教书匠，这对于战乱的炮火尚未炸毁门第观念的年代，无疑是横亘在他们之间的一道天堑。还好的是，她的父亲还开明，只坚持一点：他要用一场气派的婚礼体面地迎娶她。为了能够早一些成为他的新娘，他们订婚后，她决定去东北大城市工作，和他同心协力赚取到父亲要求的体面气派的婚姻。挥别洞庭湖的温婉轻唱，她坐船出沅水，过洞庭湖，顺江而下。这一别可能不知何时才能回来，她满眼满心是泪，泪花中是他在码头上追逐相送地嘶喊：“我等你回来!”她一遍遍在心里回应着：“我一定回来。”

船到泰山脚下，因战事与时局发生变化，再也无法前行，进退两难的她只好在朋友的帮助下，在当地一所学校开始了教书工作。本想等她到东北有了稳妥工作再追随而至的他听到这个消息，只好放弃了北上的计划，等待时机。山水相隔，二人频频鸿雁传书，以慰相思之情。

两年后，随着共和国解放的炮火，他投笔从戎，下潇湘，渡漓江，到广西。最初，两人还有联系，但居无定所的行军，加上她的工作几经转换，不久二人便失去了联系。她不知道他发生了什么，但她坚信他不会背负她，坚信他不会殒命战火，坚信他在等待着她。岁月在一点点蚕食着她的青春，她却依然形单影只。面对好心人的牵线搭桥以及一个又一个追求者，她淡然又坚定：“‘刘郎已恨蓬山远，更隔蓬山一万重。’对于我的刘郎，我就是‘生要见人，死要见坟’。”

16年后，在北方苦寻无果的她，南归寻夫。

因为没有了工作，回到家乡后的她只能靠给人打零工或捡破烂卖钱维持生计，但这并没能阻挡她寻找他的脚步，但仍旧没有他的丝毫音讯。“文化大革命”的风潮中，她被下放到一个偏远的山区务农，而他也被遣送回老家一个小村务农。近在咫尺，却又无音相通。风潮让他们再无力寻找彼此，但牵挂与想念丝毫没有在他们心中褪色。

“断雨残云无意绪，寂寞朝朝暮暮。”历史的车轮辗过泥沙枯草，她恢复了清白，他也得到了平反。他们想到的第一件事情就是：寻找对方。苍苍岁月，茫茫人海，不知道对方是生是死，但坚信对方只要活着就一定在等待着自己。终于，在分别了40年后，他们在家乡的小城重逢。四目相对，泪眼蒙蒙。隔着40年的分别与流变，他未娶，她未嫁。

时间苍白，流变黯淡。

隔着40年的想念和等待，74岁的他和66岁的她终于手挽着手走进了婚礼的殿堂。他对她郑重地许诺：“我至少还要陪伴你10年！”

这是一个真实的故事，她叫余琦，是当代著名作家丁玲的亲侄女。他叫刘自平。余琦在和刘自平共同生活了19年后于2005年病逝。有人问已经92岁的刘自平怎样评价他这一生，是啊，经历了那么多的磨难坎坷，经历了那么久的寻找等待，相守却如此短暂，他是不是会感觉到不满，是不是会感觉到忧伤?

“我这一生是幸福的，满足的。”刘自平说着，满脸的明媚光鲜，满眼的奕奕神采。

刹那间，有什么不可阻挡的情感穿透我的心，我愣了睖睁良久，恍然洞明：是老人那爱情的气质，在这爱情气质下，喧嚣与浮躁在红尘中渐渐散去，世界清明而纯净。穿越流变的至真、苍白岁月的坚守、黯然风雨的执著……爱情的气质在风雨的打磨和岁月的浸润中，渐渐浸透到我们骨血里，形成一种生命的气息，不为沉浮上下，不为得失深浅，不为离聚明黯，总能够光彩熠熠，并恒久永远。

没有你我会疼

“她就是我的一条腿啊，有这条腿的时候，没觉得怎么着，少了她我痛啊，痛得我受不了！”

不知从什么时候起，他和她之间就很少说话了。恋爱的时候，他们俩有着说不完的知心话，整日浸泡在甜蜜的情话中，仿佛蜜罐里的甜桃。

每当想起那时的情景，他就很感慨。

婚后不久，那种甜美的生活如同过了保质期，他和她之间开始出现无休止的吵闹，从小吵到大吵，甚至气昏了头时还动起手来。

妻子会在他身上又捶又打，这种击打对他而言更像是按摩。他嘲笑她的不自量力，但紧接着就笑不出来了，妻子用她平时保养得很好的指甲抓破了他的脸。恼羞成怒之下他狠狠地推了她一把，弱不禁风的妻一下子就倒在了沙发上，随即，泪水“哗哗”地从眼中落下，流也流不完，像装满水的暖水袋摔坏了。他有点心疼，想过去安慰一下妻子，伸出去的手却被情绪激动的她一把打开。在她抽抽搐搭的哭声中，他渐渐变得六神无主、心烦意乱，看着披头散发、蛮不讲理的妻子，突然感到她是那么的陌生。“母老虎、梅超风”的形象在他的脑海中盘旋……

还有一次，他和她打架的时候，3岁的孩子也在场，孩子吓哭了：爸爸、妈妈别打架，宝宝听话！孩子的话如同给他和妻子施了定身法。看到孩子那惊恐的眼神，他羞愧难当。以后他们俩仿佛多了一种默契，即使有了矛盾，在孩子面前也不会吵闹，直接就进入冷战状态。

冷战后，妻子总会带着孩子回娘家，他也重新过起了单身生活。他是家中独子，从小娇生惯养，既不会洗衣服，也不会做饭。

但这难不倒他，平时就去附近的父母家蹭饭，衣服穿脏了就扔进洗衣机，直到把所有的衣服都穿个遍，家变成了睡觉的地方。即使这样，他也坚持不接妻子回家，认为这样做只会惯坏她的脾气。通常情况下，过不了10天妻子就会带着孩子回来。在孩子乖巧而聪明的拉拢下，他和妻子才慢慢开始艰难地对话。

如果没有孩子，这个家早就散伙了。他和她都这么认为。

后来即使孩子不在场，他和妻也很少吵架了，可能是吵累了，也感觉吵架解决不了任何问题。冷战的次数多了，妻子也不会再带孩子回娘家，他们逐渐变得越来越无话可说。家庭生活的沉闷令他感到窒息与悲哀，婚姻真的是爱情的坟墓啊！他有时甚至开始怀念过去吵架的时光，即使有争执，却也会迸出火花。而如今他和妻子各吃各的饭，他仍旧去父母家蹭饭，妻子带着孩子到娘家吃；晚上睡在一间屋子里，妻子和孩子一张床，他自己睡一张床。深夜里无法入睡，他想到自己的婚姻，感觉既绝望又可笑。

有一天，她下岗了。晚上，他正在看足球比赛。妻子忧伤地说出这个消息。“好，很好啊。”他视线没离开电视屏幕，没听清她说什么就应付道。“你说什么呀，我下岗了，没有工作了！”妻子抬高了声调，眼里有了泪水。

他睁大眼睛有点吃惊地看着妻子，“噢，是吗？”

他有着一份平凡的工作和同样普通的收入。他知道凭自己一个人的收入只能勉强养活一家人。但他还是安慰道，“没事，你就在家带孩子吧，我的工资够一家人吃饭了”。

他的一句言不由衷的话感动了她，她噙着泪水点了点头。

但她并没有在家闲着，而是找了一份编帽子的活，每日在家工作，再将成品集中送到公司。这种手工活并不轻松，每天要做十几个小时，一个月也只能领到几百元钱。她娇嫩的手开始变得粗糙不堪。他劝她别干了，她说在家待着太轻闲了也不习惯。半年后，那家公司不再收这种草编的帽子，妻子又变得无事可做了。

不久之后，她没有和他商量，就在离家不远的十字路口摆摊卖起了餐点。孩子被送进幼儿园，晚上到奶奶或姥姥家去住。虽然知道卖餐点是份起早贪黑、非常辛苦的工作，他仍认为妻子做小买卖让自己很没面子。他从来没帮过她，虽然也知道自己这样做并不对。

他在单位的工作很清闲，没事的时候他总在想，自己的婚姻是彻底地完了，没有交流，死气沉沉。对妻子他渐渐有了“更新换代”的想法。于是，一向沉稳老实的他开始在单位和漂亮的女同事开起很荤的玩笑；下班后也经常和朋友一起喝酒，喝到酩酊大醉，他会肆无忌惮地盯着街上或酒店里性感的女人。他寻找着出轨的机会，希望重新收获一份爱情。然而酒醒后的他心里非常清楚，那些漂亮的女孩子都务实得很，根本就不会看上工资不多、职务不高的他。孤枕难眠的夜，他变得更加痛苦、迷惘……

一天晚上，一位刚离婚的朋友约他一起喝酒。走出围城的朋友一脸的轻松和洒脱。解放了，终于解放了！这是朋友说得最多的一句话。他打心眼里羡慕朋友。那天，他和朋友喝了一夜的酒，一直喝到次日凌晨4点。他还能自己走路，朋友却已经站不起来了。

他送朋友回家的路上，朋友突然号陶大哭。他问怎么了，朋友呜咽道，“我他妈的心里痛啊，离婚前没觉得老婆好，可现在总想她。她就是我的一条腿啊，有这条腿的时候，没觉得怎么着，少了她我痛啊，痛得我受不了！没有这条腿，我今后的路怎么走哇?!”紧接着酒劲上涌，吐了他一身。

朋友的酒后真言，让他一下子怔住了。是啊，他怎么忘记了妻子的好呢？像他这样和妻子各走各的路，最终伤害的是自己啊！

他把朋友送回家中安顿好，洗了把脸，找了件外衣换上。

快到家的时候，他突然在空旷无人的十字路口看到了一个忙碌而又熟悉的身影。那么大的一锅粥是她自己在家熬好，骑着自行车带过来的。此时她正在捅开炉子。他突然感到一阵心酸，妻子在家也是最小，从小娇生惯养长大的呀。他快步走到妻子面前。

妻子头也没抬地问，“先生，你想吃点什么?”没有听到回应，妻子又问，“先生，你要什么?”

“我，我想要你歇会儿！让我来干吧！”他的泪水大滴大滴地落在妻子的秀发上。

妻子惊愕地抬起头，额头上还有一抹炭灰。

“怎么了你，喝了一夜酒?”她的泪水扑簌扑绕地落了下来。

他点了点头，又摇了摇头。

“昨晚也没吃饭吧?”妻子问过后，不等他回答，就用自己带的快餐杯盛了满满一杯粥。“你慢点喝，包子马上就好。”妻子抹着眼泪，一边欢快地忙碌着，一边不时心满意足地回头看他。

那一刻，他没敢抬头，眼泪不争气地又流了出来……

垫脚之爱

大家陡然明白了那老汉为什么穿棉靴，随即便向那对老年夫妇投去深深的祝福。

还在去年的秋天，一个夕阳西下的傍晚，广场上的人越来越多，人们都在这儿聊天。

这时，从广场对面的医院里走出一对老年夫妇。那老妇人的一条腿僵硬，每走一步，那条僵硬的腿就吃力地向前移一点，几乎是擦着地面前行，而老汉则很耐心地搀扶着她。一步一步地挪着。从他们衣着打扮来看，这显然是一对从乡下来城里看病的农村人。

那对老年夫妇离广场越来越近了。忽然，大家注意到那老汉脚上穿着一双棉靴，很大很厚，鞋面已是脏得不得再脏了。这老汉是不是也有什么毛病？现在又不是三九天，怕冷也不至于现在就穿上棉靴吧？

大伙感到好笑，并且窃窃私语起来，而此时那对老年夫妇已来到一座天桥下，他们要上桥。

就在那老妇人将那条僵硬的腿向上一抬之际，那老汉将一只脚伸到了台阶上，让那老妇人踩上去。这样，那很高的台阶立即有了一个缓冲的“小台阶”。

老妇人每上一个台阶，那老汉就伸脚为她垫一次，每一次都是那么准确到位。老妇人每踩一次，那老汉的腮帮子就要鼓一下，显然那老妇人的体重，老汉承受得还是蛮吃力的，但他依然诚心诚意地为老妇人垫着脚。

顷刻，大家陡然明白了那老汉为什么穿棉靴，随即便向那对老年夫妇投去深深的祝福。

长在心上的树

老头说，我说过等槐树开花时，我就会回来了，今天我终于回来了。

奶奶的一生竟和一棵树有关。

小时候，我经常看到奶奶望着门前的树发呆，这是一棵槐树。我就问奶奶你看啥？奶奶说是看树。我心里奇怪，这树有啥看的呢？奶奶就说，这不是一棵普通的树，而是长在心里的一棵树，等你长大后，你就明白了。

每年春天，槐树开满了花，树上就像落了一层厚厚的雪，雪花上飞满了嗡嗡叫的小蜜蜂。我发现，每年槐树开花，奶奶的脸上就布满了笑容，看槐树时眼里多了几丝柔情。

一天，奶奶赶集去了。我偷偷爬上树，摘了不少槐花，还弄断了不少树枝，我摘槐花是想让我妈给我做槐花饭吃。

下午，奶奶回来了，见我弄得满地的槐花，非常生气。从不见她发火的，没想到一旦发起火来是那么令人可怕，奶奶涨红着脸，扬起巴掌打在了我的脸上。

我哭着向妈妈告状。

婆媳之间的一场战争终于爆发了。妈妈在家是领导，领导着爸爸和奶奶。妈妈是粗喉咙大嗓门，吵得街坊邻居都来看热闹。妈妈见观众多，便来了兴头，大声说，这棵槐树我早就看它不顺眼，我今天非要把它砍掉。

奶奶跳了起来，你有种，你就砍！

妈妈拖了一把斧头出来，我今天就要把它砍倒。

奶奶拦在树前说，你要砍树，先把我砍了。

妈妈的斧头停在空中。这时，爸爸从地里回来了，夺下我妈的斧头，板着脸说，简直无法无天了。妈扑到床上哭了起来。

奶奶自知理亏，摘些槐花是啥大不了的事情，就下厨给我做槐花饭吃。我撅着小嘴不吃。奶奶说，我不是不让你摘槐花，你看你把树弄成伤痕累累了，树和人一样，树也有生命，树枝就像人的手，人没手将是多么的痛苦啊。我说我错了，奶奶补充说，这不是一般的树，你以后要好好对待它。我点了点头。

槐花一年一年地开，一年又一年地落。在这花开花谢之中，槐树长得又高又粗了。而我也变成了大小伙。在花开花谢的过程中，奶奶的目光总是从期待变成失望，在季节的更换之中，奶奶也在一天天地慢慢变老，目光也开始变得呆滞，有时在槐树下一坐就是大半天。

槐花又开了，满院都是槐花香。今年的香好像和去年不一样，但我又说不出有何不同。这天的黄昏，一位老头在民政局同志的陪同下踏进了我家院子，老头闻到了槐花香，目光充满柔情，当他的目光落到我奶奶的脸上时就直了。老头流着泪说，我就是狗娃……奶奶扑了过去，泪水像条小溪涓涓长流。老头说，我说过等槐树开花时，我就会回来了，今天我终于回来了。

我顿时明白了，老头是我的爷爷。爷爷在栽下这棵槐树时，国民党冲进了院子里，爷爷便成了壮丁被抓走。爷爷走时扔下了一句话，等这棵槐树开花时，我就会回来。爷爷一走便是50年。在这50年里，奶奶年年就盼望着槐树开花，盼望着爷爷回来。这棵树好像就是爷爷的化身，它已经长在了奶奶的心上了。

转眼间，奶奶仿佛一下年轻了几十岁，她的脸上布满了红晕。爷爷说，感谢共产党给了我这次机会，否则我这一生将会永远留有一个遗憾。奶奶抚摩着爷爷的白发，泪水再次长流。

有爷爷在身旁，奶奶整天嘻嘻哈哈，就像一个小孩。奶奶脸上写满了幸福。

一个月后，爷爷说他要回台湾。奶奶一下懵了，刚回家，怎么又要走呢？爷爷说，我台湾还有老婆孩子，我这次回大陆是想了当年的一个心愿，槐花开时我就回来……下次我回来时，那一定就是我的骨灰了。奶奶泪流满面，泣不成声，目光呆呆地望着爷爷走出小山村。

爷爷走后的当天，奶奶就开始砍树，她要砍去长在她心中的树。树砍倒的第二天，奶奶就病倒了。几天后，奶奶望着当年结婚时的那套衣服永远地离开了我们。

爱情地震

爱一个人，就要会为她着想，哪怕面临再多的艰难险阻，再多的生死考验；爱她，就要不离不弃，从一而终，直到老去……

遇到他的时候，她正满世界寻找另一半。她时尚，开朗，而他面黑，内向。他和她本没交集，可他们共同的朋友硬给他们拉了线。

他喜欢她的性格和美丽，而她厌恶他的面黑与木讷。在他追她的日子，她选择了逃避。在她的观念里，她的另一半一定要是高高的，帅帅的，和他一点也不像。面对她的逃避，他没有退缩，相反还勇往直前。

他家离她的单位很远，怕她吃不惯食堂里的东西，他硬是坚持每天下班后给她送饭。而她，总对他冷冰冰的，甚至还当面说他：你长得好丑，别人都这样说了。听了这话他也不生气，只是从此不再把饭送到她单位来了，就只送到单位门口，然后打她的电话让她去拿。接到电话时她也会去拿饭盒，因为她好喜欢他做的饭，美味而又有营养。当时她就想，不吃白不吃。

这样的日子他一直坚持了几个月。在这几个月里，她的身边仍然是帅哥出没，而且，在众多的帅哥中，有一个帅哥特别符合她的条件。她迷上了他的帅气，喜欢上了他的富有，所以当他手抱一束红玫瑰出现在她单位的门口时，她那颗飘浮的心沦陷了。他把玫瑰递给了她，并对她说他爱她，她娇羞的低下了头，那时，她对自己说：就是他吧，一辈子的爱人。

以前的那个他依旧还送饭来给她吃，可她不再去拿他做的饭了，他问她为什么，她就狠狠心告诉他她已经找到了真爱，还说希望他也早日找到真爱。他听了她的话仍然没有说什么，表情却是相当的黯然。他的心里一定很难过吧，可他还是对她说了一些祝福的话语，仍然把饭递给了她，说就是一个普通朋友请你吃的饭，你也不应该拒绝吧！她接过去了，有点不好意思地笑了笑。

在她恋爱的日子，他仍然还会和她联系，谈话的内容不外乎天气冷了，多加点衣服；要吃饱，不要饿着；工作不要太辛苦之类。

而她也总是嗯、嗯地敷衍着他。那个时候，她的一颗心早已放到了那个帅帅的他身上去了。

那一段时间，她神采飞扬，一想起同事和朋友在她面前赞叹她的他有多帅多帅时，她就忍不住地笑，她很幸庆自己的选择，要是当初选择另外那个他，唉，一定被朋友说死。不过，他做的饭可是很美味哦！她摇摇头，像要甩去什么。

闲暇的时候，她很喜欢玩。那个周末，一些朋友相约去了另一个城市，他和他都在。以前那个他很坦然，他曾对所有的朋友说过，既然做不成情人，那就做最好的朋友。她也是这样想的。那天，他们都玩得很尽兴，晚了，都不回来了，一起在一家酒店里开了房，他们都在一层楼住，男的住在左边，女的就住在右边。

因为很累，她很早就睡了。半夜十分，她和她的室友被一阵很急的敲门声惊醒，“地震了，地震了。快出来。”是她男友的声音。早就听说这个城市经常地震，可没想到会让他们遇到。

她从床上一跃而起，一阵激烈的晃动又把她摔回床上，突然又静了下来，也许是地震的间歇吧！她飞快地穿好衣服，开了房间的门，“快一点啦，怎么这么慢！”男友催促声中透出些许不耐烦，这可是有关生命的大事，见她出来了，男友说了声“快走！”就迈开了大步。

她那天穿的是高跟鞋，也许是害怕和心慌的关系吧，她走得跌跌撞撞，正在懊恼之际，一只温暖的大手牵住了她，用力地拉着她往前走。“他回来拉她的。”她惊喜地想，抬头一看，却是原来那个黑黑的他，她呆了，心里像打翻了五味瓶。以为她被吓坏了，他憨憨地笑：“别怕，有我在！”那一刻，她的眼泪冲出了眼眶，危急时刻陪着她的，竟会是傻傻的他。

地震很快就过去了，因为那个城市不是震源，所以没影响到什么。第二天，他们一群人坐车回到了自己所在的城市，那一路，她默然。朋友都说地震吓到了她，其实只有她自己清楚，那次地震，震塌了她心底的某个角落。

几天之后，她在朋友中宣布了一个让他们很吃惊的消息，她和帅帅的他分手了，并且接受了黑黑的他的爱情。她终于明白了一个道理：表面华丽的不一定是真爱，真爱往往藏在那些不起眼的事物中。爱一个人，就要会为她着想，哪怕面临再多的艰难险阻，再多的生死考验；爱她，就要不离不弃，从一而终，直到老去……

到了结婚那天晚上，当他问起后来为什么又会接受他的时候，她温柔地望着他笑了笑，说："因为地震了呀！"而他，却总弄不清楚这个答案，想了半天，才冒出一句话："这和地震有啥关系？"接着又憨憨地笑。

惟不忘相思

原来，刻骨铭心的不只是他吴子规一人呢，原来，为相思受苦的还有那春闺梦里人啊。

那年，夏家的樱花开得雪白一片，夏家二小姐夏青荷正偷偷躲在绣楼上看父母为自己选的夫君。

18 岁的夏青荷出生于相府之家，江南的水孕育出如一朵出水芙蓉的容颜。15 岁时，提亲的人踏破门槛，但夏青荷一直摇头，那些出身官宦的纨绔子弟哪里配得上如明珠一样的她？7 岁研习书画，12 岁弹得一手好的古筝，吹埙弄月的晚上，能把鸟儿引来歌唱，夏青荷是上天送给夏家的一份厚礼，夏祖彦曾说，“我的女儿，我要亲自为她挑一个如意郎君。”

此时站在楼下的少年，是兵部尚书的儿子吴子规，他一袭白衫，谈吐儒雅，上至远古，下至今日，竟然无所不知。夏青荷写了纸条给丫鬟，让她传给老爷看，那上面写着：他只是善言谈，为父不妨考考他诗律书法可好？

再低头，楼下宣纸已铺开，先画了大朵莲花图，莲叶上画有一支美丽的蝉，提笔落字时，夏青荷已是惊艳，那腕劲之妙，那字体之风，那柳体之秀，简直让她不能不说一个好字，当下扭身羞答答走了，只对自己的娘说了一个字：好。

一个月之后，子规家下了聘礼，两家可说是门也当户也对，18 岁的夏青荷与 19 岁的吴子规算得是朗才女貌。订婚宴上，两个少年第一次相见，虽然隔着竹帘，吴子规还是看清了帘内那闭月羞花之人，不由得心动，似千万只小鹿在心里撞着，于是唤书童拿砚来，掏出自己那一柄西湖绣扇，正面是一朵正要开放的莲，反面他想了想，写下五个字：已然多健忘。

把扇面交了夏青荷，夏青荷看了，不懂得，但还是看了喜欢，他是要忘什么？自己这刹那间的惊喜交加？还是要忘过去的岁月？

喜欢的，是那扇面正含苞欲放的莲，那莲，不正是自己吗？

18岁的少女夏青荷，把自己最新手绣的红肚兜交给吴子规，转身进屋，那上面，是一对如意鸳鸯。

婚礼，是订在隔年的春天的。

仆人们忙得四脚朝天，夏青荷是个挑剔之人，就连一双粉色绣鞋也要出个样来：那鞋面儿，要鸳鸯戏水的，那对鸳鸯，一个要飞的，一个要游的。鸳鸯要五色，彩玉透清波，莫绣鞋尖处，提防走路磨。配景需如画，中间红莲花，莲心用金钱，莲瓣用朱砂。夏青荷是这样精心而喜悦地准备着自己春天的婚礼，那把画了莲花的扇子，因为有了公子的题字，她更格外地珍惜起来，小心放在自己梳妆台上，每天要看上几百回吧，但他为什么要写“已然多健忘”呢？

夏青荷想，新婚之夜，她定要含羞带笑问一问自己的夫君。

离新婚还有一个月时，杭州城降了春天的第一场雨，那雨大得惊人，夹杂着电闪雷鸣，那一夜，吴子规家被满门抄斩，灭了九族。但吴子规那夜在灵隐寺上香，所以，逃过一劫。那夜之后，吴子规逃离杭州城，随身带着的东西，只有那夏青荷绣了鸳鸯的红肚兜。

第二天，夏青荷的父亲来到她闺房，夏青荷正亲手绣自己的鸳鸯枕头，一个愣神，却把针刺进了手指，血染红了那朵要开的莲花，父亲隔帘说：女儿，不要绣了，用不着了。

夏青荷在床上整整躺了一个月。一个月后，面如死色，她以为，吴子规亦是被斩杀之人，她没想到自己命如此苦如此硬，还未婚嫁，就把夫君一家全部克死了，去灵隐寺上香算命，那已百岁的老和尚说，“姑娘，你红颜薄命，只能受青灯之苦。”一句话点通梦中人，夏青荷回家，跪别父母，只身去一个尼姑庵里过青灯岁月，娘哭着说：“哪有相府女儿出家的道理”？夏青荷冷静着一张脸：

“我已心如死灰，如留我在家中，或再把我许给其他人家，我就是那秋天凋零的荷，是那青灯最后一熄火，马上就到人生的冬天。”

一席话说得父母眼泪横流，那时，又有官宦人家公子来提亲，亦有那风流倜傥的少年，夏青荷见也不见，手中那把扇，足以伴她青灯岁月。

杭州城樱花开得最灿烂的那年，20岁的相府千金入了空门，空灵师太为她剃度时看她青丝三千又浓又密，又看到她手里始终拿一把莲花扇，空灵师太说："施主，你的尘缘未了啊。"

夏青荷的一滴泪，落在那莲花扇上，那朵没开的莲花，更加粉红娇艳，她未了的尘缘，就是那曾经让她魂牵梦索的少年吴子规啊。

此时，吴子规在金陵一家私塾里隐姓埋名做了人家的先生，他对天长叹："夏青荷啊，今生我们是无缘，待到来世吧。"

3年过去，23岁的吴子规依然孑然一身，他不敢回杭州城，不敢探听夏青荷的消息，那相府的千金，想必已经做了哪个达官的夫人了吧？

手心里的红肚兜已经褪去了颜色，他想起曾经赠与夏青荷的那个扇子，不知夏青荷此时读懂了那句话的含义没有啊？

那下半句，就是"惟不忘相思"啊。

是啊，已然多健忘，哪怕灭门之恨，哪怕骨肉相离，但怎抵得那相思之苦？没想到一语之间竟然成了谶语！

他在金陵，哪里知道夏青荷在青灯下的寂寞？22岁的夏青荷，体弱多病，苍白着一张脸敲打着木鱼，她的身体是越来越不好了，常常会在诵经时晕倒，父母来接她几次，让她还俗，她一笑："我还俗，只有一个条件，再见我的夫君。"父母惨然一笑，那少年吴子规，早就命归西天了啊。

杭州城下了大雪的冬天，尼姑庵显得格外清冷，空灵师太守着病入膏肓的夏青荷，心疼地说："孩子，你是个痴人啊，尘缘未尽的人怎么能来修行，只能是越修越苦啊。"

最后的几天，夏青荷一直在做着同一个梦：她梦到樱花又开了，吴子规站在楼下看着她，她羞红了脸，似海棠一般地说：公子，我等待你快5年了，你去了哪里啊？

迷迷糊糊地，她叫着吴子规的名字，师太听了，混浊的眼里滴出一滴眼泪，几十年了，她没有落过泪，那时的夏青荷，已经握不住一柄扇子，师太打开扇子，看到扇子背面，她惊住，问夏青荷，可知下联？

夏青荷摇头，一直不知，我不知他要忘记什么？

师太伏在夏青荷的耳边："惟不忘相思啊。"

夏青荷的眼泪滚滚而落，刹那间似铁马冰河，似千树万树梨花开，她终于懂得，自己所有等待，是两个字：值得。

三天后，夏青荷静静离世，脸上，带着满足的微笑。

金陵城的吴子规在夏青荷离世那天去了紫金山，他不明白自己那天心情为何如此绝望？有几个常常在一起做诗文的朋友为他提亲，他婉言谢绝，一是自己是朝廷追拿之人，再是心中早就有了那美丽聪明的女子，纵然她已嫁为人妻，但她对自己那片心，他如何能忘掉？

紫金山上，松涛阵阵，吴子规对天长叹：天，你这样不公平何为天？为何让长相思的人长相分离？什么是他云开日出之时？什么时候他可以重返那人间天堂杭州城？

而那一日，为什么心中有隐隐的疼，疼到他眼泪横流，他想，也许他思念夏青荷最深的时候正是夏青荷思念他最深的时候吧？

7年之后，太子登基，换了江山的皇帝第一件事是为7年前的冤案平反昭雪，皇上说，可惜吴子规家没了后人。

已经30岁的吴子规此时沧海桑田，鬓角有了几丝白发，那褪了色绣了鸳鸯的肚兜依旧在他衫子里。

得知平反昭雪的刹那，他仰天长笑。云开破日之时，他近乎疯狂，一夜千里奔回了杭州，他要找自己那10年前订了亲的旧人，问她在哪里？可还有他的莲花扇？

敲开了相府的门，看门的门僮早已认不出这是10年前的少年，回了早已经不是宰相的老爷，老爷也老了，在厅堂里看到吴子规时双手颤抖着问："天，是吴子规吗？你不是做了地下鬼10年了吗？"

吴子规双腿跪地，我的青荷呢，我的夏青荷呢？

曾经的相爷老泪纵横："孩子，你来晚了，10年前，我的女儿为你遁入了空门，7年前，她香魂玉断，只留一把莲花扇，那扇子，在她香阁中。"

原来，刻骨铭心的不只是他吴子规一人呢，原来，为相思受苦的还有那春闺梦里人啊。

上得楼来，捧得了那莲花扇，那朵羞涩的美丽的莲花多似夏青荷的容颜，可惜她始终不曾开过就玉殒香消了。而背面的字多了行，秀气小楷上有旧日泪痕，在“已然多健忘”后面，是夏青荷那秀美的字：“惟不忘相思。”

隐忍了10年的泪，终在这一刻，如山洪暴发。

四月清明，吴子规来到夏青荷的墓前，重新刻了一块新的墓碑，那上面写着：爱妻夏青荷之墓。

正是樱花开得最好的时节，吴子规回首那繁花似锦，轻轻说：妻啊，来世，我还是你的，让我在樱花开时遇到你，然后慢慢过一生，到老，请你，请你一定要等我。

热爱生命

本立刻明白了是怎么回事，泪水一下子就涌了出来。

深秋，天空显得分外高远。

本打算和罗伯特去爬山。5个星期后，罗伯特的孩子就要出生，说不定，这是他们今年的最后一次远足了。

他们从山脚出发，到达离山顶2/3的地方，支起帐篷宿营。那儿有一块巨大的花岗岩，既可作为观望台，又是很好的标志物和挡风墙；第二天，他们将在中午时分到达山顶，在那儿吃过午饭，休息一会儿，然后下山，黄昏时分，他们将到达宿营地；第三天，从营地返回。

第二天，天气依然很好。一路上，他们讨论着路边稀有的野生植物，说啊，笑啊，闹啊，开心得就像是两个忘乎所以的大孩子，直到爬上山顶时他们才发现，天气在不知不觉中变坏了！大块大块的乌云从天边涌了过来，不一会儿，天边就亮起了闪电，还能听到隐隐的雷声。他们不敢再耽搁，赶紧胡乱往嘴里塞了点东西，就背着背包下了山。

可是，风暴的速度比他们要快得多——在短短两个小时之内，狂风大作，大雪纷飞。雪越积越深，渐渐没过了他们的脚踝，又没过了他们的膝盖……

现在，他们每走一步都觉得异常艰难，他们身上的衣服又都那么单薄，不得不时常停下来用力搓揉同伴的肩膀，来加快血液循环。对于他们来说，家，似乎成了永远也无法企及的地方。

两人轮流在前面开路，一个人没有力气了，另一个就过来接替他。走在前面的罗伯特似乎气都喘不过来了，其实，他不过是刚刚才换到前面。

"罗伯特，你歇一会儿，让我来吧。"本知道他的好朋友已经筋疲力尽了，大声地说。他吃力地走到前面，拍了拍好朋友的肩膀，似乎是给他鼓劲儿。

"我不知道我还能坚持多久。"罗伯特气喘吁吁地说。

"我们必须挺住！"本说，"家里人全指望我们呢！"

大约6点钟左右，两人抵达了营地。帐篷早就坍塌了，上面覆盖着一层厚厚的积雪，要不是那块巨大的花岗岩，它早就被风吹得无影无踪了。罗伯特觉得，他们此刻正处在风暴的中心，要是能在帐篷里避一夜，说不定明天暴风雪就会停止。

"天气根本没有好转的迹象，"本说，"如果我们在帐篷里过夜，肯定会被冻死。我们得赶快下山，一分钟都不能耽搁！"

罗伯特知道本说得有道理。于是，两人找了仅有的几件厚点的衣服穿上，离开了帐篷。

夜降临了。

"本！那是什么?"罗伯特指着一个跟石头差不多的东西喊。

本走过去，跪下来，把那东西上的积雪扒开，又拍了拍它——上帝啊，那竟是一个人！而且还活着！

本和罗伯特想方设法要把那人弄醒，可他却依然静静地躺着，一动也不动。

"我们得把他带到一个安全的地方。"本自言自语道。

他们在这场致命的暴风雪中苦苦挣扎，随时都有倒下去的可能——他们甚至连自救都做不到，又如何去帮助这个陌生人呢?

"我们根本没有办法帮助他。"罗伯特说。

"我们不能扔下他不管，他会死在这儿！"本说。

"听着！本！让我们找人来帮他吧——这是我们、也是他活下去的唯一机会。"罗伯特说。

"不！我们一起把他背下山去！"本盯着他说。

"该死！"罗伯特吼道，"那我走！你走或者不走，我都要走！"

本一言不发。他们的目光相遇了，又倏地分开。罗伯特的表情有些不太自然，他犹豫了一会儿，然后，便沿着小路往前走，走了不远又停下来，转过身，希望他的朋友跟在后面，可是，本没有跟来。求生的本能以及与家人团聚的愿望促使罗伯特继续往前走，他要回去！回去找人帮助本、他相处了近 20 年的好友以及那个陌生人。

本使出了浑身力气，背起了那个神志不清的人，吃力地往山下走，那人的脚在他身后的雪地上拖着……

“我们能行的！”本一边走，一边大声地喊着，既像是安慰那个神志不清的人，又像是对自己做出保证。

背上的那个人越来越重了，本知道，他必须鼓足勇气，否则，他就坚持不下去了。他努力去想那些高兴的事，回忆那些快乐的时光。

“墙上有 99 瓶啤酒，99 瓶啤酒，拿走一瓶，少了一瓶；墙上有 98 瓶啤酒，98 瓶啤酒……”他想起与大学时的密友第一次唱这首歌时的情景，禁不住笑出声来。

刚开始，他觉得背上的人冷得像冰块，现在，他倒觉得他像一件温暖的皮袄，有了这种新感觉，他开始琢磨起背上的人来：他是谁？他的家人正在为他担心吗？他结婚了吗？有孩子吗？他设法把他想象成他深爱着的某个人——他的妻子……儿子……父亲……兄弟……他的好朋友罗伯特。

本弓着身子在雪地里艰难地走着，他竭力摆脱想停下来喘口气的想法，虽然他非常非常需要休息，但他知道，只要一停下来，他就再也没有力气把那人放到背上了。

“墙上有 31 瓶啤酒，31 瓶啤酒，拿走一瓶，少了一瓶；墙上有 30 瓶啤酒，30 瓶啤酒……”本已经精疲力竭，一步也走不动了。想到有可能再也坚持不下去了，他陡然觉得一阵心慌：“我会不会死在这儿？如果我躺下睡一小会儿，会不会就再也爬不起来了？”本开始想那人在倒下的一瞬间，脑子里在想些什么。

想到有可能再也见不到贝斯和孩子们，再也不能和她一起为孩子们过生日，不能和贝斯一起相守到老，看彼此的头发慢慢变白……本的心里就隐隐作痛。“我不能死在这儿！墙上有 16 瓶啤酒，16 瓶啤酒……”

忽然，他停了下来，他想不起这是第 50 次还是第 60 次唱这首歌了，只好又重新开始……

天边出现了淡淡的曙光，透过纷飞的雪花，他看到远处有几点红光在闪烁——那是救援队来了！

救援队越来越近，本分辨出，那不断闪烁的是警车和救护车的灯光——他活下来了！他得救了！他背着的那个人也得救了！

两个救护队员向他跑了过来，本再也支持不住了，一下瘫倒在救护人员的肩上。但是，他没有忘记告诉救护队员，他身后的那个人情况更危险，需要首先得到照顾……

当他们来到山脚下的时候，本看见另一队救护队员围在路中间，他立刻认出了那顶熟悉的帽子和外套——是罗伯特！

“他会好起来吗?”本发狂地喊。他身边的两个人沉默着，互相对视了一下。本立刻明白了是怎么回事，泪水一下子就涌了出来。

“很抱歉!”他左边的救护队员说，“他穿得太少了，根本抵御不了这样的寒冷……”说着，他看了看本，他吃惊地发现，本也只是穿了一条牛仔裤和一件皮外套。

“你能活下来完全是一种幸运，”他指着本先前背的那个男人说，“如果不是你背他所产生的热量，你很可能也会遭遇和你朋友一样的命运。”

这是我爱你的最好距离

全世界都知道她是爱他的，可他为什么不知道？

她是在大四那年被剧组挑去演白天鹅的，在那里，她见到了他。

他扮演的是王子。在她眼里，他是一个成熟俊朗的王子，且有着男人可贵的幽默与豁达。他耐心指导她怎样把天鹅跳得更动人，又教她怎样和剧组的同行们和谐相处，在他的调教下，她渐渐变成了一只真正的白天鹅，美丽的白天鹅。

戏里，白天鹅是要爱王子的，她也是。

后来不长的日子里，她是真的爱上了王子，舞台那样小，从左至右总共不过30来米，哪里容得下他同她自由的舞蹈？她是那样渴望，有一天，可以和王子，将那段流芳百世的舞一直跳到生活里，让他同她，牵手白头。可王子对她的爱，只在舞台。

每一次成功的演出，同行们都会有个小聚会，浅斟小酌，却是欢乐满满，王子和天鹅自然是被祝贺的主角。她满眼流光溢彩，有些羞赧却又很勇敢地看他，他却从不与她的目光对接。

全世界都知道她是爱他的，可他为什么不知道？

要回学校参加毕业考试了，她不知道未来是否还有看见他的机会，约了他，不顾他劝，故意喝了烈酒，借酒生胆，说了许多“疯话”，他隐忍着，叫她小妹。她听到他那般叫她，眼泪便洒了一地，他忽然很坚定地说：“小妹，我送你回家吧，你醉了！”

夏天，她再次接到他剧组的邀请，这一次，是长期的，要签合约。心里，她自然是高兴的，却又苦恼不已。

再同他合作，她总是没有自信，没了自信，舞步就有些走样。她常常在化妆间偷偷哭泣，总是有人告诉他的，他沉默良久。终于在一次演出后，他递给她一张纸条，那上面是一段长长的地址。他说：“今晚7点，你准时到我家来。”

按捺住心头的惊喜，她按图索骥，找到的是一家四合院，靠左手间有扇门是虚掩着的，似乎特意为她而留。她轻轻推开，他正着一身王子服，掂着双脚在地毯上吃力地旋转着，他脚下的地毯，早已被磨得只剩下最底的一层里子了。在屋子的正中间，一只美丽的白天鹅坐在椅子上，那眸子里，满眼的爱与柔情，正专注地看着王子，一步一步，独舞。

整个屋子，布置得像间画廊，四壁，贴满了王子与天鹅的舞台剧照，所有的天鹅，都是同一个女人，椅子上的那个女人。

那椅子，是轮椅。

她终于明白，30米的舞台，从左至右，是他爱她的最好距离。

爱情的出口

因为有爱情，这世上，就不会再有一个人的出口。

早计划好的，去游那个山洞。他们准备了一个上午，火把、手电筒、蜡烛、粉笔、矿泉水、饼干、羽绒衣。男孩甚至藏起一只形象逼真的塑料青蛙，他想在适当的时候，可以把它塞进女孩的脖领，想象她夸张地喊叫。

山洞在公园的一角。一座山，中间被掏空。其实是一个废弃的防空洞，经过公园的改修，竟也成为一个景点。山洞不是很深，却似迷宫般错综复杂，黑暗潮湿。大多数时候，这里并没有几位游客，冷清得像个被遗忘的荒野。

他们买了票，走进山洞。正是冬天，天气刺骨的冷。男孩举着火把，牵着女孩的手，小心翼翼地走向洞的深处。女孩不时惊叫一声，人为地制造着恐怖的气氛。每到这时，男孩就会回过头，冲着她笑。男孩说不怕不怕，火把映着他的脸，明俊清朗。

他们越走越深，全然没有了时间的概念……暮色逐渐降临。看管山洞的老人在洞口喊，里面还有人吗?没有人了吗?不见回应。于是老人按下一个按钮，关上第一道石门。然后按下另一个按钮，关上第二道铁门。不过 1 分钟的时间，两道门，就将他们和世界隔离。

1 小时以后，他们才发现面临的可怕处境。他们站在石门前喊叫，声音被石门阻挡，反弹回来，震得耳膜嗡嗡地响。女孩的紧张变成深深的恐惧，她紧抓着男孩的胳膊，脸色苍白。她说我们出不去了。男孩努力使自己平静下来，他笑着说没事，只不过在洞里多待几个小时而已。明天一大早，门打开了，我们就能出去。

男孩的话，让女孩稍稍欣慰。他们把羽绒衣铺到地上，两个人挤着坐下，开始了漫长的等待。

夜里下了雪，罕见的肆虐的大雪下了整整一夜。

仿佛所有的云彩都撕成了碎片，直接堆在地上。公路的护栏几乎被雪彻底掩埋，公园的铁门，也被埋掉一半。当然不会有游客。所以，那天公园没有开园。

大雪一连下了5天，仿佛永远不会停下。公园的大门，也锁了整整5天。男孩女孩早已吃光了所有的饼干，喝光了所有的水。他们的恐惧和绝望随着时间的推移，一点一点地累积加深。他们不知道外面发生了什么事，但他们知道，不管发生了什么，假如再过两天，他们仍然出不去的话，那么，肯定会死在这里。

女孩躺在男孩怀里，泪眼婆娑。她说，我们真的要死在这里了。每隔一段时间，他们就会徒劳地呼救十几分钟。可是他们的声音，只是在冰窖似的山洞里回荡。或许会有一丝丝传出去，却很快被寒风撕散，湮没。

终于，男孩决定不再等下去。那已经是第5天的夜里。他对女孩说，我去找找，这山洞，说不定还有别的出口。女孩说会有吗?男孩说我去找找看。女孩说我也去。男孩说不，你留在这里，每隔一会儿，你就呼救。记住，我不回来，你千万不要乱动。然后他吻了女孩，返身走向山洞深处。男孩只带了几根粉笔，一个手电筒。

女孩在黑暗中徒劳地呼喊。她说外面有人吗?外面有人吗?渐渐地，那呼喊就变了内容，仅剩下男孩的名字。呼喊声慢慢变小，变成呻吟，到最后，终于连她自己都听不到了。女孩昏睡过去。恍惚中她走在一条粉色的路上。身边没有男孩。她感到无尽的孤独。

老人打开那道石门。他揉揉眼睛，惊恐地叫一声，我的天啊！那是第6天的清晨。女孩被救活了。

可是男孩，却终未醒来。

山洞真的有一个出口，尽管，那出口早已废弃。在一个很陡的斜坡上面，已经被枯草和石块掩埋，仅露了拳头大小的窟窿。当人们找到那里的时候，那个窟窿，已经被扒开，足以通过一个人的身体。或许是从那个窟窿飘进来的未及融化的雪花，让男孩找到了它。出口外面的雪野上，留着男孩的脚印。洞壁的石头上，沾着男孩凝结的血。

男孩的尸体，躺在洞中，距那个出口，约200米。他背对着出口，身体早已冰凉。他的头撞上一块尖石，鲜血早已结成了寒冰。一边的石壁上，留着一条清晰的粉笔线。那线，一端连着死去的他，一端连着生的出口。

没有人看到男孩的最后时刻。但是，我们可以试图还原。

男孩跪在那里，他的双手流着鲜血，拼命扒着那个拳头大小的洞。那洞一点点地变宽，终于，他爬出了那个洞。他站在雪野拼命叫喊，可是周围寂静一片，没有一个人影。于是男孩重新钻回山洞。他将那个出口，变成入口。或许此时，连他自己都不知道，极度疲惫的自己，能否重新走回女孩的身边。

他扶着洞壁走向女孩，粉笔在洞壁上画下一条长长的线。虚弱、迫切和兴奋让他忘记了归途中那个很大的陡坡。于是男孩滚了下去……他逃离了山洞，却又返回。因为那里有他的爱情。因为有爱情，这世上，就不会再有一个人的出口。

旧爱的痕迹

“是啊，就这么简单——因为爱，所以不舍得让你伤心。”

当年我和妻是经人介绍认识的，那时我在一个小县城当文化馆馆员，很清闲也很清贫。妻那时在县城当小学老师，交往时给我最深的印象是出奇地恬静，而且极少见她有开怀的时候。第一回见面，我就发现她左手腕上戴了串小桃木的珠饰，配着她那身朴素的花布衬衫，十分和谐雅致。以后我俩继续约会，我看见她左腕上的饰串不断变化，有时是藤编手镯，有时又是珍珠串，还有的时候干脆系上一根丝线编织的手环。那些都不是什么价格昂贵的首饰，因此我以为不过是她那个年纪的女孩喜欢的时尚。

有个初夏，我和她一起逛街，不知怎么，她那手腕上的珠链意外断掉，这时，我才看见原来在她手腕脉搏处有一道细长的伤痕，浅浅地裸露着。大概她也察觉到我的好奇和注意，有些慌乱地用右手握住左手腕。那神气令旁边的我将已经冲到嘴边的疑问生生压回去，埋头用心地捡起那些散落的珠子，用丝线穿好还给她。她接过，眼神微微显得惊讶，好像我不刨根问底大大出乎她的意料。其实我哪里不想问呢?但我清楚，有些话哪怕是关切也不可问，因为怕问到她内心不能触及的某个伤口。

之前我们的恋爱一直处于平淡如水的状态，可是发生过那件事后，她竟很主动地跟我讲：“我觉得你各方面不错，不如把彼此关系定了吧。”这当然是我求之不得的，不过欣喜之余，我也有点本能的疑惑，显然这不是因为她有多么爱我，更多的原因是我那天的默然。

结婚前一个月，我被单位派到省城培训。我曾在省城读过四年师范，有不少要好的同学，我的到来使他们欢天喜地，接二连三地找各种理由聚会。记得在一次聚会畅谈间，听一个同学无意提及老家的旧事，说几年前有个年轻的女孩来省城念中专，爱上一个部级院校的男生。男生家境优越，家长自然不同意儿子和一个乡下女孩恋爱，于是想尽办法干预，最后男生的母亲以死相威胁，逼儿子出了国。这个结局之后，更出人意料的是那女孩竟然绝望地为恋人割了腕。说到结尾，讲述的同学说出了一个名字。我一听就怔了，因为那个名字竟然是我的未婚妻。“是你编的吧？现在哪里会有这种事？”我假装不信，可同学认真道：“是真的，她和我是同乡，当时还是我在县医院当医生的哥哥抢救的她。”我脑子里闪过未婚妻左手腕上浅浅的痕迹，怪不得她不说，原来是那么惨痛的记忆啊！

是夜，一向不善表达的我拨通了她学校的电话，吭哧了半天对她说：“我、我会一辈子好好待你，不让你伤心的。”她简单地“嗯”了一声，随后问：“你怎么没头没脑地讲这个？如果我不信这点，也不会同意和你结婚啊。”显然她完全没有意识到我的真意，而我也不知道该进一步说点什么。挂了电话，我在狭窄的电话亭里待了一会儿，发狠地自语道：“记住了，你娶的是个被爱重伤过的女子，所以这辈子都不可以让她再疼一回。”

婚后我们过着最普通的日子，工作、家庭，而后又是孩子。我竭尽全力给她一个安稳的环境，努力工作，分担家务，甚至精心照料她乡下的父母。偶尔彼此也有过争吵，可每次开始不到5分钟，我就干干脆脆地投降。因为一见她委屈，眼圈红，我就心疼，就联想起那道被各种饰链掩饰的割痕——怎么还可以让曾经伤透心的她再为一点小事难过？于是忙不迭地认错赔罪，直到她转怒为喜。

在很多人眼里，我们绝对算得上恩爱夫妻。可恩爱背后，妻的左手腕上依旧变换着各种装饰物。作为一个男人，我可以不去介意她的过去，不介意她热烈的初恋，却不能不在乎她这样的遮掩。而且由于这样的遮掩，我内心又不觉会滋生些想法：她仅仅是不能或不敢面对那道伤痕，还是始终就是身在曹营心在汉？另一些时候，我也会猜想她有过怎样一段初恋，又是怎样一个出色的男人会让她以死相报。

孩子5岁那年，妻有了一个机会调到省城。最初我们都有些犹豫，可为了给孩子更好的教育机会，她最终还是去了。来回4小时的长途车，我们自然不能频繁往来，共度周末。渐渐地，一些议论开始在我周围出现，大致就是我们的差异日益拉开之类。

“五一”长假，妻带女儿回来和我团聚，恰巧姐姐也来家里。姐姐在县机关工作，不时去省城出差，道听途说的消息很多。寒暄之后，姐姐借机拉我到阳台，揭秘似的告诉我妻的那段染了血痕的初恋，我忙替她辩解道：“我早知道那事。”姐姐说：“知道还大大咧咧地放她一个人去那么远?据说她当年的男友就是省城人，假如再有机会碰了面怎么办?”我顿了顿，老实地讲：“我想得没有那么多、那么远，我认为只要缘分在一天，就去好好爱她一天。”

夜晚入睡，身边的妻幽幽地告诉我说：“今天你和姐姐在阳台上讲的话，全传到厨房了。”厨房的窗户挨着阳台，做饭的妻肯定听了个真切。我翻身一骨碌坐起来，安慰道：“姐姐那人嘴碎，你别往心里去。”妻幽幽地反问：“你呢?你往心里去吗?”我笑道：“要往心里去，当初就不会和你结婚。”面对妻的愕然，我说出了多年前早已听说的一切。

妻默默地听罢，轻轻问：“既然知道，为什么还要对我这么好?”我想想，照直答道：“爱呗。”妻不信地继续问：“就这么简单?”其实怎么会简单呢?一个男人做到这些，内心要经历很多焦虑、挣扎和无奈的期待，而所有的感受她永远也不会知道。想过这些，我像很久以前的那个夏天一样，生生压下所有要脱口而出的话，只是笃定地告诉她：“是啊，就这么简单——因为爱，所以不舍得让你伤心。”

妻良久都没有说话，静静地望着我。随后她走到梳妆台边，拿出那只专门用来装各式饰链的盒子，再褪下手腕上的珍珠串放进去。她转过身时，我立即就看见一个笑容洋溢的女人——只有真正放下从前的女人，才会笑得如此灿烂。

整整 6 年，旧爱的痕迹终于被我抚平。

真爱无言

人们惊讶之余，都感叹不已，这是一份多么执著、深厚得像童话一样的爱呀！

他是个哑巴，虽然能听得懂别人的话，却不能说出自己的感受。她是他的邻居，一个和外婆相依为命的女孩，她一直喊他哥哥。

他真像个哥哥，带她上学，伴她玩耍，含笑听他唧唧喳喳地讲话。他用手势和她交谈，可她能读懂他每个眼神。从哥哥注视的目光里，她知道他有多么喜欢自己。

后来，她考上了大学，参加了工作。

有一天，她坚定地对他说：哥哥，我要嫁给你！

他像只受惊的兔子逃掉了，再也不肯见她，无论她怎样哀求。

她说：你以为我同情你吗?想报答你吗?不是，我很早就爱上了你啊！可是，她得不到他的回答。

有一天，她突然住进了医院。他吓坏了，跑去看她。医生说，她喉咙里长了个瘤，虽然切除了，却破坏了声带，可能再也讲不了话了。病床上，她泪眼婆娑地注视他。

于是，他们结婚了。很多年以来，没有人听他们讲过一句话。他们用手、用笔、用眼神交谈，分享着彼此的喜悦和悲伤。他们成了相恋男女所羡慕的对象，那是一对多么幸福的哑夫妻啊！

爱情阻挡不了死神的降临，他撇下她一个人先走了。人们怕她经受不住失去爱侣的打击来安慰她。这时，她收回注视他遗像的呆滞的目光，突然开口讲话：爱人已去，谎言也该揭穿了。

人们惊讶之余，都感叹不已，这是一份多么执著、深厚得像童话一样的爱呀！从此她再也不讲话，不久也离开了人世。

不，你才是我所爱的

每夜在小屋里躺下的时候，爱德华都会渴望能把英格里德拥在怀里摸一摸她赤褐色的长发。

爱德华·魏尔曼与老村子里的家人道过别动身去美国寻梦了。老爸递给他一个小皮包，全家所有的积蓄都藏在这。“这里的日子太难过了。”他边说边与儿子拥抱告别，“你是我们的希望。”爱德华登上了大西洋号货轮，每一个愿意去美国淘金的年轻人都可以免费搭乘大西洋号。如果爱德华果真在科罗拉多州的落基山脉淘到了金子，那么全家人都会搬过去。

几个月过去了，爱德华不知疲倦地劳作着，金脉稀薄，每天的收入也很微薄，但总算还稳定。每个晚上，爱德华都会渴望他钟爱的女子能出现在他的面前。还没有正式向英格里德求爱就来了美国，是爱德华这次探险唯一的遗憾。他还只是在教会野餐的时候，大胆地坐在了她的身边；还有为了能见一见她，曾编出一些拙劣的理由上她家坐坐。

爱德华家与英格里德家是多年的世交，他曾暗自希望英格里德能成为他的妻子。一头飘逸的长发、魅力四射的笑容，英格里德是亨德森家姐妹里最漂亮的。每夜在小屋里躺下的时候，爱德华都会渴望能把英格里德拥在怀里摸一摸她赤褐色的长发。思索良久，他提笔给老爸写信，希望老爸能帮助他美梦成真。

差不多1年以后，爱德华等到了他日思夜盼的电报。亨德森先生同意了送他的女儿去美洲。

她是个勤劳而有生意头脑的姑娘，她将与爱德华一起努力发展他们的金矿，希望一年以后能把两家都接过来参加他们的婚礼。

爱德华的心因为快乐而急速地跳动起来。接下来的1个月，他一直忙活着把他的两间房的小屋变成一个家。他买了一个帆布床放在起居室给自己睡，又努力地改造他以前的卧房，希望英格里德住得舒服。窗帘由粗麻布袋换成了有花样图案的面粉袋，遮住了脏兮兮的窗子。他从草地上拔来鼠尾草，晒干了，放在一个易拉罐做成的花瓶里，搁在英格里德的床头柜上。

爱德华等了一生的那一天终于来了。他手捧一束新摘的小雏菊来到了火车站。火车慢慢停下来的时候，蒸汽翻滚，车轮尖叫。爱德华往每一个窗子里探望，寻找那一头长发和那个动人的笑脸。

爱德华的心因为渴盼而怦怦直跳，突然一下子，他的心怦的一下跌落下来——车上下来的不是英格里德，而是她的姐姐玛塔。她垂下眼帘，害羞地站在他面前。爱德华盯着她——目瞪口呆。接着他们握过手，爱德华递给了她那束花。“欢迎。”他轻声说，眼里依旧冒着火。一丝微笑印在了她平凡的脸上。

“当爸爸说你要我过来的时候我很高兴。”玛塔抬头看了看他的眼睛又很快低下了头。“我来替你拿包。”爱德华不由衷地笑了笑。他们上了马车。

亨德森先生和爱德华的老爸都没看错，玛塔的确很有生意头脑。爱德华在矿上工作的时候，玛塔也在办公室忙碌着。她在起居室搭起一个临时的写字台，详细地记下矿上的每一件事。

6个月后，他们的资产翻了一倍。

美味的佳肴，安静的微笑，这个小屋因为一个好女人而美丽起来。可这并不是我爱的女人，每晚爱德华瘫睡在帆布床上时都忍不住悲哀。他们为什么让玛塔过来？他还能见到英格里德吗？他会放弃娶英格里德为妻这一生的梦想吗？

这一年里，爱德华和玛塔一同工作、娱乐、开怀大笑，但从未曾相爱。有一次，玛塔在起身去她卧房的时候，亲了亲爱德华的面颊，爱德华很难看地笑了笑，没有其他表示。以后的日子里，玛塔似乎仍然心满意足，虽然他们仅仅是一起爬爬山，或是晚餐后在门廊交谈良久。

一个春日的下午，山石在倾盆大雨中滚落下来，挡住了他们金矿的入口。盛怒的爱德华将沙子装满口袋，把它们堆放在水流处。

全身湿透，精疲力竭，他疯狂的举动似乎一点效果都没有。突然，他看到玛塔站在他身边，手拿一个敞开的麻布袋。爱德华把沙子铲进去，接着玛塔像一个男人一样把装好的袋子堆放到其他沙袋之上。脚踩着齐膝深的泥巴，他们在大雨里待了好几个小时，直到雨停。然后，手拉着手，他们一道回了家。喝过热汤后，爱德华疲倦而又如释重负地叹了一口气："如果没有你，我肯定救不了那个矿了，谢谢你，玛塔。"

"不客气。"玛塔回答道，带着她惯有的微笑，然后静静地回到她的房里。

几天之后，他们收到了电报：亨德森和魏尔曼两家人下周抵美。爱德华压抑了又压抑，可是一想到就要看到英格里德了，他的心又如往昔一样剧烈地跳动起来。

他和玛塔一起来到火车站，他们看到了月台远处火车里兴奋不已的两家人。英格里德出现了，玛塔转头对爱德华说："去找她。"

爱德华诧异得结巴起来："你——是什么意思?"

"爱德华，我一直就知道我不是你心仪的姑娘，教会野餐的时候，我看到了你对英格里德的殷勤。"玛塔对走下火车的妹妹点点头，"我知道你渴慕的妻子是她，不是我。"

"可是……"

玛塔的手指压在爱德华的嘴上。"嘘——"她不让他说话，"我确实爱你，一直都爱，正因为如此，我希望你幸福。去找她吧。"

爱德华移开她放在他脸上的手，握着。她盯着他，爱德华第一次发现她是如此的美丽。他记起了他们草地的漫步，壁炉前宁静的夜晚，还有在沙袋前与他一起流汗的她。这时，他才意识到已经潜伏在他心里数月的真实的想法。

"不，玛塔，你才是我所爱的。"他把她拥到怀里，用内心迸发出来的所有的爱来亲吻她。两家人聚集在他们身边欢呼着："我们过来参加婚礼了。"

美丽的爱情我们看不到

有时候，最美最美的爱情，我们往往看不到，因为它被心灵珍藏着。

6年前，她在一家电台主持夜间热线节目，节目有一个很好听的名字——《相约到黎明》。那时，她只有23岁，年轻漂亮，青春迷人。每天清晨，她从电台的石阶上走下来，然后就在28路车的站台上等车。

28路车的第一班车总在清晨的6：30开来。他选了她后排的一个位置，他默默地看着她，就像听她的节目。

对此，她却一无所知。她的男朋友刚去日本，男朋友24岁，一表人才，在一家日资公司做策划，能说一口流利的日语和韩语。他去日本时，她送他并对他说："不管你什么时候回来，我都会等你。"

有一天，他拨通了她的热线电话。他问她：我很爱一个女孩子，但我并不知道她是否喜欢我，我该怎么办？她的答案通过电波传到他的耳际：告诉她。爱不能错过。

终于有一天，车晚点了。那时已是冬天，她在站台上等车，有点焦急。因为风大，她穿得很单薄，她走过来问他：几点了？他告诉了她准确的时间。站台上只有他们俩。她哈着寒气，他对她说：很喜欢你主持的节目。她就笑：真的？他说：真的，听你的节目已有一年了。他还说：我问过你一个问题的，但你不会记得。于是他就说了那个问题。她说：原来是你。就问他：后来你有没有告诉那个人呢？他摇摇头说：怕拒绝。她又说：不问，你怎么会知道呢？她还告诉他：我的男朋友追我时，也像你一样。后来他对我说了，我就答应了。现在他去了日本，三年后他就回来……

车来了，乘客也多了。在老地方，她下了车，这次他却没有下，心中的寒冷比冬天还深。

故事好像就这样该结束了。但在次年春天的一个午后，她答应他去一家叫“惊鸿”的茶坊。因为他说他要离开这个城市，很想和她聊聊，聊完之后，他就会遗忘这个城市。她觉得这个男孩子满腹心思，有点痴情有点可爱，只是她怎么也没有想到他会说他爱的人是她。她确实惊呆了，但还是没有接受。她说：不可能的，因为我对男朋友说过：不管他什么时候回来，我都会等他……我们是没有可能的。他并没有觉得伤心。很久以前他就知道会有这样的结局。“我走了，爱情留在这个城市里。”他说。

午后，冬天的阳光暖暖地洒在大街上，他像一滴水一样在人群中消失……

爱情有时候就是这样：相遇了，是缘；散了，也是缘，只是浅了。她继续做她的热线节目。

她的男朋友终于回国了，带着一位韩国济州岛上的女孩。他约她出来，在曾经常见的地方。他神不守舍地说了一些不着边际的话。“我想和你说一件事……”他终于说。无奈的荒凉在那一刻迅速蔓延，像潮水一样，她只恨到现在才知道。痴心付诸流水，只是太晚了，覆水难收。

她请了一段时间的假，呆在家里，只是睡，太疲倦了。一起走过的大街，看过的街景，说过的话……爱过、疼过的故事都淡了。

她心如止水地上班去。

其实，他并没有离开这个城市，只是不再乘28路车。他依旧听她的热线，是她最忠实的听众，甚至于有点迷恋从前的那种绝望。

有近一个星期，他没有听到她的声音，以为她出差了，或举行婚礼了……有些牵挂。

3年后，一个很偶然的机会，他读到她的一本自传——《晚上醒着的女人》书中写了她失败的初恋；也写了一个像他的男孩，还有那家叫“惊鸿”的茶坊……那时他结婚刚一年，妻子是他的同事，一个很听话的女孩。

有时候，最美最美的爱情，我们往往看不到，因为它被心灵珍藏着，我们自己都无法把它展开。

爱到深处是宽容

是他让她明白，爱到深处的人，一定有颗卑微的心。

娶她的时候，他觉得自己是世界上最幸福的男人。

35岁，已经错过了最好的婚期，他兄弟多，人又长得不好看，帮兄弟们娶了媳妇，自己就老了。

她是外省的媳妇，漂亮俊俏，媒人花了3000块钱说给他，他像得了宝一样，捧在手里怕掉了，含在嘴里怕化了，那叫个喜欢。

那时，他并不知道她是来骗亲的，她因为貌美，骗了好多男人，骗了就跑，跑了就再也不回来了。

可这次，她露了馅，跑到半路，被他的家人追了回来。

然后有人要打她，骂她是骗子，敢放鸽子。

是他拦住人们，一夜夫妻百日恩，何况，他真是喜欢她，喜欢她那个俏样子。

他给了她路费，送她到车站，站在一起，她比他还高半个头。她长发飘飘，他秃了头；她双腿修长，他有点罗圈腿。他站在那里说，跟着我，不会委屈你，可是你嫌我难看，所以，放你走吧。

临上车，他给了她200块钱和一袋子东西，有吃的有喝的，还有他买给她的化妆品，廉价的口红与香水，却是他的一片心。

坐到下一站，她下了车，这一辈子，不会再有第二个男人对她这样好。

她回到他身边，说，我们结婚吧。

结婚后，她仍旧是一派懒散作风，打牌抽烟，而且时不时地闹小脾气。他回到家，总是冷锅冷灶，几年来，一直如此。

但是他没有抱怨过，只说她一个外乡人，这样不容易，她本可以嫁得更好。知道他喜欢她，她就没完没了地耍小性，嫌他做的饭凉了热了咸了淡了，嫌他洗的衣服不干净，抱怨孩子的奶瓶有味了……

那时他们有了孩子，怕她半夜起来冷，总是他起来，披衣服给孩子热奶，换尿布也是他，他这样卑微，甚至没有了自己，人家说，看他，八成一辈子没有娶过媳妇。他就嘿嘿笑，也不解释。

结婚十几年，她依然容貌姣好，他却更老了，连背都驼了。孩子渐渐长大了，责怪他的母亲不会疼父亲，可他总是向着她说。她有时和小孩子一样，也和自己的儿子吵架，可最后，胜利的总是她，因为，他站在她的一边，无论孩子对与错，用他的话说，你妈永远是对的。

他的爱情原则就是，她永远是对的。

有一次，他们吵了架，他还了几句嘴，她当时就气昏了过去，恨不得抽了疯，倒在地上，人都凉了，还吐了白沫，等她缓醒过来后，他说："我错了我错了，后悔死了。"

她说，别人谁都可以欺负她，惟独他不行，她撒娇使性，认定他是好欺负的人，认定他离不开她，她如何闹如何折腾，她仍是他手中唯一的永远的玫瑰。

50岁，他的下肢忽然瘫痪了，再也不能出门挣钱了，可她依然年轻，于是，他选择了一条让她没有想到的道路，他上吊了。

幸亏孩子看到，她哭了，问他为什么，他傻傻地说"我不能给你挣钱了，还有何用?"

刹那间，她扑入他怀中，哭得泣不成声，这个男人，只为她，一心全是她——即使到死，也是想的她，怕给她拖累，怕不能给她挣钱了。

15年来，她手指尖尖，如葱白一样，细嫩光滑。不曾洗过碗不曾摘过菜，是他日出而作日落而息，这一切，她可会做?

煮的饭是夹生的，洗的衣服染了色，可他说"好，好，只要你做的，一切全是好的。"

洗尽了铅华，不见了胭脂色，只见一个粗糙妇人的劳作，别人叫她打牌，她尖声嚷着："不去了，我家老公离不开我。"

她日日守在他身边，开了小卖店，她风里来雨里去地进货，他在家中等着。

有一天，看到她浑身是泥，他问："怎么了?"

她说："遇到劫匪了，想劫我这进货的300块钱，我跟他玩了命，结果怎么样，看，300块钱还在!"说完，她居然得意地一笑，有小姑娘一样灿烂的笑容，他的老泪哗啦啦就掉了下来。所有的爱情必有回报，所有的卑微必有让你骄傲的一天。

一个洗尽铅华的女人，一个收敛了双翅心甘情愿栖息在红尘中的女人，就这样，为爱情而低微，和劫匪去玩命抢那300块钱，重新学习做饭，把家里打理得像模像样，这段情，只与他有关，她的红颜，从此只为他展开。

是他让她明白，爱到深处的人，一定有颗宽容的心。从此，不计较苦与乐，只因为，那深深的日子中，有爱随行。

两棵树的守望

原来，爱到最后，全是心疼，全是怜悯，全是那一丝丝一缕缕剪不断理还乱的真情！

那年，李君和方芸在北方一所重点大学里读书，他们是一对让人羡慕的情侣，他写一首好诗，她画一手好画，人们都说他们是“金童玉女”。

李君来自江南小镇，方芸是地道的北京女孩，他们初见，就如宝玉初见黛玉：“这个妹妹，我是见过的。”

相恋四年，毕业的时候，方芸把李君带回家。母亲问他的家世，李君一五一十说了。方芸惊觉自己的母亲变了脸色，然后拂袖而去，下了逐客令。

“怎么了?”方芸心里忐忑地问母亲。

母亲说，“文化大革命”的时候搞武斗，是李君的父亲把她父亲搞死的，那时，方芸还小。母亲说：“你能嫁给他吗?你嫁给他，我宁可撞死。”

李君不相信，回到南方小城，疯了似的去问父亲。父亲沉默很久才说：“‘文化大革命’那阵太乱了，有些事，说不清……”之后是长久的沉默。

刹那间江河逆转，一对相恋的人，因为上一辈人的恩怨就要画上句号。

怎肯心甘?方芸跪在母亲面前，求母亲放爱一条生路。母亲说：“除非我死，否则永远不可能。”母亲为她守了20多年寡，她如何舍得这如血亲情?

方芸绝望了，哭着对李君说分手：“除了你，我一辈子不嫁。我等你，哪怕，从青丝，到白头。”李君泪流满面地抱着她：“除了你，我谁也不娶，哪怕等到来世。”那是在20世纪80年代，那是爱情誓言。他们相约，一辈子不分开，永远为对方坚守爱情。

毕业五年后，他们依然我行我素，根本不理父母相逼：有人提亲，他们都一一拒绝，他们心中的恋人只是对方。后来，他们偷偷约会，背着双方父母，因为，空间怎么会隔断彼此间的爱情啊！

这五年，方芸在北方，李君在南方。每隔两个月，她就会坐火车去找他，从北京坐到那个小城，有时只买一张硬座，只为省下点钱为他买些补品。他太瘦了，她看着心疼。

这一奔波，就是五年。

五年，从北京到小城，有着方芸一路的爱和欢喜，她背着母亲做这一切，只说是出差，其实，不过是看一眼远在南方的恋人。

28岁那年，李君来找她了："我们私奔，或者，一起殉情吧！"原来，他家里出了事，母亲去世了，他是独子，父亲给他跪下说："儿子，你结婚吧，我求求你，咱家的香火不能断了呀！"为了让他结婚，父亲长跪不起！李君坐了十几小时的火车来找她，想和她一起私奔。

方芸沉默了。这份爱情，代价太大了，她不能因为自己的爱情伤了他父亲的心，这样的固执虽然忠贞，但多么自私呀！

"不！"方芸说，"我不和你私奔，你没那个自由！我也不和你殉情，你必须照顾风烛残年的老父亲。去吧，找个好姑娘结婚吧，我不怪你。因为，你的幸福，就是我的幸福。"

李君抱住她，放声痛哭，似杜鹃的啼血呜咽。他没有想到，自己心爱的姑娘是这样的大度，为了他一家人的幸福，居然对爱放了手，他劝她："你也结婚吧，别等我了，来生吧，来生，我一定娶你。"

方芸摇摇头："此一生，再难与他人相逢相知。我就当棵守望的木棉，站在风中，等你！"

最后一面，李君送给方芸一枚双玉蝉，珍贵的祖母绿，是他家的传世珍宝。两只蝉，并肩而立，那样痴情地看着对方，李君说："虽然不是价值连城，等你老了，不能动了，就把它卖掉，它，可以养着你！看到它，就是看到我了。"

方芸扑入他的怀中恸哭，这个男人，连她的老年都想到了，怕她一个人过不下去，把传世珍宝给了她。这一生，爱一场，值了！

方芸送给李君的礼物是一幅画，那是她画得最好的一幅画——两棵木棉树，开满了花萼，一朵又一朵。她深情地说："那是我的盼望，盼望来生，我是其中一朵，而你把我摘下。"

结婚那天，李君把画挂在新房里，泪流满面。那两棵木棉树，一棵是他，一棵是她呀。她没有离开，在他的心里，在他的灵魂里。

两个相爱的人相约永不再见，永不再联系。因为善良的方芸想让他把一颗心扑到家里。

之后20年，他们再无任何联系，一个在南方，一个在北方，从此，真正的天各一方。这20年，方芸做生意，成了北方著名的画商，她在北京开了一家特别大的画廊，而且长期去国外买画卖画。不过，她还是一个人，虽然有很多追求的男子，可她总是微笑着摇头。

此时，方芸的母亲早已经过世，弥留时拉着她的手说："孩子，妈对不起你，耽误了你的一生。你去找他吧。"方芸哭了，这话，晚了20年，他已有妻有子，她还能去找他吗?

20年后，方芸已经是快50岁的人了，头发里有了银丝，额头上有了皱纹，她不再年轻，可是，她的心还是20多岁的样子，她的心里，还是他，全是他。

那天，接到电话时，方芸正在去俄罗斯谈生意的火车上，是一个陌生女人的电话。"我是李君的妻子。"女人说，"他不行了，一直呼喊你的名字。我知道你，因为，他常常在梦中喊你的名字。"

刹那间，方芸崩溃了，浑身哆嗦着中途下车，然后赶往飞机场，她必须去见他，不管别人说什么，她都要去见他。春闺梦里相思又相思的人，你要等等我啊!

看到对方的刹那，他们都呆了：少年子弟江湖老，红粉佳人两鬓斑啊!

在医院白被子里的李君骨瘦如柴，面目早就全非——他得了肝癌，晚期，如果不是等待她来，早就魂去他乡了。

"你怎么可以这样?谁让你变成这样的?……"方芸扑过去，满是委屈，"你说过要活到80岁，你说过你必须是我近旁的那棵树!"

李君已经说不出话，只微微伸出手，想摸一下她的脸。她把脸埋在他的手心里，那手心里，有了一捧一捧的泪。

他的妻子、女儿站在旁边，泪如雨下。

几小时后，李君离世。方芸心痛如死，去布置他的葬礼。他的寿衣，是她给他亲自穿上的。为他穿那件贴身衬衣时，她呆住了。他的胸口上有刺青，是一朵莲花，清秀无敌。她泪如雨下，她的名字原本是青莲。

青莲，那是一朵刺青的莲花呀。

而她的刺青在心里，他的人、他的名字、他的容貌，全在她的心里，也是一道道刺青，一生无法抹掉。

葬礼之后，去李君的家，方芸才知道，他过得那样清贫，做了一辈子中学教师，仍家徒四壁，妻子下了岗，女儿上大学没钱，而他如果有钱，也不至于把病拖到这时候。他明明知道她有钱啊，她的消息在网上有多少啊，好多拍卖会都有她的身影，她一出手就是几千万元啊，可是他居然没有张过口。这才是他呀！只是一棵朴素的树，远远地望着她，绝不纠缠她。

方芸做了让所有人都想不到的事情，给他妻子买了一栋当地最好的别墅，送他女儿出国留学，然后留下一大笔钱，悄然离去。

方芸明白，如果爱这个人，会爱他的所有——他的妻他的子，她都会爱。原来，爱到最后，全是心疼，全是怜悯，全是那一丝丝一缕缕剪不断理还乱的真情！

李君走了，这世界显得多么空旷而无聊。他走了，方芸的心也空了。两棵树，根本来就是连在一起，盘根错节多少年！但现在，他走了，一个人去了另一个世界。从此，方芸再也没有出现在各种拍卖会上，再也没有锦衣玉貌地出现过。不久，她的葬礼在北京举行。她和他死在一年，相隔不到六个月。

方芸是忧郁而死的，她无儿无女。亲戚说，死时，她手里握着一枚玉，那枚玉叫双玉蝉。

是李君的妻埋葬了方芸，把她葬在他的身边，葬在了江南的那个小镇上。那是她向往了多少年的地方吧?

“让他们永远在一起吧，”李君的妻说，“坟前种上相思树，坟后种上同心花，让他们在天堂里相爱吧。”

那两棵相思树，是两棵木棉树——根，相握在地下；叶，相触在云里。

总有一句诺言是真的

纵使有千句诺言是假的，这个世界欺骗了你一千次，我们仍有理由去期待，第一千零一句诺言，一定是真的！

她才25岁，却早已心如止水波澜不惊，此前那几场轰轰烈烈恋爱，每一场她都十二分地投入，最后的结局别无二致，口口声声说要爱她一辈子要娶她做新娘的男人不是移情别恋，就是做了别人的新郎。

折腾了这么多年，她终于明白，所有的诺言在出口的那瞬间绝对是真的，但是诺言是有生命的，终会在时间的侵蚀下渐渐地风化死亡。

这个世界连被人称为永恒的爱情都不足以相信了，那还有什么值得信赖？

下班之后，她上网，和一个比她小4岁未曾谋面的写手聊天。她喜欢看他的文章，常常沉湎在这个小网友编造的纯真的爱情故事里。许多时候，站在生活外，看文字里的故事，隐隐看得到自己的影子。

他用一些小小的笑话陪她度过一个又一个无聊的夜晚，常用一些永远一辈子爱你之类的话来哄她。她只是淡淡地一笑置之，心里暗想，傻孩子，这个世界哪来的永远！

国庆节学校放假，他不远千里从学校赶过来看她。笔挺的军装，可爱的模样。他们手牵手去爬白泥山，一起蹲在路边吃五毛钱一串的羊肉串，一起买菜做饭，日子过得快乐而简单。

他不止一次想要说永远爱她的诺言，却被聪明的她用手或一个热吻堵住了他的嘴。假期结束，她去送他，他临上车，回身塞给她一张纸条，上面写着：等我，三年之后授衔完毕我就回来娶你，永远地爱你疼你。

她回到家里，把他的QQ拖进黑名单里，从此成为陌路。至少在她的心里，可以让这份诺言的生命力长久一些，而不是N年后的某一天，他突然告诉她有了新的女朋友，或是结婚了，让她的心再次疼痛。

女人的青春是经不起等待的，她找了一个合适的男人嫁了，后来又因为一些原因离婚，远走北方。

转眼四五年的光阴已如流水般划过，她孑然一身地漂着。一日，在书店里无意中看到了一本书，书名就是她的名字，作者是那个男孩。几年不见，他已经成长为一名军旅作家，扉页上是他的照片，显然他已经是个成熟的男人了。

不知道他还记不记得几年前留给她的那张字条，那些不负责任的诺言。

她把书买了回去，缩在小屋里一口气读完。那些深情款款的文字让她泪流满面，书本的最后一句话更让她触目惊心：我将用一生的时间，来寻找我的爱情；也将用我一生的时间，来实现21岁的诺言。找不到她，我将永不另娶。

她思考了许久，最终按照书后作者的电子邮件，给他发了一封简短的信，告诉他她现在在哪儿！邮件发出之后她便开始后悔，他或许成家了，有一个温柔的妻子，或许还有可爱的儿女了，自己现在去打扰他，或许是一种罪过。

11个小时后，有人敲门，打开门一看，他在门外瑟瑟发抖，身上仅有一件单薄的衬衣。原来，他在南方，接到她的电子邮件，便急匆匆地赶往机场，而这个时候，北方已经开始飘雪了。

为了一句年轻时的诺言，他整整寻觅了8年。第二天，她便做了他的新娘，她站在雪花里浅浅地笑着，幸福溢在脸上。

纵使有千句诺言是假的，这个世界欺骗了你一千次，我们仍有理由去期待，第一千零一句诺言，一定是真的！

加盐的咖啡

他不知道，她多想告诉他：她是多么高兴，有人为了她，能够做出这样的一生一世的欺骗……

他和她的相识是在一个宴会上，那时的她年轻美丽，身边有很多的追求者，而他却是一个很普通的人。因此，当宴会结束，他邀请她一块去喝咖啡的时候，她很吃惊，然而，出于礼貌，她还是答应了。

坐在咖啡馆里，两个人之间的气氛很是尴尬，没有什么话题，她只想尽快结束，好回去。但是当小姐把咖啡端上来的时候，他却突然说："麻烦你拿点盐过来，我喝咖啡习惯放点盐。"当时，她都愣了，小姐也愣了；大家的目光都集中到了他身上，以至于他的脸都红了。小姐把盐拿过来，他放了点进去，慢慢地喝着。

她是好奇心很重的女子，于是很好奇地问他："你为什么要加盐呢?"他沉默了一会，很慢的几乎是一字一顿地说："小时候，我家住在海边，我老是在海里泡着。海浪打过来，海水涌进嘴里，又苦又咸。现在，很久没回家了，咖啡里加盐，就算是想家的一种表现吧，可以把距离拉近一点。"她突然被打动了，因为，这是她第一次听到男人在她面前说想家，她认为，想家的男人必定是顾家的男人，而顾家的男人必定是爱家的男人。她忽然有一种倾诉的欲望，跟他说起了她远在千里之外的故乡，冷冰冰的气氛渐渐的变得融洽起来，两个人聊了很久，并且，她没有拒绝他送她回家。

再以后，两个人频繁地约会，她发现他实际上是一个很好的男人，大度，细心，体贴，符合她所欣赏的所有优秀男人应该具有的特性。她暗自庆幸，幸亏当时的礼貌，才没有和他擦肩而过。她带他去遍了城里的每家咖啡馆，每次都是她说："请拿些盐来好吗?我的朋友喜欢咖啡里加盐。"再后来，就像童话书里所写的一样，

“王子和公主结婚了，从此过着幸福的生活。”他们确实过得很幸福，而且一过就是40多年。

故事似乎要结束了，如果没有那封信的话。那封信是他临终前写的：“原谅我一直都欺骗了你，还记得第一次请你喝咖啡吗?当时气氛差极了，我很难受，也很紧张，不知怎么想的，竟然对小姐说拿些盐来，其实我不加盐的，当时既然说出来了，只好将错就错了。没想到竟然引起了你的好奇心，这一下，让我喝了半辈子的加盐的咖啡。有好多次，我都想告诉你，可我怕你会生气，更怕你会因此离开我。现在我终于不怕了，因为我就要死了，死人总是很容易被原谅的，对不对?今生得到你是我最大的幸福，如果有来生，我还希望能娶到你，只是，我可不想再喝加盐的咖啡了，咖啡里加盐，你不知道，那味道，有多难喝。咖啡里加盐，我当时是怎么想出来的!”

信的内容让她吃惊，他不知道，她多想告诉他：她是多么高兴，有人为了她，能够做出这样的一生一世的欺骗……

藏在面条里的爱情

原来爱情就是这么简单：它被生活揉碎了，又洒在了生活的角角落落，有时它就是一碗普通的面条。

进入围城数载，日子过得极其平淡。恋爱时的花前月下、甜言蜜语都被时光一点点地剥去，随风飘逝，我甚至经常怀疑两人的生活中到底还有没有爱。

直到有一天，我发现了一个小小的秘密。

结婚以来，我们的早餐几乎都是面条。因为省事，也因为我俩都爱吃。

说实在的，妻子的厨艺并不高明，刚开始那阵子，手忙脚乱不说，面条不是下多了就是下少了；下多了吃不了，倒掉了挺可惜；下少了不够吃，肚子不愿意。为此，我与妻讨论了好几个晚上，可讨论来讨论去最终也没想出个好办法。妻子明显地感觉到了肩上“担子”的沉重，说：“我就不信把握不住这个量！”从此，妻子做早饭特别专心，很快就达到了“一碗不多不少”的水平。对此，我很满意，妻子也感到很自豪。

一次同学聚会，我无意中听到邻座的两个女同学在悄声交流做主妇的经验。其中一个说：下面条时真是烦人，不是下多了就是下少了，害得我没少挨说。后来一个好朋友告诉我一个妙方，就是每次都先把丈夫的碗盛满，如果自己的盛不满我就先动筷子吃……”

我心里不禁一颤，莫非妻子也是这样做的？经过几天的细心观察，我发现妻子的手段果然跟我那位女同学说的如出一辙。那一刻，我突然感觉有股暖流在心底汹涌开来。

哦，原来爱情就是这么简单：它被生活揉碎了，又洒在了生活的角角落落，有时它就是一碗普通的面条。

木箱中的秘密

这么久以来，所有的人都认为他是坏人，连他自己也这么认为。只有这个世界上最笨的女人，相信他是个天使。

大家都说他是个坏人，坏得已经无药可救了。他也承认自己够坏，又偷、又抢、又打架，什么坏事都干了，每次都徘徊在法律的边缘上，拘留所的每一寸地板都认识他。

因为他坏，所以没有一个朋友，所有的人看见他都远远躲开，所有的亲戚都和他断绝了关系。

他无所谓，这样岂不是正好？

世界上只有一个人，无论他做什么坏事，都始终认为他是个好人。

这个人是他的妻子。

他妻子自从3岁那年出了一场车祸，智力就一直比较低下，但是像他这样的坏人，有哪个女孩愿意嫁给他呢？

他在外面打架受了伤，妻子一边眼泪汪汪地给他洗伤口，一边安慰他；他偷了别人的东西，别人找上门来，妻子赶紧凑足了钱补上，并且再三告诉人家说他不是坏人；他成天什么活都不干，到处惹是生非，妻子捡破烂来供养他。

她做这一切都毫无怨言。

他想这是因为她实在太笨，否则世界上有哪个女人肯这样吃亏呢？

但是像她这么笨的女人也会有自己的秘密。

他已经发现很多次了，每当他欺负她、打她，她总会跑到房里，打开那个厚厚的木箱，对着木箱发一会儿呆，然后就一个人笑起来。

他无数次尝试着要看看木箱里是什么，却始终没有成功。妻子什么都答应他，惟独这件事情毫无商量的余地。

他也曾想撬开锁来看看，无奈那木箱是他岳父留下来的，板壁极厚，锁也极坚固。

他渐渐怀疑箱子里装着什么宝物。

有一次，他赌输了钱，跑到家里来找妻子要钱。妻子身上的钱全部给他也不够还赌债，他便打起了这木箱的主意。他强迫妻子把木箱打开。

但是妻子无论如何也不答应，他将她的头往墙上撞，将她全身打得伤痕累累，她始终不肯答应。

他打得性起，忘了注意轻重，终于将妻子打得没力气了。他从妻子手中抢过了钥匙。妻子挣扎着想阻止他，但是已没有力气。

他打开箱子，愣住了。

箱子里什么也没有，只有一对白色的翅膀，小小的，是儿童表演时常用的那种假翅膀。

妻子看见他拿出这对翅膀，不知从哪里来的力气，扑过来将翅膀紧紧抱在怀里，一边流泪，一边低声哀求："不要走，不要走，我知道你要飞走了，不要走好吗？"

"你说什么？"他完全没有听懂。

"我知道你是天使，你拿了你的翅膀要飞走了，对不对？"妻子眼泪汪汪地说。

他觉得莫名其妙："我是天使？我会飞？你这个笨女人在说什么？"

"我知道你是天使，"妻子说，"我记得4岁的时候看见你带着这对翅膀，大家都说你是天使。"

他完全不记得有这么回事，认定了妻子是在发疯。这时他看见箱子底部有一张薄薄的照片，拿出来一看，上面是一个大约7岁的男孩，背上背着一对天使的翅膀，眉清目秀，目光清澈，显得天真无邪。

这是他小时候的照片。

他终于回忆起来，自己7岁的时候，在学校里的话剧表演中曾经扮演天使。

而他这弱智的妻子，不了解世界上的事情有真假之分，自从看见他的天使造型后，就认定了他是天使。为了不让他"飞走"，她将这对翅膀好好保存了下来。

他说不出心里是什么滋味，大声对妻子吼道："我这么坏，怎么会是天使？你见过这么坏的天使吗？"

"你是天使，只不过你自己不记得了，但是我知道你总有一天会记起来的！"

他忽然很想哭。

这么久以来，所有的人都认为他是坏人，连他自己也这么认为。没有人记得他小时候曾经是个天使。只有这个世界上最笨的女人，忍受一切委屈，始终对他不离不弃，就是因为相信他是个天使。

在这个弱智女人的心里，他不会因岁月而变老，也不会因人世沉浮而玷污，永远都是那个背上有翅膀的小男孩，纯洁、善良、美好！

这颗孩子般的心，其实就是他的天堂！

我等你一生一世

学景和允惠站在人群当中，什么都没说，彼此凝视的眼睛已道出一个久经分离仍能坚定不移的爱情故事。

当年在朝鲜兴南化工业肥料厂，23 岁的范学景是一位来自越南的化学系交换生，李允惠是一位朝鲜的化学分析员。两人尽管接触不多，但允惠的秀外慧中深深吸引了学景，他常常遐想：“我要是能够娶到她就太好了。”

时值 1971 年春天，朝鲜与越南虽是盟国，但两国均严禁国民与外国人交往。

即使如此，两人每次擦身而过，都忍不住互报微笑，四目默默相投，不能自已。学景有生以来第一次感觉到对女性萌生了爱意；同样，允惠也被这个笑容灿烂、举止自信的交换生深深吸引住了。

学景念大学时修过朝鲜语，他探查到允惠的工作时间，把握机会跟她谈话。有一次，实验室内只剩下他俩，学景问允惠：“你有男朋友吗?”允惠看得出学景为人善良体贴，浅笑答道：“还没有。”学景问了她的住处，并把自己的一张相片送给了允惠。

学景回到化学大学继续学业，却始终忘不掉美丽的允患。他第一次收到允惠回信的时候，狂喜不已。

允惠在信里写道：“亲爱的越南革命同志：多谢你的礼物。我们相聚时刻虽短，但我永不忘怀。祝学业进步。愿我俩再会有期。朝鲜好友李允惠上 1971 年 7 月 20 日。”

其后 8 个月，两人多次偷偷通信，又暗中约会。允惠的母亲和妹妹默许二人相恋、见面，并为他俩保守秘密。允惠的住处距离大学 15 公里，每隔几星期，学景都会乘火车去看她，在那里做些小菜，聊上几个钟头。

他俩避过重重耳目，爱意渐浓。两人虽说文化背景相异，却有不少共通之处，都在战乱而分裂的国家成长，也都经历过艰苦岁月。学景知道允惠的父亲在1950年投奔南方(这是一件不光彩的事，遗下的家眷往往会遭人唾骂)，却使他更想照顾允惠。他给允惠看过自己家乡的相片，憧憬着哪一天可以带她一同回国。

相识一年后，大学又把学景送回工厂做交换生，可是奖学金期限终将届满，学景到时就要回国了。这一段恋情像是绝望了，双方政府都不会批准成婚。而允惠的情况更糟。允惠心乱如麻，曾提出双双殉情的想法。

1973年1月，冰天雪地的一天，学景登上公车去见允惠最后一面。日落西山，二人在小房间里低泣，说不出话来。学景此去，不知能否重返，只好无比痛苦地对允惠母亲说："有机会的话，还是让允惠嫁人吧。"

学景回国后，因为家乡河内在数星期前受到美军的猛烈轰炸，便马上投入重建城市的工作，后来又担任了化学工程师，但无论他做什么，对允惠的思念从来没有间断过。

离别时刻的情景，都深深印在学景脑海里。允惠临别之际把一封信交到学景手中："要是你死于战乱，我也不愿一个人活下去。"每次重读至此，都令学景凄然泪下。有一位可靠的朋友曾给他俩偷偷冲印过一张合影，学景对这张相片爱惜如命。

虽然万念俱灰，暗中通信却成为他俩唯一的希望。每逢学景有朋友去朝鲜，都会替他捎信；允惠有朋友到越南，也帮她寄信给学景。允惠的信，学景都偷偷珍藏着。可是他的信，允惠只能全部烧毁，因为一旦被发现私藏信件，必受重惩。他们分手之初，允惠曾自杀未遂，慢慢也就认命了，终日郁郁寡欢，母亲常发现她在梦中哭泣。

1978年，学景再次踏足朝鲜。为求见允惠一面，他极力说服朝方派他到距离允惠所住不远的一个工厂工作3个月。到任以后过了一个月，学景才有机会溜过去见她。他们分开足足5个年头，允惠开门相见的那一刹那，学景觉得她美貌如昔，爱意尤胜往日。这次见面分手时，允惠又把一封信交给学景，信上写道："离别何其漫长，在你身边的日子实在太短了。今夜我在梦中与你相见，你也会梦见我吗?"

为求再见面，二人不惜一切，抓紧每个机会。学景3个月的逗留期限将满，允惠冒险到他下榻宾馆附近的一间小餐厅见他。

学景满怀感伤地问允惠："你会等我多久呢?"长久分离之下，允惠其实害怕学景早已另娶。她凝望他问："那你呢?"学景的回答只有一句："我等你，一生一世。"

事隔多年，两人都没有嫁娶。1980 年，越南逐渐放宽异国通婚法规，为学景燃起一线希望。1992 年，他成立了越南朝鲜友好协会，盼望能为与允惠重逢而铺路。他又斗胆致函朝鲜驻河内大使馆，请求朝鲜政府允许他娶允惠为妻，可是从没收到过回信。

同年春天，学景设法为一支前往朝鲜比赛的跆拳道队伍充当翻译，又买了衣饰礼物准备送给允惠一家。可是好事多磨，学景的旅游证件不足以让他前往允惠所在的省份。这对他无疑是一个沉痛的打击。

学景最后一次凝望允惠，已是 14 年前的事情了。如今，两人都已经 44 岁，仍然深信彼此立下的誓约：此情不渝，至死方休。

1993 年，学景又多次去信朝鲜大使馆。大使馆要求他提出证物，他便交付允惠寄来的书信影印副本，以证二人情愫。大使馆又以一句"允惠已嫁作人妇"回绝，学景不信：因去年 9 月允惠还来过信，言明坚守承诺。

2001 年 7 月，噩耗传来。有大使馆职员称允惠早在 10 年前离世。惊闻噩耗，学景伤心欲绝，终日郁郁在家，突然记起允惠最后一封信寄自 1992 年 9 月。虽然无法证实消息真伪，学景却深信允惠尚在人世。他继续去信朝鲜大使馆查问允惠下落。同年 11 月，学景收到大使馆来函致歉：过世的并非允惠，而是她妹妹。

学景的父亲曾任外交官。学景得悉越南政府领导人定于 2002 年 5 月访问平壤，便恳求父亲帮忙把信件交给国家主席陈德良，拜托他代向朝鲜政府求情。学景有一位朋友当翻译员，随代表团出访，回来后透露了一个令人惊讶的消息：两国政府领导人讨论过学景及允惠的事，事情终于有了突破。这是学景一直梦寐以求的事，可是他想，只怕还要拖上几年。4 个月后，学景从外地回来，突获喜讯：他不但获准与允惠结婚，而且可以自择定居何处。由于美国与朝鲜紧张局势加剧，学景在 2002 年 10 月 6 日，匆匆赶到平壤去接允惠。

允惠终于来到平壤，沉默地站在一个房间里，房内满是朝鲜和越南两国的官员。

她恍如置身梦中，怯生生地凝望着面前这个24年来想见而见不到的男人，悲喜交集之情已非言语所能形容。

学景和允惠站在人群当中，什么都没说，彼此凝视的眼睛已道出一个久经分离仍能坚定不移的爱情故事。在他们心中两人其实从没有分开过。在平壤举行过婚礼后，两人回到河内，与亲朋好友举行了喜气洋洋的婚宴。

学景总认为，他和允惠的爱情美如天赐："那么美的事必有实现的一天。"

学景义无反顾地坚持、不屈不挠的付出，正好为他自己的话写下了最佳注脚："任何人都有权利去追求他的纯洁爱情，而我只不过是尽力去争取这种权利罢了。"

你在，我就心安

心，在那一刻，被濡湿了，是花蕊中的一滴露。原来，幸福不过是这样的，你在，就心安的。

祖母86岁的时候，耳还不背，眼也不花，还可以在屋内眯缝着眼做针线。大她两岁的祖父却不行，一步已挪不了两寸了。他总是安静地坐在院门口晒太阳，一坐就是大半天。

两个人，不过隔着一屋远的距离，祖母却每隔十来分钟，要大着声唤一声祖父。“老头子!”祖母这样唤。有时祖父听见了，会应一声“哎”。祖母笑，仍旧低了头，做她的针线活。有时祖父不应，祖母就会急，迈着细碎的步，走出门去看，看到祖父好好的，正在太阳下打着盹呢。祖母就孩子般地笑嗔，这个死老头子，人家喊了也不睬。

我笑她，你也不怕烦，老这么喊来喊去地做什么？祖母抬头看我一眼，宽容地笑，说，儿啊，你不懂的，知道他好好地在着呢，才心安的。

心，在那一刻，被濡湿了，是花蕊中的一滴露。原来，幸福不过是这样的，你在，就心安的。粗茶淡饭有什么要紧？年华老去有什么要紧？只要你在，幸福就在。

我想起三毛和荷西来，那对爱情神话中的人儿，曾有过让人羡慕的家居生活。那时，她在灯下写字，他在一边看书，两个人有一搭没一搭地说着话。是不是偶尔，她一抬头，叫一声“荷西”，亲爱的那个人，会缓缓回过头来，看她一眼。也没有多话，他们只温暖地交换一下眼神，然后，她继续快乐地写字，他继续迷醉地看书。但却有厚实的东西，渐渐填满了他们的心。你在，就心安的，这是人世间最最温馨的相伴。后来荷西走了，她在灯下，再也唤不回他回眸的温暖了。尘世间再美的风景，也与她无关。她的心，是空的。10年后的某天，她终追了他去。

亦曾听一个女人讲过这样一件事，说她的爱人，在夜里睡觉时喜欢打呼噜，她习惯了听见他的呼噜声，每夜都是在他的呼噜声中入睡，安稳而踏实。偶尔她爱人夜里睡觉不打呼噜，她必三番五次醒过来，伸了手去摸他，摸到他正均匀地呼吸着呢，她才会放下心来，继续睡。

初听时，以为笑话。其实，不是。人世间的爱情，莫不过如此，就是亲爱的人，你必得在我眼睛看到的地方，在我耳朵听到的地方，在我手能抚到的地方，好好存活着。你在，就心安的。是的，只要你在，整个世界，就在。

爱情的力量

爱情的力量是神奇的。一个人只要心中有爱，有来自爱人的关怀，哪怕面临再大的困难也可以将它克服。

一天，男孩送给他的女朋友一台传呼机，温柔地对她说："我以后再也不怕找不到你了。"

女孩调皮地说："如果我离开这座城市，你就呼不到我了。"

男孩得意地摇摇头："我可是办了漫游的，无论你走到哪里我都会呼到你。"

女孩问他传呼号是什么，男孩说："这是爱情专线，号码不公开。"

从此女孩每天都把它带在身边，一刻也不曾离开。

在一个阳光明媚，让人有一份好的不得了的心情的周末，女孩只留了一张字条给父母，坐上汽车奔向邻近的县城玩，但是没有人知道女孩正走向一场灾难……

女孩在县城玩了一天，拖着沉沉的脚步找到了一间带淋浴间的小旅馆。一走进房间，女孩迫不及待地走进浴室，想洗去一身的疲惫。当女孩正准备脱衣服的时候，脚下一阵晃动，她急忙扶住一根铁管，心想是错觉？但是当第二次晃动，女孩知道这不是错觉。跟随第二次的晃动中还带有急促和沉闷的断裂声，女孩的全身开始颤栗，她知道可怕的地震来了，随著第三、第四次的更加猛烈的震动，无边的黑暗和无边的恐惧把女孩紧紧地包裹起来。

女孩像一只受伤的野兽，拼命放声号叫，拼命地拍打、撕咬浴室的门板。

然而一切都是徒劳，女孩无力地蜷缩在阴凉冷漠的地上。

不知过了多久，忽然腰间一阵颤动，是呼机。

女孩匆匆的摘下它，在黑暗中摸索着按到了键子，即看到了绿色的光芒："林先生请你7点钟到老地方见面。”读着这句话，女孩的泪水又一次涌出来，滑过嘴角，咸涩涩的。

想着电话那边的他，女孩又再一次尝试着走出困境，但结果依然是徒劳与绝望。

女孩跌坐在地上，把自己缩成一团，眼睛盯着呼机的屏幕。

不知过了多久，女孩睡着了，又不知过了多久，呼机再一次在女孩的手中颤动了：“林先生问你在哪里，请速回电话。”女孩再一次地流下眼泪，“我想告诉你我在哪里，但是我办不到啊。”

渐渐的女孩平静了下来，面对无法挽回的死亡，女孩不知道自己还能做什么。

呼机第三次震动：“去了你家，看到你留下的字条，请火速回家。”

女孩的心又开始躁动。

呼机第四次震动：“我听到广播，知道你那里发生了什么，相信你此时正拿着呼机读我的话，我们很快会见面的。”似乎有一缕曙光在女孩的眼前闪过。女孩期待呼机第五次的震动。此时的呼机成了他生命唯一的寄托。

时间一分一秒地过去了，呼机像一个疲惫的孩子一样睡着了。

终于第五次的震动来了：“我去找你，车不通，想尽各种办法，还是无功而返。我相信你不会出问题的，你是一个聪明又好运的女孩。我等待你的归来！”

第六次，第七次……女孩在男孩一次又一次的传呼中度过了一个又一个恐惧与绝望的时刻。不知不觉已经两天两夜了，死亡的阴影越来越靠近女孩，她仿佛看到自己体内的鲜血和肌肉正被一条黑色的巨蛇一口一口贪婪地吞食。

女孩觉得自己快不行了，连哭泣的力量都没有了，她的思想开始混乱，感觉自己在往下沉，就在沉到底的时候，呼机第38次，也许第48次，58次震动起来，那震动像磁铁一样，牢牢的吸住了女孩体内残余的所有能量：“我们什么时候结婚？举行哪些仪式？从现在开始我们分别设想一下，日后评选出最佳方案。”

结婚，婚礼，实在是太诱人了，女孩陷入了遐想之中。海底婚礼，像鱼一样自由自在穿梭在海洋世界；跳伞婚礼，与白云并肩飞在空中……

女孩再一次振作起来，是啊，人生那么美好，又有多少美好的人生在等着我呢。

第60次，第61次……男孩一次又一次地向女孩传呼，一次又一次地给女孩注入生命的活力；一次又一次地把女孩的生存信念从死亡的道口拉回。

度过了漫长的四个昼夜，女孩获救了。当他看到男孩惨白的脸，火一样的眼睛，一下子明白了世间最为珍贵的就是爱。

女孩在担架上轻轻地拉着男孩的手，柔柔地说：“我是你今生的新娘。”

那时不懂你

母亲木木地移动了脚步。可是就在我们迈出太平间的一瞬，就在太平间的门将要关上的一瞬，母亲突然疯了一般地挣脱了我，大喊："不，不!"

我们曾是六口之家。父母亲，三位兄长和我。我们家女人的地位很高，父亲单位的人对我父亲说："你老婆是'常有理'，你女儿是'惹不起'。"父亲一笑，不置可否。

母亲是小学教员，她是个很优秀的小学教员。常常半夜三更才回家，说是找学生家长去了。有一天她拎着一块砖头回来，阴着脸，我们大气没敢出。过了许多日子，据父亲透露，是一个学生从母亲的背后扔的，母亲把这块砖头带给他家长看，让他挨了一顿好揍。我的三位兄长义愤填膺，从这以后，父亲和我们家的三兄弟常常接母亲下班。

母亲对此颇反感，埋怨父亲不带孩子们在家复习功课，上外头乱窜什么，还谈到了子不教父之过什么的。

我们便不到街上乱窜了，父亲很听母亲的话。我总觉得母亲把父亲当成了她的小学生了，训导起来那么坦然，那么轻松。

我从没看见母亲随便给父亲一个笑容，也从没听见他们相互亲切地称呼一声对方的名字。在家里相互称"喂"，走在街上到了非喊不可的程度就喊"小虹她妈"。自从我能够记住吃、也能够记住打的时候起，就没看见父母亲在一起住过。我家只有一通火炕，母亲带我住炕头，然后依次是我的三个兄长，炕梢是我父亲。这样的居住方式维持到我 14 岁，父亲动手建了一间仅两平米的小屋，放了一张床，母亲带我去住了，父亲和兄长们仍然住那通火炕。

过去我经常怀疑我们兄妹四人的出生问题，我们是否会是试管婴儿?不过当我们出落得很好的时候，我又想，父母亲的确是极负责任地完成了他们的使命。

父母亲有时吵架也很凶。但我从不知为了什么，这时的母亲绝不像平日那样絮叨，我由于惯于母亲的絮叨，这样的沉默我怕得要死。父亲也默然地站在窗前，兄长们找各种借口溜之大吉。我只能龟缩在角落里想，我要死了，数到一百个数一定要死了。一个很深的夜，我被屋外的一阵乒乓声惊醒，外屋的灯亮着，我懵懵懂懂地爬出被子，母亲坐在床边，小屋里没点灯，看不清她的脸。父亲在用一根很细的绳子绑行李，三位兄长把头蒙在被子里一动不动。

“躺下!”母亲一声断喝，我中弹一样倒下。

不一会儿我听见沉重的门声。

那夜，母亲坐到天明……

父亲一晃走了半年，让我困惑的是，父亲每月的工资扣除生活费，如数交给母亲，每次都由我最小的哥带回来。母亲平静地数一下，然后揣起来。每当这时，我都很可怜父亲，也悄然恨了母亲。有一次母亲数到一半，眉尖突然跳动了一下，最小的哥说：“奖金。”

这回母亲终于迟疑了半天才揣起来。

那天母亲做了红焖肉，父亲最爱吃的，由最小的哥和我送给父亲。临出门时母亲严厉地警告我们：“不许说是我让送的，不然回来给你们好揍!”

我一直没见到父亲，没想到父亲依然很年轻，而且胖了。也很整洁、利索。他穿了件深棕色茄克，看去比母亲要年轻 10 岁。我有点可怜母亲了。

父亲抱着我，仔细端详了半天，说了句：“很像你妈。”就把我放下了。父亲的屋里放盆茉莉花，我凑过去闻个没完。小哥怕挨打急着催我走，我站那儿不动。父亲就端过花给小哥。“带回去替我养着。”我和小哥欢天喜地地端着那盆走到门口，我终于忍不住喊了：“肉是我妈让送的。”小哥说：“不用你说了，我早说了。”

那盆茉莉花端回来后，我们都不曾想起过浇水。母亲悄然地侍弄着，至今已快长成一株小树了，年年为母亲开放着。

都说父亲怕老婆怕出名，父亲也从不否认。然而父亲和母亲却有个不可调和的矛盾冲突，就是芹菜的吃法。母亲认为，芹菜包饺子吃，要先切好，洗净，然后再用水焯一遍。父亲则认为，切好，放锅里用水一焯省略洗的过程。可是偏偏在这件小事上，父亲特别有个性。每次包芹菜馅饺子都吵个不亦乐乎。

亲属们说我妈叫“格路”。我家的确很少有人光顾。生活就该这样么?的确，一个小小的家庭哪有那么多壮烈的事情，其实也真难以经得起壮烈。

在我记忆中，我家第一次接受很多人的光顾就很可怕。来人进屋就乱七八糟地翻了一通，最后拿着两本母亲的日语书，带着父亲走了，邻居都来围观，母亲很从容地目送他们，父亲脸色很怕人。

过了不久，母亲带我们去看父亲，我们隔着桌子。母亲进屋便骂：“你这没骨气的东西，是你干的吗?你就承认，你坑你的孩子们呢。”

父亲的泪水一下子涌了出来，他喃喃道：“他们逼我，我就乱说了，我以为说了就能放我回家。”

母亲勃然大怒：“他们逼你说，你就说！现在我逼你去死，你死去吧！”说罢，她飞身跨过桌子，“啪！啪！”给了父亲两个耳光，这时外边进来两个人制止。

我们被人家推搡出来。

背后传来父亲撕心裂胆的叫喊：“我要翻案！我要翻案！”

父亲不久就回来了，他回家那天母亲炒了好几个菜。父亲举起酒杯冲母亲说：“谢谢你，谢谢孩子们。”就哭了。我们也哭了。

母亲没哭，脸色煞白，她给父亲夹了块肉，父亲夹起来送到我嘴边，我嘴都张开了，却被母亲挡住了。

“不惯她这毛病。”她说。我心里很是别扭，母亲一点儿也不温柔。

我 18 岁那年，我家突然又来了许多人，我心都要从嗓子眼儿整个蹦出来了。来人都是我父亲单位的领导干部，他们只允许我大哥参与谈话。那天夜里母亲在黑暗中默然地坐着，月光躲过窗斑驳地洒进来，依稀见得母亲点点的泪光。

父亲患了肺癌，一个星期后父亲母亲和大哥一起去了上海。父亲走时仍然潇洒、年轻，和一下子成熟起来的大哥相比，像兄弟一样。

几个月后，他们回来了，父亲骨瘦如柴，全然没有了生气。母亲却格外精神，只是不再絮叨。

此时，我多么怀恋那些絮絮叨叨的日子。

父亲的日子不多了。我们只能眼看着父亲一天天远离我们，无力挽留。这时母亲依然平静，尽职尽责地为父亲精心做三顿饭，尽管父亲几乎不吃。父母亲好似没有生死别离的准备。

“喂，吃饭吧！”

“嗯。”

“喂，该吃药了！”“嗯。”“想吃些什么?”

我多么想听到父母亲交流些关于吃饭以外的事情。我故意到外面去散步把空间留给父母亲，留给这对恩怨的夫妻。可是等我半天回来，只见母亲却在门口张望，见我回来，疼我却用很生气的样子对我说：“挺大个女孩子家乱窜什么?这又不是花园。”

我心里好不是滋味。母亲你能不能把你这拳拳之心留给父亲点儿，疼女儿的日子长着哪！

那年的秋天，天蓝得如醉如痴，看一眼，五脏六腑就像被洗过一样洁净。

终于在一个下午，我们踩着厚厚的叶子，把父亲抬进了太平间，母亲默默地随着我们。记得在父亲咽下他一生的最后一口气时，母亲表情极其一般地梳理了一下凌乱的头发，还抻了抻衣襟。“天下难寻这样的母亲！”我想。

兄长们把父亲放下就出去了，母亲木然地站在父亲身边，不动，也不语。看管太平间的老头儿早已看腻这生生死死的场面，催了好几次：“出去吧。”

我望望母亲，她依然不动，心中很愤然：平日你对父亲那般地冷漠、无情，现在站在这儿做什么姿态呢?于是我半推半搀着母亲说：“走吧，妈。”

母亲木木地移动了脚步。可是就在我们迈出太平间的一瞬，就在太平间的门将要关上的一瞬，母亲突然疯了一般地挣脱了我，大喊：“不，不！”一把推开了正在关门的老头儿，一头扎进去，抱着父亲那张曾经年轻过、生动过的脸胡乱地吻着。

我呆愣愣地站着，脑子一片空白。

母亲任由自己疯狂着……

第五辑

刻在树上的字

他那时常想：树一天天长高，她一天天长大，等他们都长大成人了，他就和她结婚，生孩子，他和她拉着孩子的小手去看那棵树，告诉孩子，树上的名字是妈妈的，妈妈的名字是爸爸刻的。

永远有多远

彭与安，像断线的风筝，再找不到彼此。在各自的永远里，相忘，想念。

记录一段心情，写给城市里行色匆匆的你，写给茫然时倔强的你，写给哀伤时执著的你，写给纯真时醒悟的你，写给那些过往，那些热爱……

24岁的安妮还像一朵初春的栀子花，未经历任何一场爱恋伤痕，只贪恋着自己的透明清亮的颜色。无意招摇，也无意被采摘。去参加野营，跑在山巅上去捕捉蝴蝶，年轻放肆的像天空奔跑着的云彩。站在崖顶，被大风吹得东倒西歪，伸头看万丈悬崖。

开饭的时候，突然发现对面的男子是如此帅气，安妮捧着饭碗，隔着野炊的大饭锅，怔怔地看着那男子。看到人家微笑着走过来，说，你玩得好开心啊。安妮反而手足无措，捧着饭碗咕咕傻笑，然后挑起眉梢一副不在乎的质疑神态。就这样相识，后来彭总爱说，像个没心眼的大头娃娃。遇到彭的安妮，仿佛临水照花，一下子身不由己。跟着彭去爬冬天的山，裹着军大衣看冬季模糊冷清的星光，在寒冷的晨风中看初升的太阳；在零下30度的气温下，在室外热火朝天的吃饭，吃到最后，人和胃都结成一个大石头；在小酒馆里，和朋友山南海北地聊天，从晚上6点一直喝到第二天早上7点，然后在还很冷的早晨，请假打车回家睡觉；一起去野炊，钓小鱼，用江水在小锅中煮沸，只放少许的盐，两人光着脚在大太阳下大吃，很美味。安妮说，有你在的地方，就是世界。

日光之下，并无新事。就这样从春走到夏，一天，两人在街上闲闲走路，彭低头问安妮，能嫁给我吗？安妮低着头走路，抬起头说，让我考虑一下。然后两个人像什么也没发生过一起看了场电影。72小时后，安妮站在彭面前笑眯眯一声不响。

弯弯的眉梢，像新月，一副不管世界怎样，兀自逍遥清静。他们没有问对方为什么，为什么喜欢对方，为什么选择对方，什么也没有问，只是站着相视而笑。这在当年，是不用说明的问题。在以后，成为无法说的问题。时光，就是这样改变着我们。

安妮请假去做婚前体检。在那小小的检查处，看到一对同来体检的人，男的文弱内向，女的脸上有一种坚强的神情，两个人都背着大大的帆布书包。当女孩子抽过血，男孩子宝贝似地帮她按着胳膊，轻声问，好疼吧。安妮有些感动，笑笑。那一天，阳光明媚，一盆小小的吊兰，伸展着细细的嫩叶，无语动人。外面人世喧哗，小小的检查处，还是长条的木质地板，有些地方踩的太久，而深深下陷，每个人都安静无声。从小女生走向人生，竟然就这样无声发生。

登记时，两个人都有些沉默，从办事人员手中接过红红的本子转身后，听到后面一个人说，我忘了说祝你们新婚幸福了。身后便传来一句，祝你们新婚幸福。安妮，低头偷偷笑出声。幸福可以忘记吗？忘记后，可以回头再找到吗？出了大楼，站在大太阳下，彭也呆呆地看着她，一时两个不知做什么去。安妮呆呆地说，我们去吃冰淇淋吧。两个人便坐进麦当劳，慢慢吞吞吃早已融化的草莓新地。彭说，安妮，你的美太安静，仿佛古井深处的清澈的阳光。看得到，无法走近。

小小的日子就这样开始，从泥泞湿漉的菜市场开始，安妮每天下了班包包里背着菜谱在公车上找晚上吃的菜，然后照葫芦画瓢地买回去，在他们小小的几乎转不开身的厨房里煎炒烹炸。在40瓦的白炽灯下，两个脑袋凑在一起吃饭，彭总是很多话，安妮便安静地看着他眉飞色舞地讲，笑眯眯地看着他。然后一个人慢吞吞地刷碗，泡一杯淡茶给彭，彭是电视迷，安妮便自己靠在躺椅里看杂书。

为了生计，他们开了一家小店，卖蜡烛，是各种颜色与形状的。安妮常呆呆地看着那些蜡烛，发着呆，一个下午又一个下午。她的呆，反而亲密了好多买主，都愿意和这个呆呆的小女子，有一搭无一搭地聊几句，偶尔这小女子会灵光一闪，不动声色中吐出惊人之语。

小小的店里，总是有几个人整个下午在那待着，也不买什么，只是来聊天，而多半，安妮是沉默着自己看书，来的人便也安静如她。

生意冷清，但还算稳定，彭便出去找工作，在一家大型超市做售后主任。每天回来便和安妮说，哪些客人如何矫情，哪些同事如何难以相处，安妮总是安静地听，劝慰几句，并不以为意。每次说完，安妮会用手慢慢抚摸彭的脖颈，说，宝贝，你是最好的，凡事慢慢来。彭却渐渐做得心烦意乱，而这心烦意乱的缘由，却不敢告诉安妮。他的店长，骚挠他。他只有迂回曲折，但老女人性情古怪，彭渐渐失去敷衍的兴致。而最后的结局也明摆着，彭被辞工，窝在家里。安妮一如往常，见到情绪低落的彭，只说，过几天就好了，在家安心待着，烦了就去店里来看我。彭心生抱怨，可是却无从说起。安妮也只有一句：日子长了就好了，我们得往前看。

彭就这样闲逛了半年后对安妮说，几个小哥们弄了个园艺公司，要我合伙，我感觉这个行当不错。安妮不了解地摇头，还是拿出钱来给了彭。彭便风风火火干起他所说的园艺事业，整天和政府园林管理的人在一起吃吃喝喝，深夜归家或者就直接在洗浴中心过夜。当然也给公司揽了一些活，被公司几个合伙人盛赞，彭更是得意更努力。安妮，仿佛一下子变成水底的石子，仿佛不存在，其实一直坚定不动。彭会摸着安妮的脸说，宝贝，现在多辛苦一点，到时我们有了钱，想想那时。安妮笑笑，在小小的蜡烛店里专心看那一个个童话般的彩烛。

彭像个天空飞人，永远停不下来，安妮则日日守着小店，沉默安心。小店的生意，始终不是特别好，可是安妮极力坚持，她说，只要坚持，我们的小店总有一天会是全城最好的蜡烛店。和朋友一起吃饭时，彭便说，我老婆，已经到了“土豆土豆我是地瓜”的阶段，世界没了，只有她那 10 平方米的小店。安妮低头喝酒，眼神迷离安静。彭问她，你在想什么，安妮摇头，其实什么也没有想，脑子空着。

慢慢来小店的人有了安妮的朋友，她们一同逛碟社，在网上买书，去书店淘宝，安妮偶尔会一个人去庙里拜拜，也读圣经。日子平稳得让人有些发慌，可是安妮就是这样——一家小店，几本书，几张碟，就把日子过下来了。

一次，安妮和彭的一帮朋友出去吃饭唱歌，气闷，安妮跑到走廊尽头想开窗透气，听见安全通道外彭的声音：孩子生病了？我现在走不开，你先送去医院，别慌，我一会儿就到。你自己要小心。安妮转身慢慢走回去。

安妮在自己小店外面挂了招贴：

“寒冷的时候，总是不忍让任何人伤心。

可是，总会有人泪尽而逝。

伤心情人泪。

全部蜡烛八折销售。”

小店的生意出奇的好，安妮依然不温不火地忙碌着，安妮回归到白衬衫牛仔裤，让人不相信这是一个结婚已经4年的女子。安妮的笑，仿佛开在深水中艳丽的花，清晰却不可触摸。

常来买蜡烛的一个男子，每天送一支马蹄莲给安，下了班买一支蜡烛回去。安讲给彭听，彭说，只是一支花而已。再说人家也买蜡烛嘛。安笑，重复着彭的话，只是一支花而已。是的，只是一支花，不是山盟海誓，不是长厢厮守。

安妮差不多只有每天深夜才看到彭，聊几句家常，便各自睡去了。某一夜，彭问安妮，为什么你对我越来越冷淡呢？安妮转头看着彭，用右手慢慢摸彭的脸颊，说，宝贝，我曾发誓，在你苦难的时候绝不离开你，我们现在发誓，要活得有笑容。无论未来怎样，我们都要好好活下去，好吗？彭用长长的手臂抱住安妮，安妮在彭的怀抱中说，宝贝，你有多久没有抱过我了？为什么你的怀抱里有无尽的疼，却没有爱？

安妮一个人跟了一个旅游团出去，走时对彭说，宝贝抱抱我吧。这一次，彭看到了安妮眼中安静的笑容，没有眼泪，没有伤心，什么也没有的安静。安妮出去了10天，10天中没人知道安妮去了哪里，她只是每天给彭和父母发条短信报平安。10天后，安妮还是白衬衫牛仔裤的回来了。她没有去店里，一个人回了家，把小小的家全部刷成白色，所有的东西都拿出来清洗晒太阳。然后围着围裙，戴着胶皮手套开门迎接彭：是满心满意的笑容，是精致的四菜一汤。彭叹气地说，安妮，有你在，这里才是家。像5年前一样，两个人头碰头地吃晚饭。抬头，彭看到安妮眼中的泪，安妮也见到彭的。可是安妮眼中有笑意。

安妮越过汤碗，右手覆盖住彭的右手，轻轻抚摸，说，宝贝，我终于敢承认，你早已不爱我，虽然这让我如此疼痛，可是也明白，你隐瞒只是不想让我伤心。如果不爱，放了我吧。曾经做的，都是想做的，我们谁也不亏欠谁。我们的路走到了尽头。

彭红了眼睛，说，安，从感情到物质，我亏欠你太多。我现在懂了。我想找个时间，告诉身边的朋友，我要戒烟戒酒，我要和老婆要小宝宝了。可是，如果世界上还有一个人了解你，那就是我，我知道，你想过的事情，是不能更改的。我会尊重你的一切决定。

这一辈子，我欠你的。

安轻轻抱住彭，亲亲他的脸颊，说宝贝，我什么时候把你弄丢了。你可以是我的父亲，哥哥，哥们，弟弟，朋友，独不把我当成女人。你的怀抱里，有这么多疼爱，唯独没有一个男人对女人的爱。宝贝，我们再也回不去了，既然不爱，放了彼此。

彭停了一下，问，你什么也不想问我吗？安轻轻摇头，抬头严肃地看着彭，如果说我为你做过什么，这就是。这是我对你最大的恩赐，让你仍然有尊严。

安要了小小的蜡烛店，吃住都在店里。离开彭后，她在小店的门楣上写着：

生活，就是一种永恒的沉重的努力，努力使自己不至于迷失方向，努力使自己在自我中，在原位中永远坚定地存在。

欢迎爱回来。

安与一男子在西餐厅遇到彭，彭说，看来新生活不错啊。你生活自理能力差，是得有个人照顾你生活。安，不语，微笑，转身离开。

彭再也看不到安的眼泪。永远不会再看到。

就像海里的鱼，没人看得到她的眼泪。

彭与安，像断线的风筝，再找不到彼此。在各自的永远里，相忘，想念。

那一季的花带着香

每个人都在年幼的时候那样坚强的爱着，只是终有别离，别离有时也可能是唯一正确的选择。

一直相信爱情里的人冷暖自知，旁人即使观之清醒也无法插言。女孩是一个颇为忧郁的孩子，曾经有过不太寻常的生活时光，那时都是不安分的种子，开出了早春的花，所幸还有一棵绿树在默默坚守，一个肩膀随时等在身旁。每个人都在年幼的时候那样坚强地爱着，只是终有别离，别离有时也可能是唯一正确的选择。

我来兰家的时候，已经 13 岁。

那天，下着大雨，我的脚上沾了些泥。我低着头，站在兰家的大厅里，衣服上的水滴答落在大理石地面上，湿了一大片。那些大理石是碎的黑白色，一格一格的，透着凉气。

我把头发绕在手指上，又散开。

兰彬坐在棕色皮沙发上，打量了我一会，说，以后你姓兰了，叫兰如意吧，希望你以后的生活是如意的。你有两个哥哥，大哥叫兰平，二哥叫兰安。

兰家有两个儿子，他们很想要一个女儿。我是在一个午后听见兰家的保姆和别人说起这件事情。我回去告诉母亲，我想去兰家做他们的养女。

我回去的时候，一个男人从母亲的房里出来，他在我的脸上拧了一下，我厌恶地甩开了。在街坊眼里，母亲就是个婊子。他们鄙夷她，连带着我，街里的孩子从来不和我玩。

母亲不可置信地看着我。她慌乱地去掏烟，手抖得厉害，烟点了半天也没燃。

她打我掐我，把我的东西摔到地上。她哭着喊着，你这个不孝的东西，我辛苦拉扯着你，你却想做别人家的女儿。我只能这样，可是我没有文化我能怎样赚钱养你？你以为我不想干干净净的？

我不知道，原来母亲有那样多的眼泪，她喋喋不休地闹到半夜，终于累了。

我一样东西也没有带。

我敲开兰家的门，我说，我想做你们的女儿，我一定会把你们当做亲生父母的。

他们诧异地看着我，然后详细问了我的情况。

我去了兰家，做了兰家的女儿。我喊兰彬做爸爸，他的妻子做妈妈。我想忘记在自己身上的耻辱，我不想和母亲一样，在别人鄙夷的眼神里生活，我更不想让自己经历同样的命运。我要摆脱这一切，只有去有权势的兰家。

爸爸妈妈待我很好。他们给我买最贵的衣服，送我去最好的学校。我渐渐忘记了自己的生母，渐渐忘记了自己只是兰家的养女。

兰平和兰安也待我如亲妹妹，大哥那时候已经上大学，很少回来。二哥上的是寄宿高中，所以，平时就只有我一个孩子在兰家。

母亲一次也没有来兰家看过我。我说我要做别人家的女儿，让她很难过。

兰蔻是兰家的侄女，因为是这个家族里唯一的女孩，所以备受宠爱。她不喜欢我，从第一次见我起。

她鄙夷地看着我说："才这么小就长得这么风骚，长大了还得了？一定像她的妈那样水性扬花！"

兰平挡在我的面前，"这是我的妹妹，不许你这样说她！"兰平说完转身拉住我就走开了。我心里暗自欢喜，从来没有人保护过我，从来没有！

转眼，我到兰家已经有 11 年了，我在爸爸的公司做财会经理。

我冷静，独立，洁身自好。我一直告诉自己，我和母亲是不一样的，我不能做别人的情妇，不能过上她那样堕落的生活！

我穿名牌，说流畅的英文，我和爸爸妈妈很亲近，和哥哥们很融洽，没有人知道我 13 岁以前的生活。

我没有去看过我的母亲，我想，她也是不愿意见到我的吧！她总是说我是来向她讨债的，没有了我她应该很快乐！

兰蔻要订婚了，她把苍耳引到我的生活。

苍耳气宇轩昂，文质彬彬。兰寇挽着他，像是炫耀似地走过，眼神张扬。她说，兰如意，我没想到你也来，所以没有特别准备你的位置，你……

话还没有说完，苍耳一把拉过她。他说，这是你的表妹，你怎么这样说话？

他的眼睛看着我，深邃的眸子印出我的形象，我看见自己倔强冷漠的表情。其实我心里正在波涛汹涌。

兰平走过来，他说，妹妹，我有点不舒服，你送我回家好吗？

他握着我的手，很温暖很安心。我知道苍耳在看我，我让自己更加的优雅，我反身走到兰平的面前。

“哥，我不想走，我不想一直都逃避自己的出身，我要告诉别人，我现在是兰家的女儿，兰家的女儿是最优秀最勇敢的。”

他看着我，满是赞许的眼神。

音乐在响，灯光在闪，我昂起头，把背挺得很直。

一个星期之后，苍耳打电话说想请我吃饭，我知道这代表什么。那天他看我的眼神里透着暧昧。

“如意，我代兰蔻向你道歉。她从小被家里宠坏了，不知道怎样尊重别人，你别和她一般见识。”

“不会，她应该告诉过你我的事情吧？”

我很干脆地说，我知道兰蔻一定会把我的出身大肆宣扬。苍耳有点尴尬，他咳嗽了一下，拿起杯子喝水。我看见他慌乱的样子觉得好笑，明明是我应该觉得尴尬。

“其实我觉得你很勇敢，很理性，这没有什么好丢脸的。我很佩服你，真的！”

“你觉得是我遗弃了我的母亲吗？很多人都这样认为！”

“每个人都有追求幸福的权利，她生下你却让你过得不幸福，那是她的错，你没有遗弃她，是她辜负了你。”

我从来没有和别人正面谈过我的母亲，谈过我的残忍。我一直觉得自己是没有错的，我离开她，是不想重复她的命运。我想，在别人眼里，我贪慕虚荣，我冷血，我为了过上好日子连亲生母亲也抛弃。

苍耳这样懂我，懂我心里的脆弱。

我和苍耳很自然地在一起了。我不去想他的未婚妻，我想订婚不代表什么，没有真正结为夫妻就不算夫妻。

我知道自己脸色红润了很多。妈妈和爸爸很快乐地看着我的变化，他们说，女儿长大了，是谈恋爱了吧。

妈妈旁敲侧引地问我那个人是谁，我只说等感情稳定下来就会带他回家。

只有兰平很沉默。他注视着我，在我一抬头的时候他又慌乱地别过头去。他从来就待我很好，没有嫌弃我，从小到大，他一直像亲哥哥那样保护着我，疼爱着我。

我发现自己怀孕了是在几个月以后，我给苍耳打电话告诉他这个消息，我说，苍耳，我们结婚吧！

我和我母亲是不一样的，我不要未婚生子，也不要做别人的情妇。苍耳开始躲开我，他的电话很难打通，即使接听了，也总是说很忙。

我心里突然觉得惶恐，不安。我不想重复我母亲的命运，但是，我和母亲有什么不同？我曾经看不起我的母亲，现在，我更看不起自己！

我以为离开母亲我就可以把握自己的命运，但是，我现在还是把它弄得乱七八糟，不知所云。

我不敢去找兰蔻，我知道她一定会闹得沸沸扬扬。我也不能告诉爸爸妈妈，我害怕他们失望。

我感觉肚子里孩子的心跳，感觉一个生命，他那么鲜活的存在，那么真实的存在。

我在吃早饭的时候又呕吐了。妈妈来我的房间问我，她说，女儿，你是不是有了？

她那么慈祥地看着我，她握住我的手。

我一下扑到她怀里哭，我说，妈妈，我好怕。她抚着我的背，轻轻柔柔的。

"什么，你说孩子是你的？"妈妈吃惊地问着兰平。我也诧异地看着他。

我知道，如果这个孩子没有父亲，我是没有勇气生下他的。我怎么能让自己的孩子再背上我的耻辱，过上不堪的童年？

"是的，我一直很喜欢如意，再说她只是养女，你们只要解除领养关系，我就可以娶她了。"兰平很冷静地说。

他深深地看着我。怪不得他一直不结婚，怪不得他大学毕业没有出国，怪不得他一直留在家里，原来是为了我。

我想去看我的母亲，我终于明白她的歇斯底里了。被自己的孩子遗弃是怎样椎心刺骨的疼呀！很快，我和兰平结婚了，但我还是喊他哥哥。

“你的母亲是因为生活所迫才……但是她很爱你。你来做我们家女儿的时候，我们去找你的母亲办理手续，因为只有她同意，你才能正式成为我们的女儿。我们要拿钱给她，她没有要。所以我们安排她到我们的一个厂工作，让她靠自己的努力挣钱。其实你每年过生日的时候，她都会来看你，只是在你睡着了以后……”

听着妈妈的话，我泪雨滂沱。

九月的时候，我生下了一个女儿。

我欢喜地期待着她长大。

我闻见很多的花香，在满世界地开放，那是女孩们的成长。

我也有过。

蒲公英情人

她的心思完全不在这上面，她满脑子里想的全是她在乡下的爱人。

和舒伦堡家庭餐馆达成的协议是萨拉单枪匹马闯世界以来最大的一次胜利。

这家餐馆紧挨着她租住的老式红砖房子。一天晚上，在餐馆用过晚饭以后，她顺手拿走了放在餐桌上的菜单。菜单上的字迹潦草得几乎无法辨认，使人根本就不知所云。

第二天，萨拉给舒伦堡看了一张漂亮的打印菜单，菜名在右边排列得整整齐齐。

老舒伦堡十分高兴。在萨拉离开之前，他欣然与她签订了协议：她负责餐馆里21张餐桌的菜单打印。早餐、中餐、晚餐各一份，菜单每日更新。作为回报，舒伦堡将把一日三餐送到萨拉的房间里。

对这个协议，双方都感到非常满意。现在在舒伦堡家庭餐馆用餐的人可以知道他们吃到嘴里的东西到底所谓何物了。而在这个阴冷的冬日里萨拉也有了食物得以果腹，对她而言这是眼下最要紧的事了。

已经立春，天气却依然是那么寒冷。一月间下的雪依然在街道上冻得硬硬的。

一天下午，萨拉在房间里冻得直打哆嗦。除了打印餐馆的菜单之外，她无事可做。萨拉从摇椅里站起来，看窗外，已经是春天了。

事情还要从去年夏天说起，在萨拉到乡下去的时候，她堕入了爱河。

在阳光农场逗留的两个星期里，她爱上了老富兰克林的儿子沃尔特。他们相偎而坐，他为她编蒲公英花环，他赞美说金黄色的花朵和她深棕色的头发是多么的相称啊。她害羞地把花环留在地上，跑回屋里，一路上不停地摆弄着手里的草帽。

他们打算在春天结婚——“就在嗅到第一丝春天的气息的时候。”沃尔特是这样说的。然后萨拉回到城里，继续敲她的键盘。

一阵敲门声把萨拉从过去的幸福时光拉回到了现实里，一名侍者带来了第二天的菜品清单。

萨拉在打字机前坐下。她是一个熟练的打字员，大概只要一个半小时，21 张卡片就能准备妥当。

萨拉的手指在键盘上灵巧地弹跳着，就像小虫在夏日的浅溪上翩翩起舞。她依次而下，细致地让不同长短的菜名在卡片上各得其所。

就在她快要打到水果一栏的时候，萨拉突然冲着菜单哭了起来，眼泪从她充满绝望的心底深处涌了出来，盈满了眼眶。

她已经有两个星期没有收到沃尔特的来信了。菜单上的下一道菜是蒲公英——蒲公英和什么蛋？去它的什么蛋——蒲公英。沃尔特用金灿灿的蒲公英编织花冠，给他钟爱的女王，他未来的妻。

过了一会儿，萨拉强忍住了眼泪，卡片必须得打完。恍恍惚惚中她朝键盘伸出手，她的心思完全不在这上面，她满脑子里想的全是她在乡下的爱人。7 点钟的时候，侍者送来了晚饭，顺道取走了菜单。萨拉闷闷不乐地吃着晚饭。7 点半的时候，到了萨拉读书的时间。她拿出书，把脚搁到箱子上，读了起来。

门上响起了铃声，房东太太去应门。萨拉把书扔到一旁，竖起耳朵听着。楼下的大厅里传来了一阵嘈杂声，萨拉跳了起来，夺门而出，书落在了地板上。

你一定猜着了吧！当她冲到楼梯口的时候，她的小伙子也一步三台阶地冲了上来，一把把她抱在了怀里。

“你为什么不给我写信？哦，为什么？”萨拉哭喊了起来。

“纽约可是个大城市。”沃尔特回答说，“一周前我一来纽约就去你的旧住址找你，发现你早在某个星期四就搬走了。我到处找你，还找了警察。”

“我给你写了信的。”萨拉用力地说道。

“没收到！”

“那你是怎么找到我的？”沃尔特笑了，笑得就像春天一样灿烂。

“今天晚上我到隔壁的舒伦堡餐馆吃饭，”他说，“每年的这个时候我都喜欢吃点时令蔬菜。我的眼睛在打印精美的菜单上找我要的东西，当我看到的时候，我跳了起来，弄翻了椅子，我大声地喊来了店主。他告诉我你住这里。”

“为什么?”

“走到哪儿我都能一眼认出你打的首行大写字母‘W’，它总是比同行的其他字母稍微偏上一点。”

他从口袋里抽出一张菜单，指着那一行。

她认出那正是今天下午她打的第一张菜单，靠右手顶端拐角处还留有她的一滴泪痕。但在本来应该是植物名称的地方，对金色花朵的回忆让她的手指敲了错误的键，两个菜名之间有一段注释：“最亲爱的沃尔特加煮鸡蛋。”

我们这样冷漠地爱着彼此

我的心，倏地一痛，随后将手中的书本砸过去，他们嗷一声笑开来，而我，却是蹲在地上，无声地哭了。

她34岁的时候，就离了婚，自此成为我和妹妹眼中的男人婆。大着嗓门和建筑工地上的男人们说笑或是对骂，衣服也是捡父亲留下来的穿，我去灰扑扑的工地上找她，常常费很大的工夫，都无法将她从一堆满身泥浆的男人里辨认出来。每每都是她眼尖，很远地瞥见了我，声嘶力竭地高叫：死丫头，又跑来找老娘讨钱花了吗?一群人便哈哈大笑，她也跟着笑到皱纹像那石灰沫似地覆了满脸。所以我讨厌这时候的她而且觉得她是那么的可悲，一个不过是少妇的女人，却被生活的重担，将性别粉碎掉了。而在此之前，她甚至是喜欢给自己的衣服上，绣只呼之欲出的蝴蝶啊。

那一年她遭受的打击，几乎是一连串地来。先是她养的肥肥胖胖的几窝兔子，不明原因地突然全部死掉。而后便是姥姥一下子瘫掉，不仅无法在家里帮她照料家务，反而因吃饭穿衣洗刷之类的琐事，将她死死地缠住。她常常一边给姥姥端着尿盆，一边被门外的男人们催：还不去工地干活，小心去晚了今天又白干！而5岁的妹妹，也因为无人给她穿衣服，躺在床上哭得已是喘不过气来。这样琐碎的烦恼，像空气一样，无处不在。她就是这时候开始学会骂人的，一点鸡毛蒜皮的小事，都容易让她心中的怒火，一触即燃。邻居们都不敢惹她，亦不屑理她，但生活还是像我们姐妹身上穿的劣质的衣服，碰到哪里，哪里就起了难看的毛球。

终于有一次，她正站在小巷口神采飞扬地骂着，突然就走过来一个西装革履的帅气男人，冲她问道：大嫂，您知道蓝美家住哪里吗?

这句话像是一个晴天霹雳，一下子将她震哑了。她被太阳晒得粗糙干涩的脸，红了又白，白了又紫。最后，一个邻居阿姨走过来，说蓝美，你妈估计又尿床了，喊你这么长时间了没听见吗?她突然在这句话里就醒过来，疯了似地跑回家，且砰地一声将门关上，再不敢踏出半步。我从平房上看见那个男人，呆愣了很长时间，而后叹口气，转身走开了。那天晚上，她翻箱倒柜地找东西，很执著地找，要把家翻个底朝天似的。最后她终于在看到一张发黄的照片时，停了下来。照片上的男人，正是白日问路的那个叔叔，而羞涩地倚在他身边的，却是一个完全陌生的美丽女孩。我很好奇地问她，这个漂亮姐姐是谁啊，真好看。没曾想她恨恨地一巴掌打过来，说你这忘恩负义的家伙，连老娘都不认识了!

我是很多年之后才知道，那个男人，是她的初恋。他们曾经有过一段浪漫的时光。谁也想不到，当他们再相遇，却是以这样尴尬难堪且几乎让她对生命绝望的方式。

她自此便成为一个完全没有性别的人。也很少再有人来给她提亲，大家几乎忘记，她不过是一个30多岁的年轻母亲，与其他女人们一样，需要一个男人，来给她支撑和呵护。

父亲组成了新的家庭之后她就不准我们再去找他。每次要生活费都是她亲自上门去讨。有时候讨不回，她就站在门口骂，直骂到父亲抵不住左邻右舍的指点，将拖了半年的生活费，甩给她。她总是将散落了一地的钱，一张张地捡起来，数好了，这才骄傲地白一眼紧闭的门，快乐地走开。她永远都不跟钱结仇，她是这样说的，也是这样做的。冬天她卖糖炒栗子，有痞子抓了栗子不给钱就走，她用黑糊糊的手拽住痞子的胳膊，死活都不松开。痞子一脸的厌恶，只好将钱扔下，记起自己衣服上的污痕，又愤愤地跺两脚，这才转身走掉。她开心地抖落钱上的灰尘，宝贝似地揣进衣兜里，又高声叫卖开了。

但那时的我，已经是一个爱面子的女孩，每次走过菜市场，看见她为了一毛的零头，跟人家争得不可开交，便常常脸红，抱了书包就飞快地跑回家去，全然忘了来找她的目的，是为了讨要拖欠的学费。她也敏感，看见我要逃掉的时候，就会当众喊我，让我完全地暴露在大庭广众之下，无处可躲。但还是有一次，被一群男生们窥见，他们嘻嘻哈哈看着站在我身旁的她，眼里满是嘲弄。甚至有一个男生嬉笑着探过头来小声道：你妈真厉害啊。我的心，倏地一痛，随后将手中的书本砸过去，他们嗷一声笑开来，而我，却是蹲在地上，无声地哭了。

失落的记忆

我笑得愈是灿烂，我就觉得我与寂寞又近了些，
我甚至可以听到寂寞和孤独在我骨子里疯长的声音。

我想把自己以前失落的记忆拾起来，用来填满我空虚的人生。当有一天我要离去的时候，我可以拿出来看看，原来这就是我美好的青春。

我从不认为自己会有老去的一天，不属于这个世界的人怎么可以停留那么久呢？我可以想象自己老态龙钟白发苍苍的样子，可我不知道为什么我要活那么长时间？是为了什么？还是什么都不为？既然找不到理由，我就不需要在这个世界上过多地苟活。引用“苟活”这个词是不恰当的，可它是适合我的，也就只能用它了。

停留在我生命中的第一个男生应该就是冰清吧！那时我们年纪都很小，他就这样走了进来，没有一丁点杂质。

我们之间没有风华雪月的爱情故事，有的也只是青杏一样的酸涩。

曾经有一段时间，我否定了这是我的初恋。因为我没有感觉，我真的没有感觉，我不知道自己是否喜欢过他。可就在看到那句话时，我知道那也许真是我的初恋了。也许，我是喜欢他的。我说的是也许。那句话是这样说的：“连手都不敢握的时候，便是初恋了。敢于接吻的时候，初恋就老了。”

为了这个“也许”，我的生命出现了那么大的曲折，改变了原来属于我的人生，让我在曲折中迷失了自己，我把自己给弄丢了。

他对我说：轩墨，我们是冰清玉洁。

他对我说：轩墨，我爱你！

他对我说：轩墨，你笑笑好吗？

他对我说……

我们还是分开了，毫无征兆地分开了，曾经的一切都已成了过眼云烟。再见，我们已成了陌生路人，我看着他走过去的背影会很难过。我想上前拉着他，听他对我说：轩墨，我爱你。而这一切，只能出现在我的梦里，我却从来都没有梦见过他。

有时候，我曾怀疑，这一切真的存在过吗？它的确就这样真真实实地发生在我的生命里吗？为什么我会没有感觉呢？为什么我不会因此而感到难过呢？

哥是另外一个男生。他是我认的哥，一辈子中唯一的哥。他是一个很好的男生，也许在别人眼中，有他许多的不是，而我不会。我一直都把他当做家人，他是我哥，是在我心情难过时可以给我疗伤的人。

那时的我就像一只刺猬，在外面横冲直撞弄得千疮百孔，惨不忍睹，然后回到温暖的巢穴中舔舐伤口，而哥就是那个巢穴，一直给我提供温暖。

有一段时间，关于我喜欢他的传言漫天飞舞。我从不去解释。他是我哥，比亲哥还要亲上百倍，这份感情永远不会变质，也不需要作任何的解释。

可是，他也离开了。他在楼下，我在楼上，看着他拿着东西和送他离开的同学有说有笑地走着，我也笑了。哥没有给我说他要离开，他害怕我会难过，他害怕我看着他的离开会懦弱地掉下眼泪。他害怕我承受不了那样的痛。

我还是知道了哥的离开，我只是高高地站在楼上，静静地看着他一步一步地离开，我一直都笑着。就在他从我的视线中消失的时候，我用尽了所有的气力喊了一声哥，因为我突然害怕这是我们之间最后的一次见面。他回头招了招手，什么也没说，然后头也不回地走了。

可我看到了他眼中的歉意，这就够了。我转过身，眼泪顺着脸颊流了下来，大颗大颗地落在地上。他就这样走了，从我的生命中消失了，只留下他的足迹。我只能这样看着他，却不能做任何事情。

阳光直射着我，就在那一刻我爱上了被阳光直射的感觉，是那么地亲切，那么地温暖。哥走了，再也不能给我提供温暖，他把太阳的温度留给了我，可以让我沐浴在阳光里一步一步地恢复平静和快乐。

在以后的日子里，我时常就这样光着脚坐在阳台上或是顶着毒辣的太阳，不停地行走，不断地寻找，缅怀我的过去。

我越来越孤单，越来越寂寞，也越来越忧郁，我把自己裹了起来，寂寞地沉默地行走在各个陌生的地方，不作任何的停留。我说的话也开始尖酸刻薄起来，使我身边的人一个个都远离了我。我只能在夜里绻缩成一团，无声地哭泣，难过得说不出一句话来，我是那样无能为力，只能沉默下去。

最后他们都离开了，去了我踮起脚尖也见不到的地方，我不再去望他们，只是低下头，回到了我的世界。

一次次在黑夜中突然就这样醒来，恐惧让我不敢睁开眼。我害怕我睁开眼看到的是空洞的天花板，看到的是另一个让我陌生的世界。闭着眼睛，固执地不睁开，听着宿舍内女生们均匀而轻微的鼾声，我的心会慢慢平静下来。有时也会学着打几个鼾，让自己睡着，而有时则会一夜无眠，实在熬不下去的时候，我会悄悄从床上爬起来，光着脚站在阳台上，看着漆黑的夜空，内心一片宁静，我就像是一个孤魂在午夜游荡。

我知道我是属于黑夜的。白天，我穿着白色的衣服，笑若天使，而夜晚，则会衣着黑色像个幽灵一样在世间游荡。

然后，我遇见了让我喜欢了三年的阿四。他就像一个王子。我喜欢他，可我不对他说，我只是坐在他旁边，静静地不看他，却想着他的呼吸，他的微笑，他说话时的表情。

阿四是一个的很滥的男生，说话带脏，可我就是喜欢他，喜欢他不可一世的笑。在我心里他是不可靠近的，他就是一个王，一个寂寞的王。我每天都在幻想他赶着马车带我回家，让他在我的身边靠着。

他静得像一个孩子，我什么都没有做，只是对他微笑。我走不进他的世界，我们是两个世界的人，是不可以在一起的。

我会在夜深人静的时候，偷偷地想着他，念叨着他入睡。在那时，没有一个人知道我是喜欢阿四的，他是我的梦，一个只可远观而不可近视的梦。我不想让梦有一点痕迹。所以，对于这个梦，我从来都就没有奢求，我可以把自己能给的都给他，只要他快乐开心就好，我就这样痴迷于他，在他面前，我装得若无其事。

他在我的记忆中都是美好的，即使他说脏话，即使他很滥，我也喜欢他。喜欢上他，我愈发地寂寞。总是用大声的欢笑掩饰内心的无助，我害怕自己会笑着笑着流下眼泪。

我就这样掩饰着自己的心，掩饰着自己的梦，把自己变得温和一点，能够和他近一些。为了他，我严重地扭曲了自己，变得不再像我，变得不可一世，变得忧郁。

迷恋他到了累的程度，我不再有激情，开始害怕见熟悉的人。于是，我喜欢陌生的地方，在那里停留一段时间，然后离开。我注定不能为任何人作任何的保留。我在寻找自己。一个人发呆的时间越来越多。我常常在黑夜里坐在窗户上，看楼下涌动的人群，脸上没有一丝表情。

在没有他的日子里，我愈发地想他，可他在我的印象中越来越模糊，我总是会说着说着开始沉默，笑着笑着开始流泪。朋友们不知道我为什么会流泪，为什么会沉默。他们只是问我：轩墨，你怎么了？不要这样了。我只是摇头，然后尽情地笑着，笑得我心都疼了。

我高三了，抬头仰望着曾经圣洁的梦想，那么的远，那么的遥不可及。我开始慌了，我知道，我不能够再想那么多，我要好好学习了，我不得不放下三年来对阿四的感情。

我感觉到我的文字是那么的苍白无力，我都不好意思再提起笔，记录那些曾经深深地刻在我心中的回忆。

我不再想那些在我生命中逝去的青春，我不再想他们是否还会回头，我学会了承受生命的痛。我笑得愈是灿烂，就觉得我与寂寞又近了些，我甚至可以听到寂寞和孤独在我骨子里疯长的声音。它们在我的身体里不停地奔突，侵吞着我的每一寸骨骼，让我心惊害怕。我好想抓住一个人的手，狠狠地抓住不松开，靠在他的肩头，死命地哭，把我毕生的眼泪和热情都消耗掉。

这样，我就不会难过。

这样，我就不会再感到累。

这样，我就会忘记了回忆。

此生不悔爱过你

她决心把这份爱永远珍藏于心底，不求回报，不奢求天长地久……

他是心地善良的青年画家，她是清秀脱俗的聋哑女孩，一场惊心动魄的邂逅把他们的命运紧紧绑在了一起。他把她打造成“自食其力”的广告设计师，他们的爱情曾闪耀动人的光芒。而在他们不被祝福的结合历经磨难之后，她却挥泪留下祝福，与深爱的他不辞而别……

2000年对于中央美院毕业的高才生张岩来说是幸运的新千年，这年初春他卖出了人生中第一幅油画作品，并用这笔微薄的收入沿着三峡自助旅行，一路游玩，一路写生。

3月的一个黄昏，他带着一身风尘来到王昭君的故乡香溪。江边苍翠秀丽的美景让疲惫不堪的张岩顿时心旷神怡，他在一块巨石上席地而坐，一抬头，目光触到了一位长发白裙的女孩，那女孩水灵的大眼睛里写满了忧郁。顿时他眼里的整个画面如梦境般，变得不真切了，青山苍苍映衬着白衣女子的缥缈，碧水幽幽照出她脱俗的脸庞，张岩来不及多想，提起画笔用灰白的线条记录下散落在她身上的光影。

正画得投入，只见女孩一步步朝深水区走去，张岩感到不太对劲，丢下手边的画板，手舞足蹈着大声叫喊。女孩却充耳不闻，径直走向汹涌澎湃的江心。慌忙中他冲过去拉住她的手，拼命往岸边拖。受惊的女孩用力挣扎，张岩在湍急的河水中拉扯着她，脚底一滑险些摔倒，等他站定，女孩已经又向前走了几步。张岩一心救人管不了那么多，追上去一把把她紧抱在怀里，女孩不说话，口里发出咿咿呀呀的声音，手脚乱推乱踢，张岩费了九牛二虎之力才把女孩拖上岸。这时女孩也耗尽了体力，张岩上气不接下气地问女孩为什么要这样，女孩两手比划着什么，没等张岩反应过来，她又挣脱了往江水里走去。张岩情急之中指着画板上的速写，涨红着脸说：“你……这么漂亮，不应该这样想不开！”女孩呆望着画板上的自己，看看全身湿透的张岩，她没想到这世上还会有人关心自己，一下子就停止了哭闹。送女孩回家后，听了女孩父母的诉说，张岩才知道，原来这位女孩叫王静，是个先天性聋哑人。父母给她介绍了一个瘸腿男人，大她18岁，又老又丑，她不情愿和一个自己不爱的男人度过人生中的下半生，却又走投无路，于是想一死了之。

张岩的心被女孩凄苦的命运深深震撼了，他热爱艺术，珍爱世间所有的美。看着女孩那双闪烁着泪光的大眼睛无助地望着自己，张岩仿佛看见一件精美绝伦的艺术品就要被无情地碾碎。于是张岩请求王静的父母不要把女儿嫁给这样一个人，这样做太残忍了。父母却说：“但她终究也要嫁人啊”。情急之下张岩不假思索地说，“那就让我把王静带回上海吧。”话说出口，王静的父母都目瞪口呆地看着张岩，甚至他自己也没想到自己会做出这样的决定，整个脸上火辣辣的。而一直立在一旁的王静大概也从口型看出他的意思，娇羞的低下头去，双颊透着苹果样可爱的红晕。惊诧过后，王静父母面面相觑起来，张岩领会到两位老人的顾虑，当即掏出身份证、毕业证、获奖证书，还把电话打到上海，让他们确认自己的身份。一切都证明眼前这个英姿翩然的小伙子是热心而善良的青年，两位老人交换了一个眼神，点头默许了张岩的提议。

张岩在上海有自己的画室。所谓的画室虽然只是一间不过60平米面徒四壁的小屋，但被张岩流光溢彩的油画装饰后，散发出别具一格的温馨和浪漫情调。王静被他画中的光芒吸引，在小屋里转了又转，看了又看，像孩子一样欣喜地伸出手触摸画中的风景，仿佛一切都是真真实实呈现在眼前。张岩望着女孩微微笑了，他发现女孩身上除了来自深山的天然纯净的气质，还有由骨子里透出来的灵气，和对艺术的敏感。

这时候一位装扮时髦的年轻女子推开门，她一进来便拉住张岩的手，轻轻吻了他的脸颊，一切都那么顺理成章，丝毫没有羞怯。年轻女子叫尹兰，是张岩的女朋友，大学毕业后在上海一家知名广告公司工作，收入丰厚。为了帮助张岩实现举办个人画展的梦想，她用自己的全部积蓄为他设计了一间画室。由于张岩学的是艺术油画，收入有限，所以基本上靠尹兰的资助维持生计。

看到眼前这一幕，纯真的王静惊呆了，她依偎在画室的角落里一动不动。张岩马上向尹兰介绍了这个自己从深山里带出来的女孩，他把王静的遭遇和自己的想法一五一十尽数说给女友听。尹兰用苛刻的目光打量着无辜的王静，她没想到眼前这个婷婷玉立的女孩竟然是聋哑人，更不愿相信她是张岩从外面带回来的……张岩会不会爱上她呢？她又会不会缠住张岩呢？想到这些尹兰不禁忧心忡忡……

安顿下来之后，张岩不得不为王静的生存煞费苦心，他通过打手势，做动作，画画，教她慢慢写字。值得欣慰的是，聪明的王静进步很快，甚至开始学着拿起画笔，帮张岩调配颜色。

尹兰每次来画室，总能看到张岩在手把手教王静作画、认字，或者看到他们互相打着手语用眼神交流。她带着些许醋意打量着整个画室，在原本狭小的卧室里，张岩和王静的床铺仅仅用一布帘隔开。尽管私下里张岩反复解释他对王静没有一丝杂念，只是想教会她掌握一些求生的本领，但尹兰再怎样自信怎样宽容，也无法容忍一个楚楚动人的女孩跟自己的男友朝夕相处。

积怨多日的尹兰终于在几个月后的某天爆发了。她约张岩到以前常坐的咖啡厅摊牌说：“如果你爱我就叫王静走人，如果你爱她，我会头也不回的消失。”尹兰料定男友一定会念及多年感情和自己对他经济的支持，放弃帮助本来素不相识的王静。然而出乎意外的是，进退两难的张岩没有给她答案，只是一味地说：“王静有创作天赋，一定会在这个领域创造奇迹……”他满面欣喜地说，他正在帮王静开发潜在的艺术才能，如果没有自己在身边，这种才能也许会被永远埋没了，更重要的是他不能目睹她又回到以前的凄惨命运。他向尹兰承诺，等王静能够凭自己的才能在社会立足的时候，他一定会让王静离开他。

盛怒之下的尹兰打翻了手中咖啡，扬长而去。她忽然觉得自己与张岩的感情就像打翻的咖啡一样，泼出去就收不回来了。但任她再狠心再绝情，几年的亲密无间也不能说放手就放手，于是她开始从经济上孤立张岩，企图以这种方式逼男友“回心转意”。

很快，张岩的生活陷入了混乱和困顿。他把小小的画室辟出一个角落，卖些画框、画架、画笔、颜料，换取一部分的生活费用。他让王静留在家里经营，自己则背起画架，起早贪黑往返于飞机场、豪华宾馆之间，靠给路人画画儿维持生计，日子过得捉襟见肘。但他认定王静有着不同寻常的艺术天分，认定她做设计一定能取得非凡的成绩。所以教王静绘画的同时，他四处筹钱购置了一台电脑，教王静使用电脑设计图案。两个人在困境中相依相偎，反而滋生出了特殊的情愫。

尹兰的本意是以此逼迫张岩浪子回头，与自己握手言和，所以千方百计通过朋友隐晦地透露自己的意思。却没想到张岩并没有屈从于金钱的支配，硬是自己撑了下来。她爱张岩，爱他的才气，爱他对梦想的执著，爱他纯真善良的本质。思前想后，决定低一回头，亲自找张岩和好。但她没有预料到，三个人的感情已经是出轨的列车，朝着未知的方向驶去了。

在一个阴雨绵绵的秋日早晨，当她轻轻打开画室房门时，尹兰的世界顷刻间天崩地裂。她最不想看到的画面真真实实的投射进视线，还没醒来的张岩和王静在她曾经住过的同一张床上甜蜜地相拥而睡！尹兰狠狠抹去夺眶而出的眼泪，冲出画室，她想既然心死了，留在这个伤心之地只能徒添伤悲。于是她来不及辞掉工作便离开上海，去了广州。

两个月以后，一次老同学聚会中张岩从他们共同的朋友那儿得知尹兰已经离开上海，也得知她已知道了自己和王静的事情，并且在广州发展顺利。那天，张岩在酒吧喝得酩酊大醉后才回家。透过张岩酒醉后含糊的只言片语，聪明的王静明白了一切。她也曾经想过，在张岩心里，自己只是尹兰的替代品，他对自己更多的是同情而不是爱情……抱着瘫倒在床边的张岩，她忽然想离开，可她又想如果连自己也走了，谁来照顾张岩，谁又能带给他生活下去的力量呢？其实，从第一次在长江边相见时，她就爱上了这个男人，当他为自己放弃女友的经济支持时，她被这个男人深深打动了。是他给了自己第二次生命，她又怎么忍心在他最脆弱，最需要人陪的时候离开？王静轻轻抚摸着他汗湿的头发，咬牙忍住挂在眼角的泪珠。她决定留下来，既然自己的命也是他的，她还有什么痛苦不能忍受？

那些日子，张岩意志消沉，一蹶不振。进货出货、洗衣做饭全落在王静一个人身上。在她的辛勤操持下，画室的生意渐渐有些起色。她还挤时间兼做一些广告设计，深得同行的赞赏。

渐渐地，王静和张岩的“小家庭”已经有一些积蓄了。但远在哈尔滨的张岩父亲得知儿子的近况后，命令儿子立刻与王静分手，老人声色俱厉地怒斥儿子：“尹兰是个懂得照顾人的好姑娘，也是我心里的准媳妇，你现在就跟那个哑女分手，去广州把尹兰找回来，否则你以后别叫我老子，我也没你这个儿子!”父亲恨铁不成钢，冲动之下说了气话，一向孝顺的张岩能理解父亲的心情，但事情发展到这一步，跟王静分手与尹兰重修旧好几乎难如登天，俗话说破镜难圆，这道理人人都明白。于是张岩只好委屈的听任老父责骂，被赶出家门也没吭一声。

这年秋天，在两人低调成亲之后，王静为张岩生下了他们的爱情结晶，孩子白净可爱，像极了小时候的张岩，最重要的是，儿子能哭能笑，声音洪亮。张岩细心托着手中的小生命，心想父亲应该会看在孩子的份上原谅自己的不肖，接纳哑妻王静。于是携妻带子千里迢迢回到哈尔滨。张岩万万没想到，固执的父亲不但坚决不认孙子，还当着王静的面摔盆打碗，责骂儿子不孝。在家待了三天，张岩沮丧的带着妻子回到上海。刚走进画室，他接到母亲的电话。70岁的老母亲在电话里泣不成声，说在他离开后的第二天，父亲因过度悲伤突发脑溢血，去世了。

父亲的撒手人寰让张岩本已千疮百孔的内心更加脆弱，他想到不顺心的事业；想到被父母反对的爱情；想到父亲含辛茹苦把自己抚养成人……他恨不得把自己毒打一顿泄愤，恨不得结束自己的生命换取父亲安乐的晚年。他失声痛哭，“爸，是儿子不孝，断送了您老的生命啊!”

从此张岩像换了一个人，时常唉声叹气，衣衫不整，喝闷酒到天亮，脾气也越来越暴躁乖戾，经常无缘无故地摔东西，颤抖的双手已经握不住画笔。一次，张岩喝得酩酊大醉回来，吐得满身都是，王静为他洗脸换衣时，他红着双眼对王静大声怒吼：“你为什么总是跟着我？你说，为什么!”以前从没被他呵斥过半句的王静吓呆了，尽管有几个字她没能从口型辨认清楚，但是张岩的神情告诉她，张岩内心深处一直对她存着怨怼，她明白，如果不是执意与自己结合，张岩不会落到现在的落魄境地，他父亲也不会过早身亡……

那一晚，王静默默地坐在窗前流泪到天明，心中翻覆着难言的悲哀和深深的歉疚。一个巧合的机缘让王静通过做广告的同事得知，远在广州发展的尹兰至今没有结婚。两年前尹兰离开上海只是一时冲动，王静早已感觉到尹兰对张岩的深情并不少于自己对丈夫的爱。像尹兰这样优秀时髦的姑娘不可能找不到好男人，她一定是在等张岩呢!

王静这样想着心情黯然。她甚至不知道自己在丈夫心中到底是什么位置。最使她感到焦急不安的是，曾经才华横溢的张岩一直不能振作起来，如果这样下去，一个艺术生命将被毁灭呀！如同艺术是张岩的一切，丈夫也是王静的一切，她却不知道怎样做才能帮他走出困境。

2006年春天，与张岩相识6年、结婚2年的王静在一个抽屉里发现了尹兰远走他乡之后写给自己丈夫的一封信，和丈夫已拟好的回信。尹兰的信中字里行间都充满对张岩的不舍，而回信中也流露出张岩的后悔与无奈，但好强的他放不下男人的尊严才没把写好的回信发出去。

到此刻王静终于明白，张岩真正爱的人还是尹兰，对自己只是一种责任和同情。在理智与情感的艰难抉择中，被生活磨炼得异常坚强的王静做出了人生中最重大的决定：为了张岩，离开上海。那天，她边哭边抱着不满两岁的儿子在深深眷恋的画室里徘徊，儿子睡着后，她含着泪把画室整理得干干净净，把张岩的衣服都重新洗一遍，然后在他们曾一起作画的书桌上写了一封短信：

我走了，请不要担心我。你已经把我培养成一个可以掌握命运的人了，我会在新城市找到自己的位置。希望你能振作起来，全力以赴追求你的梦想。儿子我会送到母亲那里，就让他陪伴老人家，替我赎罪吧。我最大的心愿是看到你幸福，希望你暂时放下尊严，把尹兰姐找回来，你们才是般配的一对，我会在遥远的地方祝福你们。——永远爱你的静

王静本想去广州把事情的始末告诉尹兰，劝她回上海找张岩，遗憾的是一直没能联系上尹兰。于是她抱着儿子北上哈尔滨，把儿子托付给了那位在孤单寂寞中异常思念孙子的张岩母亲，然后独身南下到重庆谋生。

短短一个星期的时间里，聪颖勤奋的王静应聘到一家广告公司做设计。从上海艺术前沿回来的她，有着十分新颖时尚的创意思维，很快成为这家公司最得力的平面设计师，工资由刚来时的2000元升为5000元。每个月她都会留下了几百元生活费，其他的尽数寄给儿子、张岩和自己的父母。

转眼间一年又过去了，现在的张岩仍然是单身一人，还在那间画室里画画儿，在广州的尹兰也是孤身一人，他们并没有像王静安排的那样旧梦重圆。而至今也是孤身一人的王静一次次“无情”地把追求她的青年才俊拒之门外，她努力做兼职打

发时间，打算存钱将来为张岩举办个人画展，帮他实现他一直以来的梦想。

张岩是曾救了她生命的恩人，是改变了她命运的爱人，她已经学会豁达做人，不管张岩是否爱自己，也不在乎他是否选择自己，她都无偿地寄钱支持他的事业。她决心把这份爱永远珍藏于心底，不求回报，不奢求天长地久……

为爱奔跑

他的心一动，就温柔地痛起来。

他和她，不过是小城里两个平凡的上班族，共同经营着一份平常的感情。他已经忘了最初是怎么相识的，也忘了最初是怎么走到一起并相爱的。

说到“相爱”，他觉得用这两个字来形容他们之间的关系，似乎不太妥当，至少有些奢侈的味道——“相爱”应该是指“相互爱恋”吧？

当然，他感觉得到她是爱他的——从她每次悄悄凝视他，直至不自觉傻笑的脸上。

可是，他对自己的感情没有把握。用她的话形容，就是感情没到位。

其实也不是不喜欢她，他还是有些喜欢她的，要不他每天也就不会一想到什么或碰到什么，就打电话向她倾诉——但也仅限于此。

感觉上，他对她的感情，比喜欢多一点点，离爱，还少一点点。

他知道，凭她的聪慧敏感，也能感觉得出来。只是，她心里认定：事情可能会有转机，所以，她一直努力着。

他也心照不宣地配合着她的努力。

可是，这种事，总是不能勉强的，他们的努力，对他那种状态毫无帮助。

最后，夏日将尽的时候，她显得十分疲惫，终于轻轻地说：“不如分开一阵子吧！”

他不做声，默认了这种提议。

虽然她极力控制住感情，想不失态、平静地从他身边离开，他还是看见她眼睛里的泪水慢慢地涌上来。他心里掠过一丝难过。

就这么分开了。最初，他不太习惯，像只无头苍蝇似地乱窜。过了一段时间，才平静了心情整理好情感。某天，他突然想起：交往那么久，他从来没去接过她。无意识地，他便踱到她办公楼的对面等待——其实也不知道等什么，他只想在她不知道的情况下去看看她。可惜，他并不知道她在哪间办公室上班，所以仍见不着她。于是，他又不自觉地 CALL 了她。一会，他看见对面的三楼上跑下一个身影。那个身影跑下三楼，穿过一条街，沿着一条 50 米岔道，直跑到另一条主街——那儿有一个公用电话亭。

他突然明白，为什么以前她每次回他的电话，呼吸都那么急促。

她说过办公室里有电话，但那是公共财产。况且，一贯冷静理智的她，怎么能当着全办公室人的面，低着头，红着脸说“我想你”之类的话？所以每一次回他的电话，她都要从办公室三楼跑下，穿过一条街，沿着一条 50 米岔道，直跑到另一条主街——用那儿的公用电话亭的电话。

每天，他 CALL 一次，她跑一次；他 CALL 两次、三次、多次，她跑两次、三次、多次……

阳光灼灼的夏日，一个微微有些胖的女子，在尘埃飞扬的街头气喘吁吁地奔跑——仅为回他一个电话。

他的心一动，就温柔地痛起来。

他忙大步流星朝那个为爱奔跑的女子走过去，他要告诉她：他现在是多么爱她！

告诉她你爱她

有时他会给我讲一些我们认识的人的故事，这次是约翰和露易丝的故事。

凯斯医生是一个老派的乡村医生，是我20年的密友。每次我去西部，都会在科罗拉多的那个小镇停留一下，去看望这个老朋友。有时他会给我讲一些我们认识的人的故事，这次是约翰和露易丝的故事。

约翰是个大农场主，人高马大，沉默寡言，没受过什么教育。他靠50只绵羊起家，兢兢业业干活，10年后，已有了2000只羊以及足够饲养它们的牧场。接着，他在小镇的郊外买下了一个有紫花苜蓿的牧场，在那儿喂养他的羊羔。45岁的时候，约翰已经是一个十分富有的人了。

约翰的妻子露易丝是个本地姑娘，读完了高中以后，在一家餐馆当招待。约翰第一次遇到露易丝是在一个夏天，当时她20岁。之后不久，约翰就开始每天驾车从紫花苜蓿牧场到镇上，10点钟准时与露易丝一起喝杯咖啡。约翰出发和到达的时间是如此精确，你完全可以照着他的行动时间来对表。他就像风车一样有条不紊，如同四季的更替一般可信而准确。

在约翰面前，露易丝如小鸟般地啁啾，跟他谈天气、庄稼以及镇上的一些无碍大雅的流言。约翰只是看着她，微笑着，点点头，完了他会说："我得去干活了，再见。"

他们就这样交往了三个月。一天早上，凯斯医生也到那里去喝咖啡，他听到了他们的谈话。约翰说："露易丝，我想让你嫁给我。"露易丝像是惊得噎住了，差点喷了咖啡。一时间，整个咖啡店似乎就剩下了他们俩。露易丝说："我也许会答应你，可是我要考虑一两天。"约翰点了点头，喝了口咖啡，然后说："我得去干活了，再见。”

两个礼拜后，他们结婚了。在科罗拉多州的泉城度完蜜月后，他们在紫花苜蓿牧场安了家。露易丝让人重新刷了房子，用她从丹佛买来的各式各样的东西布置他们的家。整整一年，约翰家的工人就没断过，厨房是新置的，走廊是用玻璃做的。

可是凯斯医生知道，他们并非事事顺心。约翰曾两次请凯斯医生出诊，给露易丝看病。凯斯医生发现露易丝不快乐，身体也不太好。她说她的头经常疼得厉害，可是凯斯医生并没有检查出她有什么毛病。第二次见到露易丝的时候，凯斯医生问她约翰对她好不好。露易丝说，没有比约翰更好的丈夫了——只是，他不怎么说话，其实女人也愿意聆听。几个星期后，凯斯医生又在镇上遇到了露易丝。露易丝对他说："我想很多疼痛大概是我臆想出来的，我已决定要像约翰那样强壮和坚强。”

之后，就再也没有他们的消息，直到 18 个月以后。一天凌晨 3 点半，凯斯医生被一阵急促的敲门声惊醒。敲门的是约翰，他的车停在门外，发动机还在响着。“凯斯医生，露易丝病得很厉害，你得想想办法。”露易丝在车子里，疼得快晕过去了。凯斯医生马上把露易丝安置到了他有四个床位的私家医院。露易丝的阑尾破裂了。手术后快到黎明的时候，凯斯医生对约翰说，24 小时之内还很难说，不过露易丝好像已经度过了危险期。约翰像孩子似的哭了。“她一定得好，医生，她一定得好。”

但是到傍晚的时候，露易丝的病情恶化了。凯斯医生给她输了两次血，可她还是越来越虚弱。

“我想我的身子太弱了，医生。”露易丝无力地对医生说。

“可我记得你说过，你要像约翰那样强壮和坚强。”

露易丝面无血色地笑了笑：“约翰太强了，他根本就不需要我。如果他需要我，他会说的，不是吗?”

“露易丝，约翰确实需要你，不管他说没说。”

露易丝摇了摇头，闭上了眼睛。

办公室里，凯斯医生对约翰说：“露易丝她不想好起来。”

“她必须好起来，医生。”约翰大叫道，“要不再给她输点血?”

凯斯医生解释说露易丝已经输过血了。

"我说的是输我的血，我很强壮，我的血够我们俩用。"

凯斯医生把约翰引到大厅："告诉我，你爱不爱这个姑娘。"

"如果不爱她，我就不会娶她了。"约翰说。

"你告诉过她吗?"

约翰有点迷惑了，"我不是尽力把我能给的都给了她吗？除此之外，我还能做什么?"

"跟她说说话。"

"我不善于言谈，医生，她知道这个！"约翰抓住凯斯医生的肩膀，"把我的血给她。"

医生想了一下，把约翰带到了实验室。他取了约翰的血样，检查。最后凯斯医生说："好的，约翰，10分钟以后我们输血。"

医生来到露易丝的病房，告诉她约翰要把自己的血输给她，他看到露易丝颤抖了一下。凯斯医生替她把脉，她的脉动非常虚弱，成功的希望渺茫。

待护士准备好一切，医生把约翰领到了露易丝的病房。手术台就在露易丝的床旁，中间拉起了一个帘子。

约翰伸出一只大而粗糙的手，握住了露易丝的手，他说："露易丝，我现在要让你好起来。"

露易丝没有看他，只是轻声说："为什么?"

"你认为是为什么?"约翰提高了声音，"你是我的妻子呀。"

露易丝那边没有回答。护士把帘子放了下来，用棉签擦拭约翰的手臂，然后把针头扎了进去。约翰的肌肉骄傲地收缩着。"就快好了。"他对露易丝说。过了一会儿，他又问："她怎么样了，医生?"

在帘子的另一边，凯斯医生把针头插进了露易丝的手腕，接着放开了管子上的夹子。凯斯医生的手搭在露易丝的另一只手腕上。

"还好，约翰。"他说。

"你觉得怎么样，露易丝?"约翰问道。

"还行。"露易丝低声说。

"输完血后，你就可以跟我一样大声说话了。"

露易丝的脉搏好像稍稍强了些。

"约翰。"她轻呼。

"嗯?"

"我爱你，约翰。"

一时的沉默。少顷，约翰说："你一定要好起来!"

"为什么?"她细声地问。

"你一定要为我好起来，我需要你。"约翰犹豫了一下，声音哽咽了，"我爱你!"

露易丝的脉搏剧烈地跳动起来。

"你从来没有告诉过我。"

"我从来没想过应该告诉你。"

露易丝的脉搏平稳起来。"约翰，再说一次。"

约翰又踌躇了一下，然后重复了刚说过的话："我爱你，露易丝，这个世界上你是我的最爱。我爱你，我需要你，上帝作证。我一定要让你好起来!"

医生把针头从露易丝的手腕中抽了出来，把血浆瓶和针头放在一边。他又检查了一下露易丝的脉搏。不可能!露易丝的脉搏变得平稳而有力起来。

"你怎么样了?"约翰问道，声音又一次失去了控制。露易丝没法回答，她在抽泣。

"她没事了。"凯斯医生说道，"你成功了，约翰。"医生给护士使了个眼色，护士把针头从约翰的手臂拔出，移走了手术台上的一个瓶子，把帘子拉开。护士和医生都离开了病房。

几分钟后，当凯斯医生再回到病房时，他看到约翰正握着露易丝的双手，跟她说话。

"当时露易丝仍然非常虚弱。"凯斯医生在结束他的故事，"但是我相信她会好起来的，她果真康复了。"

他摇头感叹："这可真是个奇迹。约翰的血型与露易丝的根本不合，甚至有可能会使她死亡。不过，我给她输的是另一瓶血浆，约翰的血都流到了玻璃瓶里。露易丝需要的是约翰，她也的确得到了他。"

安静的花

我只是想给自己一次正式失恋的机会。那样我才会甘心，甘心放弃他。

在很久很久以前，一个夏天的下午，空气里带着暖暖的花香，还有树叶被阳光照耀后的气息。他在白晃晃的篮球场上奔跑，一身浅麦色的皮肤闪着汗水的晶莹。

“你好脏啊。”我冲他皱眉，他只是安静地看着我，双眸深邃黑亮。那天是我第一次见他，可是感觉却很熟悉，就好像认识他很长时间了似的。

我的朋友对我说：“他和我们读的是同一所小学和初中，也许你以前见过他。”

也许吧，也许在某个楼梯的转角处，我们曾经擦肩而过。也许我的目光曾经扫过人群，忽略了他的存在。有的人认识了一辈子，到老年的时候才爱上彼此。而我见过他很多次，却只在那一天，才留下刻骨铭心的印象。这就是缘分吗？每个人都在可惜，为什么自己没有一出生就与自己心爱的人生活在一起？

他喜欢在冬天穿着绿色夹克，围白色的长围巾，修长的腿穿着牛仔裤，安静地走在校园里。我说我喜欢雪，他说他也喜欢。他是盯着我的长发，说喜欢长头发的女孩子。我难过的时候，他说：“你别哭啊，我最怕女孩子哭了。”我生病请假了，去上课的时候，他看到我，轻轻地说：“你来了啊。”

我觉得我爱上了他，不是那种成熟的爱情，只是一个十七八岁的女孩子会有的爱情。所以我不会告诉他，不会告诉任何人。爱并不是我人生中最重要的事情，我有我的梦想，我要成为作家。3 年后，我要去外地的大学，而他肯定会留在本地。

我相信，我可以为了自己的梦想放弃爱情。何况我并不知道，这是否真的是爱情。时间静悄悄地溜走，许多细微琐碎的小事，却有我轰轰烈烈的快乐与忧愁。我想要快点儿长大，10 年以后，我应该已经忘记了他。

10 年以后的我，并没有成为作家，进了一家普通的公司，成为一名普通的员工。每天上班下班，在人前欢笑，在人后落寞。不明白生存的意义，对于未来没有太大的奢望。我已经忘记了我的梦想，可是我却依然没有忘记他。我总是幻想，在一个细雪纷飞的日子里，我和他在街头偶尔相遇。安静地彼此凝视，淡淡地绽开一个会心的笑容。

也许我会说："你来了啊。"因为我已经等待他很久很久。

在梦里，他向我伸出温暖有力的双手。当我醒来，却发现自己的手里空空如也。如果一切能够重来，我会在最初的时候鼓起勇气紧紧地抓住他的手吗？我的朋友对我说："不要后悔过去，因为即使时间可以倒流，结局可能仍然是一样的。"就像精美的日历，即使再怎样喜欢上面的图案，还是要翻过去。

我决定恋爱了，找一个不可能给我幸福的人，用一种痛苦治疗另一种痛苦。我还不想爱上别人，我想永远爱着他，但我不想继续为他痛苦。我要他成为我记忆中最美好的花，也许当初没有告诉他我爱他，没有给他伤害我的机会，真的是明智的。

那个追求我的男人，喜爱游戏人间。他相信自己很有魅力，能够得到所有女子的芳心。所有人都说，我们不应该在一起，他追我只是为了满足虚荣心。但我对他很好，我想学着爱上他，也许有一天，他会抛弃我，可是我不会伤心，因为那并不是失恋。

我是一个自私的女子，有时候，我也不知道自己都在想些什么。我告诉男友，我曾经爱过一个男孩。我希望男友能够对我说，忘记他吧。这么多年来，我把这个秘密藏得太深，如果有人劝我忘记，也许我就会真的忘记。

可是男友只是冷笑着问我："他有我帅吗？"这个自以为是的男人啊，不知道记忆中的人永远是完美的。也许是因为他的心中，从未想念过曾经喜欢的人吧。我后悔自己愚蠢的念头了，我决定和男友分手。

"你是在耍我吗？"男友质问我。我看着他忧伤的眼神，忽然觉得他其实也并不那么可恶，而且，我真的耍了他，提出分手的人不应该是我。我们仍然在一起，在冬天一起去看雪，铺天盖地的雪，清冷而纯洁，就像很久很久以前的一份爱情，把它埋藏在雪地应该是最合适的。

“好美啊。”我说。

“好冷啊。”男友说。

这时，我看到了他。他向我迎面走来，依然围着白色的长围巾，有一瞬间，我以为这是一个梦。我一动不动，生怕动一动就会把梦惊醒。他也看到了我，听他微笑着叫我的名字，我忽然惊惶失措。我曾经无数次期望过的场景，不是这样的。应该是我的身边没有另一个男子，他的身边也没有另一个女子。

那个短头发的女孩子，我觉得她与我长得有些相似，可是再仔细看，又完全不像。

“我快要结婚了，你呢？也快了吗？”他看着我们俩，我想笑，嘴角却像是被冻住了。

敷衍了几句，我便落荒而逃。

“那个人是谁？干什么的？”男友问我。

“老同学，工程师。”我淡淡地回答。

“怪不得穿得那么老土，学历高的男人都是老古板。”男友嗤之以鼻。

我忽然又想对男友说分手的话，但我还是忍住了。只是那一天，我再没有说过任何话。

过了几天后，男友对我提出了分手。他本来就不想与我长久的，只是不甘心当初我先说分手。

“她没有想象的好。”男友这样评价我。

那天我哭了，我已经很久很久没有哭了，因为他曾经对我说，他最怕看到女孩子哭了。所以那天我哭得很释然，我想我成功了。也许我真的不够好，就算在最初的时候，我告诉他我爱他，他也未必会选择我。我把长发剪短了，反正他已经不再喜欢长头发的女孩子。很多人都知道我失恋了，他们说没想到我爱前男友如此深。而我只是想给自己一次正式失恋的机会。那样我才会甘心，甘心放弃他。就算痛苦仍然会若隐若现，至少情感不会再纠缠不清。

我的朋友问我：“暗恋一个人，会保持多长时间？”

我对她说：“也许是一辈子。”

暗恋一个人，如同角落里盛开的鲜花，独自默默地鲜艳、悄悄地凋零，永远不会有人去采摘。

飘向天堂的琴声

人最容易漠视的，往往是最值得珍视的……

去年暑假，我应邀去一所老年大学代授琴课。一个星期后，一位瘦削、白皙、长着两道剑眉的70岁左右的长者要插班学二胡。那天，他斜挎着一架琴盒站在教室门口，看上去有几分疲惫，眼睛还有些微红，但他执意说想学琴，能跟上。我把他安排在临窗的一个空位上。那个空位曾是一位60多岁女学员的座位，一个月前她因为肝癌晚期去世了。老人的头发雪白，还卷卷的，像电影演员秦怡。

她学了两年二胡，拉得已经很专业了。据说她喜欢二胡已经到了一天不拉心里不安，一晚不拉无法安枕的地步，老伴儿戏称她是“琴痴”。

说也奇怪，自从这位“插班生”来了以后，我常常能在他身上看到“琴痴”的影子，这位老先生拉得也很认真投入，从执琴到运弓、扶琴，不懂就问。除此之外，他还要我每周给他多加一小时的“小课”。“我交补课费。”他一再央求。在这儿学琴的老人大多很执著，有时像个孩子。就这样，每周两次四个小时的大课后，别的学员放学回家，他留下来继续学。半年后他已经能很熟练地拉《雪绒花》了，而且我发现每次他都要在我离开教室后很认真很投入地从头至尾拉一遍《雪绒花》。他拉得节奏流畅、音色优美，但不知为什么，节奏总是比平时处理得慢半拍，绵长而低沉，像是一个人在对另外一个人倾诉。

有一次，我从办公室出来想回家，教室里又响起《雪绒花》缓缓的琴声。我翘首从门上的玻璃往里看，发现老先生端坐，面朝外，忽高忽低忽远忽近的琴声从他的弦上汩汩地流出，飘向窗外，而窗外已是黄昏渐浓，几片云悄悄地隐去，似乎怕挡住琴声飘向更远的天际。忽然，琴声戛然止住了，我看见老先生抱住琴杆，双肩抖动，继而，我听到嘤嘤的啜泣。我推门进去，低声询问他时，他突然抱住我，一声长哭，他哭得像个孩子似的对我说：“我太想老伴儿了！我天天练琴拉琴，就是想让她听见，让她高兴，让她知道我想她……”

后来我知道，他的老伴儿就是那位头发雪白还卷着的“琴痴”。

生活中，在情爱和物欲的天平上，我们似乎更倾向于物欲的满足而有着太多的不平和烦恼，并因此制造着各种各样的争吵和争端，演绎着各种各样的悲情故事、离散故事。然而，当我们坎坷一路走来，读懂了情为何物时，往往是情已老人已逝，空留下一腔伤感满心伤痛！

人最容易漠视的，往往是最值得珍视的……

一张清单的人生

投入整个自我的后果，就是婚姻一旦终结，她拥有的不过是一张孤零零的清单。

她已婚，32 岁，很聪明能干的一个女人。因为聪明，那个家被她布置得典雅舒适，任何客人去都有宾至如归之感；因为能干，她包揽所有家务。她丈夫下班回家总能马上吃到可口的饭菜，浴缸里的水也放好，温度刚刚好。

对家庭的爱，甚至让女人去学了专业按摩；婚前只能炒蛋炒饭的她，至今煲汤手艺一流。

这样的尽心尽力，他还是出了轨。也许是为了一时的刺激，也许是为了寻找久违的激情，再或许，真的是爱了。

她想不通，约朋友喝茶倾诉。一个生活美满的女友埋怨她："光是用心经营婚姻不够的，你得防范着外面，得用心计。"

于是，女人用了这个女友提供的方法——打扮得丰姿绰约地去见那个青春艳丽的女孩，心平气和地说："我把他让给你，他是个好男人，请你好好照顾他。"然后她开出清单，上面列举好该怎样照顾这个男人，小到他挑剔的早饭、洗澡水的温度、搭配的衣服到他年迈多病的母亲、因生活窘迫常常会上门来求援的亲戚；大到每月的账单如何料理，细到家里的宠物如何喂养。清单之长让女孩难以想象，也让她自己难以想象。

事情发展到这个程度，我们已经可以想象到结局——只想要爱情的女孩发现这样烦琐的生活会磨掉自己全部耐心，于是退缩了。

可是并不是这样的。垂头丧气的男人回到家的时候，看到的是一张签了字的离婚协议书。再怎么吃惊劝说，也挽不回女人的心。

离婚后的女人去自学、上培训班、考证，后来进了一家旅行社当策划经理。不了解她的人都说，她转型成功；认识她的人却晓得，她从来都是那么能干的女人。

只有女人自己是知道的，开那张清单的时候，被吓到的不仅是那个女孩，还有她自己。她像是突然看见，大学时意气风发的女强人梦，是怎样一点一滴变成了柴米油盐的平庸，投入整个自我的后果，就是婚姻一旦终结，她拥有的不过是一张孤零零的清单。

故事的真正结局，是男人后来真的后悔了，发动全体亲友再去追求女人；旅行社的男同事也对女人表示出了好感。女人不急着做出选择，但她很清楚，不管再踏入怎样的婚姻，她都不会把自己的人生，完全交付给一张清单。

一碗爱情的绿豆粥

他端来为她做的最后一碗绿豆粥，她喝在嘴里竟然有咸咸的味道。

他会熬粥，会熬很香甜的绿豆粥。

她不会熬粥，每次熬粥不是熬干了就是熬糊了。她胃不好，而且身体容易上火，经常喝绿豆粥能暖胃还能降火气。当她知道他会熬粥时，不禁对他产生了好感。

恋爱时，他一口口地喂她喝粥，她觉得他熬的粥香滑可口，粥里还包含着浓情蜜意，她认为世界上没有比他熬的粥更可口的食物了。

后来，他们结婚了。她只是一名保险业务员，收入并不稳定。他也只是一个中学教师，每月都是固定数量的工资。一到月头，他就把工资全部交给她，她会给他一些钱作为零用。她知道他真的爱她，每天她回家，他都会把饭做好，有时会熬她最喜欢喝的绿豆粥。他们虽然挣钱不多，但是日子过得甜甜蜜蜜。

她的工作一直不太顺，有时候几个月都拉不到一笔保险，只有少数的时候会拉到一两个客户，收到微薄的提成，能让她高兴好长时间。他不忘记送她一碗绿豆粥，外加一句贴心的话："你身体不好，别太累了！"

直到她遇见了子权，才让她时来运转。子权是一家上市公司的总经理，她是在翻遍了黄页本才找到了子权的电话，一遍一遍地打，最后他答应了解一下她推销的险种，约在一家咖啡厅见面。子权不凡的谈吐给她留下了深刻的印象，而她的美丽也像一幅美丽的画留在了子权的脑海。子权答应了购买她的保险，但条件是晚上陪他去参加一个商务酒会。

她没有参加酒会的衣服，子权给她买来了。她没有搭配的首饰，子权给她借来了。甚至，子权还送给她一瓶玫瑰花香的香水……

那个晚上，她成了酒会上的焦点，美丽、大方、自信的她自然赢得了不少成功男士的青睐。她借机向他们兜售保险，不知道是他们为她的魅力所打动，还是为照顾子权的面子，总之，她签了好几笔单子，她知道这个月她一定能摘到那面销售业绩小红旗。

她把衣服和首饰还给子权，向他道谢。可子权却说要谢的是她，因为他找到了一个最佳的事业伙伴，他欣赏她的自信和从容，希望她能成为总经理助理，帮他打理公司业务。为了表示诚意，子权请她吃饭，地点定在一家大酒店。

这是她第一次吃冰糖燕窝，感觉软润滑爽，甘洌清甜。子权说燕窝除了美容养颜，还有去暑降火的作用。结账时，她被账单吓了一跳，而子权却潇洒地掏出信用卡。

她没有去子权的公司，但子权的博学才干以及一个男人的魅力却使她的爱发生了转移。虽然她知道他们没有结果，因为子权是个有家的男人，可是她却爱上了他，也许燕窝的味道要比绿豆粥更对胃口。

她决定和他离婚。那天晚上，她几次话到嘴边又咽下。他看见了她的犹豫，想做一碗绿豆粥给她，他不知道在什么样的心情下听完她离婚的理由，等他眼角渗出泪水时，绿豆粥已经熬好了！他端来为她做的最后一碗绿豆粥，她喝在嘴里竟然有咸咸的味道。

他们终于离婚了，她感到一丝轻松的同时，心里却有一抹疼痛。因为她以为她足够理智地选择了那段爱情，却放弃了这段婚姻，她以为找到了真爱，为自己的感情负了责任，但她却没有因为得到了这份爱情而感到幸福和愉悦。她想得更多的是他一口一口地喂她喝绿豆粥的情形，每每想到这儿，她的心里就倍感煎熬。自从他们分开后，她再也没吃过绿豆粥。

她还是忍不住做起了绿豆粥，她一边流泪，一边学着他淘米、浸泡、搅拌、点油，可是熬粥的时间太长，她失去了等待的耐心，最后没有掌握好火候，还是把粥熬糊了。原来，一碗粥，需要一份恒久的耐心，并在适当的时候关火，才能熬出香气四溢的味道。

她终于理解了他的那份真情，也知道了她想要在婚姻中得到什么，却可能永远也得不到了。

刻在树上的字

爱一个人，就把这个人的名字深深埋在记忆里。

那棵树是他亲手栽的，在教室的后面。

上课时，他一扭头就能看到那棵树，再一扭头就能看到坐在教室里的她。她在他的斜前方，他只能看到她的侧影，她的耳垂儿极白，弧线极优美，也许他最初就是因为爱了她的白皙的耳垂儿然后才注意到她，最后爱得魂牵梦绕。他那时常想：树一天天长高，她一天天长大，等他们都长大成人了，他就和她结婚，生孩子，他和她拉着孩子的小手去看那棵树，告诉孩子，树上的名字是妈妈的，妈妈的名字是爸爸刻的。想着想着，他就会露出开心的笑。

那时候，他们还都在一所中学读书。植树节学校组织植树，每人植一棵，挖坑、栽树苗、填土，给树苗浇水，每人承包一棵。她也在植树，由于要挖坑，要提水，她累得脸红扑扑的，汗珠儿晶莹在额前颌下。他觉得她就是上苍派给他的公主，她的一举一动都令他沉醉。我是这样的爱她，总得为她做些什么！在一个月明的夜里他带着小刀，来到自己栽的小树前，用小刀刻下了几个字——×××，我爱你。

“我爱你”不久就被同学们发现了，在校园中掀起层层波澜，她成了大家议论的中心，也成了众人目光的焦点。是谁刻的字？真是色胆包天！班主任老师大为恼火，小小年纪不知学习，却学会早恋了。班主任进行了深入调查，发动广大同学进行无记名举报揭发……但数周过去，结果却是不了了之。

在这次“刻字风波”中，他心中惴惴不安，因为那些字就刻在他栽的那棵树上。然而，她看上去则精神始终特别好，面若桃花，走路昂首挺胸，就好像她已经和谁沉浸在热恋之中了。

爱一个人，就把这个人的名字深深埋在记忆里。几十年后他重返校园，那棵树还在，她还在——她大学毕业后，主动要求回母校做了一名教师。学友重逢，握手相看，感叹十几年光阴眨眼便过去了。望着自己的梦中情人，他心海澎湃，从侧面看，她的耳垂儿依然极白，依然是弧线极优美。

沿着校园的小路散步，他们来到那棵树前。树长高了，那几个字也长高、长大了，他能够清楚看到她的名字，还有“我爱你”三个字。“也不怕老同学笑话，这么多年来，我时常会来看这棵树，还有这树上的字。”她笑吟吟地说。

“为什么?”他的心一动。

“那件轰动全校的‘刻字风波’，是我最浪漫的少女故事了，说实话到现在我还在想，谁会这样写呢？我宁愿相信是他。”

“谁?”他的心快跳到喉咙了。

她慢慢地、一个字一个字地说出一个人的名字，遗憾的是她的梦中情人并不是他，而是当时他们班的体育委员！她说：“这是我的一个秘密，那时我在心中偷偷地爱着他。你知道在那个年代，同桌男女还要画上‘三八线’，即使谁有什么想法，也只能深深地埋在心里。我天真地认为他也在偷偷地爱着我，他是选择了这种方式向我表达心中的爱意。我大学毕业分配回来，曾写信去找过他，他参军了，我们通过几次信，但从没有谈那件‘刻字风波’，我没问，他也没说。后来，当我鼓起勇气写信追问他时，却再也收不到他的回信了。”

“为什么?”

“他在一次抗洪救灾中牺牲了。”她再一次抬起头，看着树上的字迹，眼角挂着晶莹的泪珠。他知道那个身强体壮的体育委员，在全县中学生体育运动会上一个人独拿 3000 米和 5000 米两项冠军，也曾在报纸上看到过那位同窗的先进事迹。他望着她，努力平静地说：“应该是他写给你的吧，肯定是的!”

他在她的肩上亲切地拍了拍，就像老同学重逢一样。

深爱不怕烦

深爱一个人，也会爱上他的麻烦。因为有爱，根本就不觉得是麻烦。

一位朋友发来电子邮件，说她刚刚结束了一段爱情。原因很简单，因为那一位他工作太忙，出差太频繁。她说，她不想再每天等他的电话，不想再因为自己的生日被忘记而黯然落泪，不想再担心他坐飞机会不会出事。太麻烦了！她已经疲倦了，她想要清静自由的生活。

我能理解。

爱上一个人，在享受他带给你的快乐和幸福的同时，也多了一份牵挂。你的心常常不知跑到什么地方，只因为他在那儿。一个人要照顾两个人的生活，拥有两份作息时间，特别是对方还处于漂泊不定的时候。不麻烦才怪呢！

我给她回信说，下一次，谈一场不麻烦的恋爱吧。譬如找一位公务员，或者大学教师，他们工作稳定，生活安定，应该不会有什么麻烦。我刚点击鼠标“发送”，忽然想起一位在电台做主持人的朋友，她的男友正是大学教师，可她经历了一场怎样的大“麻烦”呀！

我的这位主持人朋友叫未名。未名是在采访中认识她的男友的，他班上有一位贫困生，他一直默默地资助他，未名从学校团委得知这个消息，就去采访他。之后他们成了朋友，再后来，就成了恋人。就在两人开始谈婚论嫁时，他被检查出患了白血病，住进了医院。

家人、同事都劝未名和他分手，这门婚事本来就不被大家看好。未名出身书香世家，父母在英国讲学，早就催促她出国深造。而他家境贫寒，父母是老实巴交的农民，还有一位瘫痪在床的老祖母，现在他本人又得了这种几乎很难医治的绝症。

在看到化验单、得知自己病情之后，他主动向未名提出分手。

未名所要做的，只是答应就可以了，无须承担道义上的责任。父母担心她做出傻事来，表示愿意资助一笔钱，让他看病，以免她觉得良心上过不去。但未名最后还是做了“傻”事，她决定和他在一起。

未名带男友去北京治病，遍访名医，寻求治病良方。为此，她花光了自己所有的积蓄。为了筹集治病的巨额费用，原本性格内向的她，半个月内拜访了20多位名人，搞了一台义演。她还找到红十字会筹集捐款，在极短的时间内，写了一本20万字的书，在各大书店、商场签名售书，书款用来给男友治病。她做了所能做的一切，但依然没能留住他。一年后，他离开了她，离开了这个世界。

我曾经很小心地问未名，你后悔不后悔？她微笑着摇摇头。她说，也许在你们大家眼里，觉得我很傻，但我不这样认为。如果是为自己，我不会这样做。但是为他，我什么都肯做。他虽然最终离开了我，但在这个过程中，我成长了，我得到了许多。所以我不后悔。如果他的生命能够重来一次，我还会这样做。

我点点头，心中暗想：其实，麻烦也是爱情的一部分。

深爱一个人，也会爱上他的麻烦。因为有爱，根本就不觉得是麻烦。恨不得粉身碎骨，用上全部力量，帮他把麻烦去掉。不管前面是地雷阵，还是万丈深渊。

可惜，世界上绝大多数人的爱情，都比较浅，都愿意谈一场不麻烦的爱情，宁可不要深度。

真爱无私

爱一个人不一定要拥有她，陪在他的身边，而是只要远远地看着他幸福，就已经足够了……

如果你没有看过这个故事，你一定深信爱情是自私的。但当你读完这个故事以后，我敢保证，你一定会改变你的看法，因为真正的爱情是一种伟大，无私、不求回报的付出……

在一个初夏的夜晚，两个青年男女在公园邂逅，他们相互吸引的眼神，使他们不得不相信有一见钟情。于是——他们恋爱了。但起初女孩并不愿意，因为她清楚的知道，她们病强迫她不能去爱任何人，也不能被任何人爱。可是在男孩真诚的眼神和强大的攻势下，她妥协了。

但她并没有对男孩隐瞒她的病情。因为她太爱男孩了，她不想骗他。她对男孩的爱是真诚的，无私的。男孩对她也是如此，他承诺一生一世照顾她。但她并没有因此而高兴，因为她知道，她的生命不会有那么长。

在男孩细心的照料下，她的病情虽然没有好转，但她的心情却变得越来越好。她很满足现状，因为在她有限的时间里能找到一个这样爱她的人，可见她的生命并不孤单，也不枉她来到人世间走一遭。

但是她更害怕自己不会活得太久，因为她实在舍不得留下男孩一个人在人世间受苦。她的担心不是多余的，毕竟她的病不允许她，也不给她太多的时间。她实在离死神太近了，一次又一次的与死神博斗，使她筋疲力尽。但在男孩贴心的支持下，她一次又一次地从死神手中逃脱。她庆幸、她欢呼，但她也知道，这一切之所以能撑下去，都是因为男孩在背后默默地支持她，给她生存下去的希望。

白血病——这一个不能治愈的顽疾，一旦患上之后，如果还想拥有太多时间的话，简直就是天方夜潭。她只能靠每天无休止的化疗来维持她的生命。在病魔的摧残下，她并没有被击败，而是越发坚强，因为有男孩存在。无论她在这个世界还能停留多久，她都将是快乐的，幸福的，因为她找到了她一生的挚爱。

可是她又害怕万一她离开了这个世界，男孩会怎么样？于是在他们相依相伴走过了短暂的一年之后，今天他们又来到了他们最初相识的地方。因为化疗的原因，女孩已经很少到处走动。男孩劝她多休息，但在她的极力要求下，她还是由男孩搀扶着来到公园。只因她清楚的知道，她已经没有太多的时间，有一件事再不做就没有机会了。

他们手拉着手坐在那片，他们曾经坐过的草地上。放眼望去，公园的景物似乎没有什么改变。也许是被他们真诚的爱情所感动吧！这里是他们相知、相惜、相爱的见证。女孩望了望星空，示意男孩坐下。男孩坐下后，女孩小鸟依人般地坐在他的怀里，问道："还记得这里吗？""当然记得，就在这个地方，我找到了我一生的挚爱"。男孩深情地说到。"这片青草地还是那么茂盛。"男孩自语。"还记得一年前的那个晚上吗？""印象很深刻"。"还记得一年前我问你的那个问题吗？当时你没有回答"……男孩没有说话。女孩笑了笑，"爱上我你后悔吗？""不后悔"。这次男孩回答得很干脆。女孩笑了，但她的表情很快又严肃起来，"雨，答应我一件事好吗？""只要能让我继续的照顾你，我什么事情都可以答应。""你不觉得和我在一起是一种拖累吗？"女孩问男孩，"不，和你在一起，我很快乐，也很幸福，我庆幸能在这样夜晚认识你。和你相识、相知、相伴到永远，是我一生中最大的幸福。"我们会永远在一起！

女孩沉默了，忽然她又说到，"雨，答应我，如果有一天我不在了，你一定找一个比我更爱你的女孩来走完人生。""不，你不会有事的，那一天永远也不会到来的！"男孩情绪很激动。可他嘴上虽然这样说，但他心里知道，这一天早晚都会来的。"答应我"。女孩的声音有些气愤。男孩沉默了一会儿，"到那个时候再说吧！"女孩急了，一把推开男孩，"如果你不答应，我们现在就分手。"女孩的语气显得很生硬，男孩意识到事情的严重性，他犹豫了很久，还是勉强答应了她。女孩笑了，就像一年前他们相识的时候笑得一样灿烂。那笑容不是体现在脸上，而是发自内心，因为她看到了她想要的结果，也只有这样，她才能了无牵挂的离开这个世界。

女孩说："我累了，想睡一会儿"。男孩点了点头，但大约过了五分钟以后，男孩忽然感到从女孩的手中传过来一丝凉意，那凉意远远超过了深夜的寒冷。男孩顿时站起身来，歇斯底里地大叫，拼命的抖动着女孩柔弱的身体。但任凭他怎样的叫喊女孩，晃动她的身体，女孩都没有醒。因为她真的睡着了，永远的睡去了……

在又过了一年后的今天，男孩挽着一个美丽女孩来到了她的墓碑前。男孩在墓碑前迟疑了一会儿，然后轻轻把一束康乃馨放在了女孩的墓碑前面。随后，男孩在胸前画了一个十字，说到："薇，我答应你的事情我已经做到了，现在你在那边可以放心了。如果真的有来世的话，希望你不要改名字，我们来世还在这一天相遇，这样我找你也会更容易些。"

说完后，男孩抬起头，可在他即将转身离去的一瞬间，他回头望了望墓碑上的照片，那是女孩 17 岁时的照片。照片上的她显得很忧郁，可现在他仿佛看到照片上的她笑了，而且笑得很灿烂，就像当初他对她承诺的时候，笑得一样灿烂……

当男孩看到女孩开心的笑容，他终于明白：爱一个人不一定要拥有她，陪在他的身边，而是只要远远地看着他幸福，就已经足够了……

第六辑

爱，错过了就不在了

男孩从没有对女孩说过一句我爱你。因为他一直以为女孩明白。女孩从没有对男孩说过一句我爱你。因为她一直以为男孩会说。等男孩真正想说的时候女孩走了。等女孩真正想说的时候男孩死了。

爱，能忘记

爱情是她的生命她的唯一，但现在，爱情不要她了。

记得当年张洁有篇小说《爱，是不能忘记的》轰动一时，单是小说的名字就惊心动魄。那些爱过的人，正爱的人，或者得不到已失去的人，一下子感动得稀里哗啦，对对对，爱，是不能忘记的。

当年的她，也这样认为。

甚至，这一辈子她认为只爱此人，今生今世，就是他了，分开1秒钟都要想念到骨头里的人，还不是最爱的人吗?

她病了，他跑到床前伺候，过1分钟摸她一下，看烧是否退了，然后整个人变得憔悴，拉着她的手说，妹呀，你快好起来吧，我带你去看早春的花。

她爱吃的菜，他学着做，烫了手，她心疼地吹着，看你看你……口气里，全是娇嗔。那时，他们两人的学校相距30里。30里算什么？为了见到她，他骑自行车去，因为可以想几点回去就几点回去，不必赶公共汽车。公共汽车，最晚一班是10点钟。10点钟离开，岂不是太早了点？至少要12点的！

两个人围着电炉子煮方便面，青葱、香油、香菜……呵，还有爱情这个调料，做出来，无比好吃。那时，他家境好，借给她1万块钱，她说要帮家里做个小买卖。相爱的时候，1万块钱算什么?

后来，他另有新欢。

偶然被她发现，她发了疯，割腕、吞毒，想以此方式惩罚他，也想结束自己的生命，离开这个她不再爱的世界。

爱情是她的生命她的唯一，但现在，爱情不要她了。

她被救活了，但还是发了疯似地闹，跑到他单位，一哭二闹三上吊。他告诉她，你闹吧，你越闹，我越讨厌你，我早就不爱你了。闹到最后的结果，是这个男人从此搬离了这个城市，此后10年，杳无音讯。

她狠狠地想，欠你的1万块钱，休想让我还你！休想！

她以为自己不会再爱，只会无限地想他，无限地恨！三年后，她遇到另一个男人。那个男人说，每一朵花都有自己怒放的理由，但你要相信一句话，花谢了，还会再开！

恋爱开始重复，甜蜜开始重复。结婚了，生子了，她变得越来越从容越来越美丽。开始的时候，家人和她的丈夫从来不敢提那个男人的名字，都以为那是她的刻骨铭心，那是她一生的朱砂痣。

流泪不单因为爱情

流泪不单单是因为爱情。如果不爱，还是早一点分手好。

其实，他们最初是相爱的。曾经，哪怕就是公交车在他单位附近经过的那几秒，他也要赶过去。他在车下傻傻地笑，她在车上傻傻地笑。有时，他递一个削好的苹果给她，有的时候，他递一个热腾腾的饼给她，而她，则丢给他一个灿烂的笑容。

可是，不知从什么时候起，她觉得自己已经不爱他了，最起码，是不够爱了。是的，她也不知道从什么时候起，突然地感觉到他是一个那么陌生的人，仿佛自己从来没有走进过他的内心。

也许，是那一次情人节的烛光晚餐吧。迷人的灯光下，醉人的红酒中，他吐露的竟然是今天他妈妈还他 1000 块钱时，里面多了一张 100 元的，而他不露声色地放进了口袋。所以，应该说，这顿烛光晚餐，是他老妈买的单。而她知道，他的父母生活在农村，家里还有一个弟弟在上学。他的父母是在泥巴地里抠出钱来的。于是她问他，你带你的家人来过这儿吗？你带他们吃过肯德基麦当劳吗？

他张大了嘴巴，吃惊地望着她，然后摇了摇头。虽然，他依然是甜言蜜语，说着好笑的笑话，但她却是再也笑不出来了。那时候，她就想告诉他，我们分手吧。可是想了想三年的感情，还有他无微不至的呵护，还有自己已经快要奔 30 的年龄，她忍了忍。

也许，是那一次在广场上放风筝吧。风和日丽，有一位老人看见他俩开心的样子，打趣说，幸福的人儿，快快结婚吧。忽然，他的母亲打电话来了，听意思是要钱，弟弟的补课费没有着落。她知道，如果不是没有办法，他母亲是不会张这个口的。可是，她听见的只是他的咆哮，你们就知道要钱，以为我是钱柜啊。阳光下，看着他，她的心突然觉得好冷。他的脸还是那般的英俊，他的衣服还是那样光鲜，可是他这个人，此刻她觉得分外陌生。她真想大声质问他，你怎么这样啊？乌鸦尚且懂得反哺呢？但是，想到他们已经装修好的房子，她把这些话吞回了肚子里。

可是她一直觉得不开心，说不上来的不开心。周围的同事还经常用艳羡的眼光注视着她呢。多好的男朋友啊，哪个节日都有鲜花和礼物，还有100多平方米的房子并不是每个人都能买得起的。

她终于爆发。那天他喝醉了酒，打错了电话。他在电话的那一头对一个叫“小丽”的女人说，小烟有什么啊？成天故作清高状，没有我，她连一个房子角都买不起，她身上穿的，手上戴的，哪一样不是我的……很多的话，她没有再听清楚，只是缓缓地把电话放了下去。外面的雨下得很大，大得让她只能听见雨声，却什么也说不出来。

她想起中午，她让他来接她时多带一把雨伞，班上的小阳生病了，不能淋雨。他只带了一把伞，说是另外一把伞给他的头儿了。

她执意把伞给了小阳，他气得转身离去。她呆呆地站在那里，眼泪如潮水般涌出。

没来由的，她想起一句话：生命，不是活给别人看的，它是一朵花，静静地开，又悄悄地落，只要有阳光和水分就能按自己的方式成长。

下班回家的路上她没有打伞，任凭风和雨敲打着自己的脸。路过婚纱店时，她慢慢拿起了手机，拨了他的电话，我们分手吧。而在雨中，她不自觉地流泪了。

可是，她不知道，分手却不是一件很简单的事。他向她索要青春损失费，他把和她每一次约会的花销都列了出来，他把送给她的每一件礼物发票摆在了她的面前……如果不是因为分手，她又怎会如此清楚地看明白他。她默默地给了他一部分钱，然后说，青春不是你一个人才有的。

分手快乐，分手快乐，街头欢乐的歌声让她的眼泪汹涌流出。流泪不单单是因为爱情。是的，如果不爱，还是早一点分手好。分手后的她对周围的每一个人如是说。

爱，错过了就不在了

男孩还是一个人，女孩却是两个人。女孩一直以为男孩是两个人。男孩一直以为女孩是一个人。

女孩说我爱你，男孩笑了。女孩又说我真的爱你，男孩还是笑。女孩说你根本不爱我，男孩沉默了，女孩哭着离开了，跑的很远很远。男孩站在原地，怔怔地，他自言自语到，其实我也爱你，只是不知道怎么爱你。

女孩倒在秋千上，男孩用力地推啊推啊。

男孩篮球比赛，女孩叫破了嗓子，第二天依然出现在男孩面前说昨天你真逊。女孩说我要最漂亮的那朵，男孩奋不顾身地爬上树，然后遍体鳞伤地对女孩说给你。

男孩的头上出现了一点点的红色，女孩紧张半天却还说着我才不在乎。

女孩说我累了，男孩蹲下身子，说上来吧，我背你。

男孩一次成绩超过了女孩，女孩心底高兴依然说下不为例。女孩第一次学滑板，摔得体无完肤，男孩一边骂着小傻瓜，一边用手小心地擦拭着伤口。然后眼眶中满是眼泪。

男孩在全校获奖，女孩摇摇头说你还差点。

女孩知道男孩喜欢她，所以她不会自己开口。

男孩知道女孩喜欢他，可是他不知怎么开口。

女孩说我们明天去海边。男孩今天就搞到了所有的地图。

男孩想喝一口开水，女孩为他捧来了整桶饮料。

男孩说明天想喝咖啡。女孩今天就买好了所有的品种的咖啡。

女孩说我不会跟自己不喜欢的男孩要求太多。男孩说还好你对我要求很少。

男孩说我不会让自己不喜欢的女孩坐上自己的单车。女孩笑了，还好你从没有把我当女孩看待。

女孩说如果我遇见喜欢的男孩，一定用眼神杀死他。男孩说怪不得你从没有对我放过电。

男孩说如果我遇见我喜欢的女孩一定背着她满世界地跑。女孩说还好你背我的路程只够地球半径的四分之一。

女孩说我喜欢的男孩一定是最棒的，他一定会骑着白马来找我。男孩说现在已经不允许私自贩卖马匹。

女孩说我喜欢的男孩一定要会在新年的12点打电话对我说我爱你。男孩说这样的电话费会很贵，相当于一个世纪。

男孩说我喜欢的女孩一定要会在我沮丧的时候给我安慰。女孩说现在连个保姆都会给你安慰，因为你给她钱。

女孩说如果他爱我，就算我到天涯海角，他都找得着我。男孩说那你一定要找个地理知识很好的人，不然你没有找到倒把自己弄丢了。

女孩说你的英语很pool，男孩就在暑假报了五个暑期培训班。

男孩说女孩不够淑女。女孩暑假逼着自己去学习礼仪。

女孩知道男孩很在乎她的话。所以她想总有一天男孩会跟她说的。

男孩知道女孩很在乎他的话。所以他想即使不说女孩也是会明白的。

女孩认识了比男孩高的男孩，男孩说我爱你。女孩笑着拒绝了。

男孩认识了比女孩好的女孩。女孩说我爱你。男孩笑着拒绝了。

比男孩高的男孩说你在等什么？女孩说他会说的。

比女孩好的女孩说你在等什么？男孩说她明白的。

女孩说花都谢了。男孩说它还会开的。

男孩说花又开了。女孩说它还是要谢的。

女孩说我要走了，去美国。男孩说听说外国男孩都很帅。

男孩说我会留下，因为我热爱中国。女孩说还是中国的美女最多。

女孩去机场的时候男孩送了她。女孩希望男孩留下她。可是男孩没有。

男孩留在了中国。男孩希望女孩留下，可是他没有说。

女孩哭了，说我一定找个高鼻子，蓝眼睛的。

男孩笑了，说祝你好运。

女孩走了。

男孩哭了。

女孩不停地写信。男孩不停地回信。

一年后，女孩回来了。男孩去机场接她。可是身边已多了一个女人。

男孩长大了。女孩没有。

女孩说祝你幸福。男孩说谢谢。

女孩又走了，带着眼泪。男孩身边的女人说弟弟，我们走吧！

男孩又哭了。她一定会比我幸福的。

手术台前，男孩痛苦地抓住医生说一定要让她幸福。

男孩坟前，女孩悲伤地抓住丈夫说他原本可以给我幸福的。

丈夫抱着她，轻轻地。丈夫就是最后的那个医生。

男孩从没有对女孩说过一句我爱你。因为他一直以为女孩明白。

女孩从没有对男孩说过一句我爱你。因为她一直以为男孩会说。

等男孩真正想说的时候女孩走了。

等女孩真正想说的时候男孩死了。

男孩还是一个人，女孩却是两个人。女孩一直以为男孩是两个人。男孩一直以为女孩是一个人。

女孩问男孩下辈子你要几个人生活？男孩笑着说两个人，我和我爱的人。

男孩问女孩下辈子你要几个人生活？女孩笑着说一个人，因为我爱的人从没有跟我说过他爱我。

错爱一生

有一种幸福是有一个能让你不顾一切去爱他一辈子的人。

那年，她16岁，第一次喜欢上一个男生。他不算很高，斯斯文文的，但很喜欢踢足球，有着一把低沉的好嗓音，成绩很好，常是班上的第一名。虽然在当时，早恋已经不是什么大问题，女生追男生也不再是新闻，她更不是那种内向的女孩。但是她从来没有想过要向他表白，只是觉得，能一直这样远远地欣赏他，就很好了。那时，她常常为在路上碰到他，打声招呼高兴个半天，常常放学了也不回去，而是上运动场一圈又一圈地慢跑，只为了看他踢球。她还学着叠幸运星，每天在那小纸条上写一句想对他说的话，叠成小幸运星，快乐地放在大瓶子里。她常常看着他想，像他那样的男生，应该是会喜欢那种温柔体贴的女孩吧，那种有着一把乌黑的长长直直的头发，有着一双水汪汪的大眼睛，开心的时候会抿嘴一笑的女孩。她的头发很乌黑，但只短短的到耳际边，她有一双大眼睛，但常常因为大笑而眯成一条缝。她常常照着镜子想，如果有一天她成了那种女孩，他会不会喜欢上她。但想归想，她还是每个月都跑去理发店把稍微长长一点的头发剪短到耳际边，还是一遇到好笑的事情就哈哈大笑起来，笑得眼睛眯成一条缝。

她19岁，考上一所不算很好但也不差的大学。他正常发挥，考去了另外一所城市的重点大学。她坐着火车离开这个生她养她的小城时，浮上心头的是她点点滴滴与他的回忆。大学生活是以20几天艰苦的军训生活拉开序幕的。晚上临睡前，其他女生都躲在被窝里偷偷打电话跟男友互诉相思之情，她好多次按完那几个熟悉的数字键，始终没有按下那个呼叫键。19年来，第一次知道什么叫思念，原来，思念就是一种可以让人莫名其妙地掉下眼泪的力量。四年的大学生活不算太长，活泼可爱的她身边从来不缺乏追求者，但她却选择单身。好事者问起原因时，她总淡淡一笑，说："学业为重嘛"。她也确实在很努力地学习，只为了考他那所大学的研究生。四年来她的头发不断变长，她没有再剪短。一次旧同学聚会时，大家看到她时都眼前一亮，一把乌黑的长长直直的头发，水汪汪的大眼睛因恰到好处的眼影而更显光彩，白里透红的皮肤，时不时抿嘴一笑，都认不出这是昔日的小活宝。他见到她时也不禁心神一动，但当时他的手正挽着另一个女子的纤纤细腰。她看着他身边那个比自己更温柔妩媚的女子，很好地掩饰了心里的一丝失落，只淡淡对他一笑，说，"好久不见了"。

她 22 岁，以第一名的成绩考上了他那所大学的研究生。他没有继续考研，进了一间外资企业，工作出色，年薪很快就达到了六位数。她继续过着单调甚至枯燥的学生生活，并且坚持单身。一次放假回家，一进门母亲就把她拉过一边，语重心长，"女儿啊，读书是好事。但女人始终是要嫁人生子的，这才是归宿啊。"她点了点头，进房间整理带回来的行李。先从箱子里拿出来的是一瓶满满的幸运星，摆在书架上。书架上一排幸运星的瓶子，都是满满的，刚好 6 瓶。

她 25 岁，凭着重点大学的硕士学历和优秀的成绩，很快就找到一份很好的工作，月薪上万元。他这时已自己开公司，生意越做越大。第三间分公司开业的时候，他跟一个副市长的千金结婚了，双喜临门。她出席了那场盛大的婚礼，听到旁边的人说起新郎年青有为，一表人才，新娘家世显赫，留洋归来，貌美如花，真是一对璧人。她看着他春风得意的笑脸，心里竟也荡起一种幸福的感觉，莫名的感觉，仿佛他身边那个笑容如花的女子就是自己一样。

她 26 岁，嫁给了公司的一个同事，两个人从相识到结婚不到半年的时间，短到她都不知道两人是否恋爱过。他们的婚礼在她的极力要求下搞得很简单，只邀请了几个至亲好友。当晚她喝了很多酒，第一次喝那么多酒，没有醉，却吐得一塌糊涂。她在洗手间看着镜子里那张在水汽蒸腾下逐渐模糊的脸，第一次有种想痛哭一场的冲动。但终于，她还是把妆补好后走出去继续扮演幸福新娘的角色。她的外套的衣袋里，有她早上仓促叠好的一颗幸运星，里面写着，"今天，我嫁作他人妇了。可是我知道，我爱的是你。"

她 36 岁，过着平静的小康生活。一日在街上巧遇一旧同学，闲聊起他，竟得知他生意失败，沉重打击后终日流连酒吧，妻离子散。她在找了好几天后终于在一间小酒吧找到他。她没有骂他，只是递给他一本存折，那里面是她所有的积蓄，然后对他说，“我相信你可以重头再来的。”他打开存折，巨额的数字让他不可置信，那些所谓的亲朋好友在听到他说了“借钱”两个字就冷眼相向避而不见，她不过是一个快让他淡忘名字的老同学，却如此慷慨大方？她依旧淡淡一笑，说，“朋友不是应该互相帮助的吗。”当晚她的丈夫知道了后，一个重重的巴掌立刻甩了过来，大吼道：“上百万一声不吭就全给了他，你是不是看上人家了！”她被那巴掌击倒在地，没流泪也没说话，更没有回答她丈夫的质问。虽然她从来没有向别人承认过她爱他，但她也决不会向别人否认她爱他。

她 40 岁，那年他的公司已经成为同行业里最具竞争力的几间大公司之一。那晚他带着 200 万元和他的公司的 10%股份转让书到她家。她的丈夫一边乐呵呵地说，“不必这么客气嘛，朋友之间互相帮助是应该的，”一边在股份转让书上签下名字。她没说什么，只说了句，“不如留下来吃顿饭。”他没有不答应的理由。饭菜端上来时，他惊讶地发现自己最爱吃的几样菜都有。但他抬头看到她一脸恬静地为丈夫儿子夹菜时，心里一下释然，觉得是自己想多了。临走的时候他从口袋里拿出一张请贴，笑笑说：“希望你们到时都可以来。”她以为是他又有分公司开业，不以为意，接过随手放在沙发上。送走他转身回厨房洗碗的时候，突然听到她丈夫大声说，“人一有钱就风流这句话果然没错啊。看你这个旧同学，这么快又娶第二个了。”她的手一颤，被一个破碗的缺口划了一下，血一下子涌了出来，一滴接一滴不停往下滴。她看着那片泛着微红的水，突然想起 15 年前那个笑容如花的女子那身婚纱，似乎就是这个颜色。

她 55 岁，一天突然在家里昏倒，被送去医院。一番检查后，医生脸色沉重，要把她丈夫叫到一边说话。她毕竟是个聪明的女人。叫住医生，她很认真地问，“我还可以活几天？”三个月，电影里的片段用得多了，没想到真应了人生如戏这句话。执意不肯住院，她回到家里开始为自己准备后事。一个人活了大半辈子，要交代的事多着那。收到消息的亲朋好友纷纷赶来见最后一面。他是最后一个。她躺在床上，已经开始神智不清，但一看到他手上那刻幸运星，立刻清醒了过来，似是回光返照。”这是给我的吗？”她指了指那颗幸运星，脸上竟露出一丝笑容。他连忙回答，

"啊，是。是啊。这是我带来给你的。"真是无心插柳，这不过是他刚出机场时碰到那个为红十字筹款的小女孩送的，他当时急着来见她，接过来时都没看清是什么东西就赶着上车了，一路握着也不知觉。她接过那颗幸运星，紧握着放在胸前好一会儿不放。终于，她指了指旁边的桌子，那上面也放了一颗幸运星，那是她昨晚花了一个多小时才叠好的，缓缓对他说道："在我以前住的房子里，还有39罐幸运星。等我火化的时候，你把那些连同这两颗和我放在一起，好吗?"他还没来得及回答，她已经合上眼睛，一脸安详。她火化那天，他按照她的遗愿把那些幸运星撒在她身上，39罐，不小心滚落一两颗在地也没人发现。他转身要走的时候，忽然发现地上还有两颗。拣起来，他想，算了，就当是留个纪念吧。

他70岁。一天，他戴着老花眼镜在花园里看书时。4岁的小孙子突然拿着两张小纸条，兴冲冲跑到他面前，嚷道，"爷爷，爷爷，教我识字。"他扶了扶眼镜，看清第一张小纸条上的字，"杰，你今天穿的那身蓝色球服很好看哦。还有，6这个号码我也很喜欢，呵呵。"他皱了皱眉，问孙子，"这两张小纸条你从哪里找来的?""这不是纸条啊，这是你放在书桌上那两颗小星星啊。我拆开它，就发现里面有字了哦。"他一愣，再去看那第二张小纸条，"杰，有一种幸福是有一个能让你不顾一切去爱他一辈子的人。"

有一种幸福是有一个能让你不顾一切去爱他一辈子的人。他念着，念着，泪流满面。

爱情不能承受之重

放弃了优越的工作我并不可惜，放弃了你，却是我一生一世的痛……

那年冬天，为了生活，我和小妹在市里开了一家干洗店。这份工作并不好做，顾客很挑剔，把上帝的优越感演绎得淋漓尽致。在他们面前，我总是疲于应付，很不快乐。

店里的一部分顾客是年轻的白领，有着翩翩的风度、良好的修养，衣着考究。相比之下，和他们打交道比较轻松，可我仍然不快乐，因为，他们的修养和学识无形中衬出了我的卑微。

没错，我是个自卑感很重的女孩子。

冬天的夜，来得特别早，天冷得似乎要把一切都冻结起来。我坚持着没有关门，在寒风中等待着顾客。小妹略带怨气地抱怨："这么冷的天，鬼才来洗衣服呢！"我不理她，俯在柜台上写日记。

脚步声响，一个人携着逼人的寒气推门进来。我抬起头，他已稳稳地站在我面前，温和地说："麻烦您洗几件衣服吧！"没有张扬，没有傲气，话语中含着的尊重显示出他良好的修养。我不由地打量了他几眼：西服革履，气度不凡，白皙英俊的脸上挂着淡淡的笑意，鼻子上架着一副眼镜，一种浓浓的书卷味悄悄地向我蔓延过来。我莫名地感到一种久违的温暖和亲切。

我请他坐下稍等，给他开票。临走的时候，他关切地说："早点关门吧，女孩家独自在外，要学会好好照顾自己。"

我没有说话，却有一种温热的感觉涌上心头。看惯了人情淡薄，我变得很敏感，一句关切的话，甚至一种温和的口气，都会令我感动。那个寒冷的冬夜，我第一次感到了心灵的温暖。

几天后，他来取衣服。儒雅俊朗的他玉树临风般往柜台前一站，我的眼睛立刻一亮。把衣服装好后递给他，却看出他没有要走的意思。他拿起一张我遗落在柜台上的稿纸，缓缓念道："零落成泥碾作尘，只有香如故。"他抬头看我，忽然说："你是个很特别的女孩子，很有雅性啊！"

我"哦"了一声，随口问道："何以见得？"

他笑了："你看你问的这句话，文绉绉的，还有那一笔娟秀又极有个性的字。那天晚上我进来时，你正在写日记，一个可以在都市喧哗中守着自己世界的女孩子，是不是很特别？"

看着他明朗的笑容，我的脸微微地有些红，心中涌起一种被人欣赏和理解的幸福。

以后的常来常往中，我们渐渐熟悉起来。我从闲聊中了解到：他大学学的是经济管理，现在是公司的销售部经理。他的家在千里之外的南阳——那个走出了赫赫有名的卧龙先生的地方。他的名字叫程风。

程风的公司离我的小店很近，工作之余，他常到我这儿来。我忙的时候，他就静静地站在边上，含笑看着我忙碌。不知道为什么，只要他往我身边一站，无形中我就多了自信，动作熟练口齿伶俐，反应敏捷得几乎不像我自己。空隙中看他一眼，发现他的目光中全是赞许。寒冷的冬夜，他会陪我在红红的炉火旁静坐。一杯清茶在手，他会和我讲起他的过去。我这才知道，原来一身书卷气的他有着不为人知的辛酸。少年家贫，为了读书，他很小就外出打工赚自己的学费，饱尝生活的艰辛。他的语气很平淡，听不出有丝毫怨天尤人的味道。仿佛今天的成功也是自然不过的事情。他说，第一次见到我时，他就看到我身上有一种东西和他很相似，他说我从日记里抬头看他时，眼睛里有一种忧郁，让人怜惜。第一次读到我的文章，读完后他深深地叹息："你真是被上帝放错了地方！"以后，他再带朋友来，就会这样介绍我："我的朋友，写得一手好文章！"在大家赞叹的目光中，我的骄傲一点点地长了起来。

是的，我变得自信了，无论面对什么样的人，我都是那么坦然从容，无论面对什么样的局面，我也能应付自如。我的心情一天天地明朗起来，我知道，这都是因为有了程风。

可是，我已经很久没有见到他了。我不知道他去了哪里，也许是出差？也许是因为有什么重要的事情？也许仅仅是因为工作太忙……我是个喜欢自然随意的人，一向不太过问他的事情。我们是朋友，“君子之交淡如水”嘛！

我依旧在店里忙碌，依旧在晚上坐在炉火旁读书写文章，但是不知道为什么，我的心里总是空荡荡的好像少了点什么。闲下来的时候，我会泡上两杯茉莉花茶，摆好棋子，默然静坐。茉莉花散发着淡淡的清香，那是程风最喜欢的。我的眼前渐渐浮现出他手执棋子冥思苦想的神情。认识了他，我才知道什么是“棋逢对手”，每当我要输的时候，他就摆出长者的风范，有意让我几步。他要输的时候，我却步步紧逼，非杀他个落花流水方才罢休。他无奈地摇头：“我不杀伯仁，伯仁却存心杀我！”……小妹走过来，端起茶刚要喝，我惊醒似的一声断喝：“别喝！”吓得小妹前后左右看了我半天，吐出四个字：“莫名其妙！”

莫名其妙！有一次，我为一位顾客装衣服，衣服装好了，我却提在手里看着柜台的左前方发起了呆。那人急了：“小姐，把衣服给我吧，我赶时间呢！”我如梦方醒。是啊，柜台的左前方，那是程风常站的地方，我刚才分明看到，他就玉树临风一般地站在那儿，他的脸上，还是那么明朗的笑……

晚上，我冒着严寒站在街上，眼前车辆来往如流，到处灯火辉煌，这似乎是一个快乐的世界，可是我的心里却漫上一层轻愁，“何处合成愁，离人心上秋。”泪水迷蒙了我的双眼……

我知道了，我知道了，程风，他就是我一切结果的原因啊！

10天后，程风终于回来了。当他风尘仆仆地站在我面前时，我着实吃了一惊。我不知道他去了哪里，不知道是什么原因让他消瘦得那么厉害，但是，这些已经不重要了，重要的是：他已经回来了！我看着他，眼里忽然一下子涌满了泪水……

程风目不转睛地看着我，脸上的表情极为复杂，似悲似喜似忧，似乎想说什么，却又欲言又止。程风，他一定从我的表情看出了什么。这个修养极佳的男人，此刻面色惨白，精神颓唐。

“你怎么了？出了什么事吗？”默然对视良久，我终于问他。

“没什么。”他摇摇头，在我的对面坐下，仰起头，“我好像有些不舒服，你试试我的额头，看是不是在发烧?”

我望着他深邃的眼睛，知道自己没有拒绝的理由。把手轻轻放在他的额头上，我似乎听到了自己心跳的声音，是的，很烫，就像我热烈燃烧的心!

那一瞬间，我忽然一下子就懂得了程风。

程风仍然常来，但每次都来去匆匆，他告诉我他很忙。我并不在意，只要能常常看到他，我就知足了。

程风开始以销售经理的眼光和头脑帮我做一些吸引顾客扩大服务范围的广告策划，他还有意教我一些营销方面的知识，同时，他还在他广泛的交际圈里为我做免费的广告宣传，不断为我带来新的顾客。我的生意一天天地好了起来，可我却隐隐有一种不祥的预感，我觉得程风他，有一天会从我的生活中消失。

程风喜欢我吗?我不知道。但知道我们之间是有距离的，假如我们注定只能是彼此生命中的过客，那么一场悲伤的戏剧又能说明什么呢？我是一个悲观的人，既然上帝已经剥夺了我享受幸福的权利，那么我的努力又有什么意义呢？但是，虽然有些梦想是永远不能实现的，可这并不意味着我们不可以有梦。我不想失去他，因为，是他帮助我找回了自信，是他给了我一季暖冬。

可他，最终还是离开了我。

那是个并不特别的日子，我远远看见一个人拿着一封信向我的店里走来——他是程风关系最好的同事。那一瞬间我的灵魂出窍，整个世界都轻轻地飘了起来……展开信，程风洒脱无羁的字展现在我的面前：

江雪，当你看到这封信的时候，我已经走了。我知道这对你很残忍，可是——原谅我，我真的别无选择。现在，我终于可以面对自己的感情，可以坦白地告诉你：那个冬夜，当我第一眼看到你时，你忧郁的眼神，娴雅的气质就震撼了我！你是那样的完美，以至于我无意中看到那副靠在墙角的双拐时，无论如何也无法把它们和你联系在一起，同样经历坎坷的我第一次真正感到了命运的残酷。

也许正是这种差距吸引我走近了你，当我感觉到人内心深处隐藏的自卑时，我决心要帮助你。在与你接触的过程中，我亲眼看到你一次次地超越自我，也一次次地被你纯真浪漫的天性和高出流俗的品格所震撼。而我不能回避的一个事实是：我爱上了你……我离开的那些日子，是回了老家——我要告诉父母你是怎样一位可爱而坚强的女孩儿，我要说服他们：我一定要娶你！

可我没有想到，我顽固的父亲，竟以死来逼我……

江雪，当我再次回到你面前的时候，你眼中的泪水已经抒怀一切都告诉了我，可我能说什么呢？是的，你心里有的，我心里也都有，可我不敢说出那句话——我不配！我知道你并不要我什么，可我不能天天面对你来欺骗自己。我只能用这种方式来逃避。放弃了优越的工作我并不可惜，放弃了你，却是我一生一世的痛……

拄着双拐，我在人来人往的大街上落泪如雨。程风，程风，原来我是你生命中不能承受的爱情啊！我把信撕成碎片，撒向天空，纷纷扬扬，这个城市里下起了第一场雪……

爱的过程与结果

这个故事当然是个非常年代的非常事件，但这样的爱情，却不仅仅只发生在非常岁月……

一部电视剧播放了这样一个发生在欧洲革命时期的爱情故事。

男人是位革命者，他爱上了一个女人。当然男人不能告诉女人自己是革命者，随时有赴死的可能。

男人爱得很执著很深刻，甚至一度想和女人共同组建家庭。但这种冲动都被男人理智地克制了，他不断地告诫自己，现在只能把感情这样维持下去，直到胜利那一天——男人最后的终点就是拥有女人，与她有个家。

女人也很爱男人，她觉得这个男人与众不同，但她并不知道他就是当局到处捕捉的革命党人。她享受着男人的爱，她希望有一天男人能娶她。

但灾难很快降临了，男人遭叛徒告密，住址被发现了。他刚刚销毁了重要的文件和信件，就被抓走了。他在狱中痛苦不堪，他认为是女人告发了他，因为他的住处只有她经常来。

男人被战友营救出来，到了解放区，不久便成婚了，后来成了一名军官。对于过去的日子，他一直在诅咒这个用心险恶的女人。

男人没有想到的是，女人也被捕了，在她用钥匙打开小屋的门的时候，她被“守株待兔”的警察抓获了。他们当然没能从她的嘴里得到任何有价值的东西，一年后，只有把她放了。

女人出来后，到处寻找男人，无端经受了一年苦难的牢狱生活，她想问男人一个明白，但，她并不恨男人，她仍很爱他，记得他的誓言。她坚信他还活着，她守护着自己的信念，不肯嫁人。最后，她老了。

多年后，男人与女人终于相见了，男人已成为祖父，而女人仍孑然一身。再次相遇，两人百感交集。

男的问："这些年，你是怎样过来的？"女的说："我是想着你当年对我的好才活到现在的。"听此，男人老泪纵横。

看来，人对爱情的态度是完全不同的，有的只是想要一个结果，一旦得不到，结果破灭了，他便绝望了。有些人则不同，他们会更多地在意爱的过程，只要记得他的好，一份短暂深刻的感情竟然可以陪他们度过漫长的岁月。

造成这场爱情悲剧的，无非是想着"结果"的人忘记了"过程"，这个故事当然是个非常年代的非常事件，但这样的爱情，却不仅仅只发生在非常年代……

一碗辣椒的距离

当所有人都可以用唇齿的缠绵表达爱的时候，她只能用眼睛，看着爱来了又去，去了又来。

他是一位心理咨询师，开着一家有名的心理咨询室。来咨询的，常常是情感遇到问题的年轻人。他接手的案例从来没有一次失手。口耳相传，他的名气越来越响，在杂志和电视台都有专栏，人们都把他当成爱情专家。很多时候，他自己也这样认为。

但是，他心里知道，有一个案例，他一直没弄明白，虽然花了比任何案例都多的时间和精力。

这个难以解决的问题，就是朝夕相处的她。他对她的喜欢，就像园丁喜欢一朵花，不由自主地呵护，再多也不觉得多。她对他的喜欢，全放在眼睛里，怎么盛都盛不住，满满地溢出来。但是，他确定，她不爱他。不爱的人，宁肯上床，也不肯亲吻。睁着眼睛亲吻的，绝不是爱情。

她越来越冷漠的态度、永远睁开的眼睛，令他备受伤害，终于弃城而逃。他以一个心理专家的冷静说，分手吧，你不爱我，有一天你会知道，当你找到一个可以令你闭上眼睛接吻的男人时。

他走的时候，她低着头坐在那里哭。3天后他回来取东西的时候，她仍坐在那里哭，姿势都没改变一点儿。

3个月后，他接到她的电话。她说，救救我。他像子弹一样冲上车。开车的时候，他想，她还是爱他，离开他根本活不下去。他看到她的时候，她奄奄一息，面前是一碗面条和一碗鲜红的辣椒。那碗面条的颜色，和那碗辣椒没什么区别。他把她送到医院，是胃出血。医生惊叹：她到底吃了多少辣椒，活活把胃穿出一个洞！

他细心而体贴地照顾她，她好了以后，对他说：谢谢。他缓过神来，说：不客气。

转眼10年。他终于又爱上一个女人，而且她和他接吻的时候，闭着眼睛。他马上结婚，不敢错过机会。

一次工作的机会，他偶然碰到当年的她。她仍然美得令人心跳。她静静地看着他笑，说：你好。他有点儿慌，下意识地摸摸婚戒说：你好。他请她在一家安静别致的小饭馆里午餐。“吃什么？”他问。“不辣就好。”他想起她的胃。他们聊天，他知道她结婚了，心里怪怪的。想：那是个什么样的男人呢？她喜欢和他接吻吗？和他接吻的时候，也睁着眼睛？恍惚间，他突然把手伸出去，握住她细腻的手指。她垂下眼睛看着他的手，用拇指点点他的手背，说：我第一次看见他就知道，我可以放心地告诉他一个秘密：12岁的时候，我吃错药，从此再也没有味觉。我知道接吻是美妙的，但是，到底有多美呢？是不是就像我永远不知道辣椒有多辣？

他猛然惊醒！他们在一起的时候，她对食物完全没有意见，吃东西都随着他，随便什么味道。吃麻辣火锅时，他咝咝地吸着冷气，她却泰然自若。她常常在他面前大勺大勺往食物里浇辣椒。甚至他买的怪味豆，都不能令她表情皱一下。她希望他能注意，问一句，她就有勇气说出来。他却忽略一切，只以一个心理学家的敏感，看到她睁大的眼睛。

当所有人都可以用唇齿的缠绵表达爱的时候，她只能用眼睛，看着爱来了又去，去了又来。

他和她，只差了一碗辣椒的距离。

告 别

我曾设想过很多的告别场面和方式，但最终都否决了，因为我太爱她了，我不想再让她为我痛苦一生……

那天我正好在公司开会，秘书小姐把头伸进会议室朝我做了个接电话的手势，我问谁找我，她说有个人来了好几次电话，非要找你本人接听不可。“请告诉他我正在开会。真是的，等一天我又死不了。”没想到秘书接下我的话说：“您死不了，可他说他可能会死。”会议室内立刻满堂哄笑，我只好走出会议室，去接这个电话……

我想您可能生气了，请原谅我，一个快要见上帝的人。我在美国没有任何亲人，现在除了您，没有人知道我现在的情况。我是在《达拉斯新闻》上找到您的电话号码的，您的《新移民》我每篇都读。我对于我的死早有准备，但有个人与我产生了很大的误会，我生前没有机会解释，又不想把它带进棺材，所以想请您帮我找到她，或是用您的笔告诉她，原谅我不能和她告别，我爱她至死不渝……

这一切都怪我不好，那天晚上十点多下了课，回到水景公寓便接到她的电话。这是她这个月第三次从休斯敦北上来找我。我无奈地带着她上次北上的借口——一本《线性代数》课本，到学校操场和她碰面。

赶到网球场门口，便远远地看到她的背影。在微弱的路灯下，那娇小的身躯映在茫茫的夜色中，是那么地脆弱。天这么冷，又下着雨，她怎么能如此冒失地跑来，又穿得如此单薄呢?

我走了过去，忿忿地说：“你不该再来找我的。”又重复地说些什么没有结局，不适合在一起之类的话。她无言地看着我。我把书还给她。

“我好想念你喔。”她收起雨伞，有些冲动地扑向我。

我冷冷地推开她，告诉她：“走吧！我不想再见到你。我房间里还有人在等我。”

她两眼泪汪汪地看着我，才不甘心地撑开了伞。我们一前一后在雨中向停车场走去。

途中她哀求道：“我开了一天的车子，可以先吃个饭吗?”

我斩钉截铁地回拒她说：“不行!”她委屈地又望了我一眼。

相处了这么久，我当然明白她的意思，我也知道在这种天气下开了一天的车，会有多么辛苦。何况天色晚了，又要毫无收获地循着原路回去，任谁都会感到委屈的。我差点就屈服在她那柔情的眼波之下了。正当我欲言又止地想留下她的时候，胃又抽搐了一下，这让我立刻跌回到了现实中。我再一次克制自己的情感，冷冷地说：“你快回去吧！明天还要上课!”

和她认识是因为我们同住老墨区的一栋公寓，算是楼友。当时我们一层住了7个人，由于都是留学生，彼此的关系都还不错，一起在同一层楼中住了3年，我帮她修了无数次车，补了数不清的作业，彼此慢慢地培养出了感情，并打败了所有的竞争对手，成为了真正的恋人。

她毕业后，在休斯敦大学拿到博士班的奖学金，在我的鼓励下南下了。而我，尚有一年的学业还未完成，我们借由每个假日的舟车往来，来维系这份得之不易的情缘。

雨这时停了。她撑着那把断了一节伞骨的雨伞，被我赶着似的走在前面，好像是一个打了败仗的士兵，拖着一把生了锈的步枪，孱弱地走着。好几次她走得太过出神了，在偶尔有车来往的小路上，和疾驶的汽车擦身而过，让我突然有股冲动，想上前去拆穿这一切虚假的欺瞒，将她拥个满怀。但，坚持着对她的爱以及一阵阵胃部传来的绞痛，我忍着不应该的冲动，望着她纤细而微颤的手腕，紧沿着她的脚步走了下去。

在到达停车场之前，我们经过了那家从前常去的比萨饼店。

“我好饿，已经六七个小时没吃没喝了，我们就吃一点，好不好?求求你，吃过比萨我就走，好不好?”在她的恳求下，我心软了，不过我仍旧摆出一张臭脸。

进了店，我替她付了钱，就径自坐在座位上，若无其事地翻着桌上的一张不知是谁扔下的报纸。坐了一会儿，她走向电视机附近，去翻一本让顾客随便留言的笔记本。

我知道她是在寻觅一张半年前，我们在这家比萨店所留下的一张字条。如果我没记错的话，上面应是用中文这样写的："我们刚刚打完网球，好饿。我点了半块菠菜起司比萨，他要两个蜂蜜火腿肉大号比萨。愿我们永远记得今天的甜蜜，永不分离。"

她找了好久，怪异地看了我一眼，然后慢慢地朝我走过来，脸上挂着两行泪痕说："我找不到字条，它不见了。"

这时候，我的心口只感觉到好酸好酸，一种前所未有的苦楚，流过了我的胸膛。

她问道："你和那个上海女孩的事是骗我的，对不对?我知道我平常是任性了一些，但我可以改的，我们再重新开始好不好?"对于她的问题，我只用摇头来回答。之后我们都没再开口说话，只是蹒跚地往停车场走去。

几年前，我在国内被医生诊断出患了胃癌，由于当时发现得早，癌细胞尚未扩散，医师只切除了一部分的胃壁和一些周围器官的部分组织而已。仅两个星期我就自医院返家，过着正常的生活。我甚至忘了自己曾经罹患癌症这件事，因此也就一直没回医院接受检查。

直到去年我在一次实验课上昏倒，被救护车送到李察逊医院，医生怀疑是胃癌末期，至此开始了持续的不定期腹痛，再度唤醒了这个梦魇。

癌细胞恣意地在我的身体里滋长着，整个消化系统都发现了它们的踪迹。癌症末期，我的生命在最灿烂的时刻，却走到了尽头。

我决定要让四周的人和自己的痛苦减到最小，我甚至想过要自杀。但是，我不能让他们发现我的意图，特别是她，我最爱的人，自始至终都被蒙在鼓里的人。她还年轻，这一切都不该发生在她身上的。再过不久，她就会发现我的落发、干瘪和一切发生在癌症末期病患身上的异常现象。

因此，我开始编造一些故事来骗她。虽然残忍，却是结束这段经营了几年的感情的最彻底的方法，因为我没有太多时间了。

到了她的车跟前，雨开始下大了。我和她伫立在雨中，时间仿佛冻结了，一分一秒就在彼此的沉默中流逝。我远远地看见高速公路上的车流，忙碌的人们根本不会想到这里正上演着一场悲欢离合的人生悲剧。

要知道，我是多么渴望生活啊！

我忍住心中的哽咽，勉强挤出一句话："好好保重自己，照顾自己……"

她没有回答，只是在哭泣中轻轻地点了一下头。

我和她依然伫立在雨中，时间再次冻结了，一分一秒继续在彼此的沉默中流逝了。

"是真的吗?"她的眼睛红得可怕，在雨夜的灯光中闪着光亮。

我使劲地点点头，忍住胃部的又一次绞痛。她失望地把头仰起，收起那把已经变形的雨伞，钻进车里，然后重重地关上车门。猛地发动汽车，像赛车起跑般疾速开走了……

我再也控制不住自己的感情，压抑不住心中的哀痛和失落，站在雨中号啕大哭，我们终于分成了两个独立的生命，一个还有远大的前程和美好的生活，而另一个则站在地狱的门口，与这美妙的世界告别。

"你千万要保重自己，照顾自己……"我甩掉雨伞，哭喊地叫道。我知道她听不到也看不到我，但我仍然这样叫喊，希望她在心灵中有所感应。眼中不住地淌出的热泪，和冰冷的雨水融合在一起，冲刷着我痛苦的心胸，看着我生命中第一位，也将是最后一位女孩，走出我的生命……

她终于走了。一直到今天，我都没有再接到她的电话。我知道她没有看到我的泪水，因为它们和雨水消融在一起了。

而今天，轮到我要告别她与这个世界了。我本是无怨无悔地走，因为上帝已经给了我很多很多，但我还是放心不下她。我曾设想过很多的告别场面和方式，但最终都否决了，因为我太爱她了，我不想再让她为我痛苦一生，所以才打这个电话给您。请原谅我的冒昧，永别了……

落泪的花瓣

此时的邱言红着双眼，一路踉跄地朝太平间走去，手中捧着的百合落下晶莹的露珠，撒满一地。

那是一个阴霾的中午，我一个人在科室值班。病房里很安静，我一时无事可做就在废弃的病历纸上涂鸦。开门的声音很轻，在我看到面前站着的苍白着脸的女孩儿时，像是跌在梦境里一般。半晌，我接过她手里的诊断书：姓名：安静儿。性别：女。年龄：23。诊断：贫血待诊。

因为是同年出世的孩子，我忍不住再次打量她：白色的脸泛着纸一样苍凉的光芒，清瘦的脸颊突显着一双深黑的眼睛。苍白暗淡的唇边却挂着调皮的微笑。我将她安置在病房里，交代惯常的注意事项，她仍旧带着浅浅的微笑，淡淡地说声谢谢。我的心有一种牵扯着的疼痛，这么多年来，第一次看到这样一个女子，对自己的疾病没有追问，没有要求。我在想如果她的脸能再丰盈一些，红润一些，她将会是一个多么甜美的可人儿，原本也是如此吧。

常常听说命运弄人，却不曾想沉浮的命运会走得那样快，那样急。三天以后，静儿的复诊书上写着三个冰凉的字：白血病。病床上的她露出浅浅的笑，重复着那句“我感觉好多了，真谢谢你们了。”

安妈妈独自到门外抹着眼泪，她瘦弱的肩在寒冷的空气里不停颤抖，青黑的发丝在一夜间隐现着斑驳的花白。无助的老人哽咽着：“这个傻丫头还在等着当十月里的新娘呢，该怎么对她说呀，邱言可是好孩子，不能害了人家呀。”

一个星期过去了，静儿清澈的眼神逐日暗沉。在安妈妈的要求下医生允许静儿的朋友们去作短暂的陪伴。那是一群艳丽的女孩子，染着五颜六色的头发，染着无比绚丽的指甲。她们围在穿着棉布白裙的静儿的身边，像一团七彩的祥云围绕着伸展着透明翅膀的安琪儿。角落里坐着邱言，抱着一捧清丽的百合，耷拉着的脑袋包藏着无辜的眼神。

在那群女孩儿走后，邱言起身插好百合为静儿摘下厚厚的棉口罩。如此敦厚的男人在深爱的女子面前落下两行清泪，静儿单薄的手指怎样也抹不干净，像受到惊吓的小鹿，露出不安的神色。她以为她生病延迟了婚期让自己的爱人受到了伤害，像做错事的孩子垂下了眼睑，长长的睫毛上挂着晶莹的露珠。

很多次，背对着熟睡的静儿，邱言一次次摩挲着已经做好的婚纱，只是无语。每次进出那间病房我都会屏着呼吸，不忍惊醒天使的梦。那是披着白纱，沉醉在幸福里的梦，是一个挂在命运之弦回不了头的梦。

我以为上帝会宠爱期盼幸福的人，会留给静儿足够的时间与心爱的人道别。

邱言仍旧默默守护着病床上的静儿，每日带来露珠百合和温热的鸡汤。安妈妈的白发越来越密，不知道在夜里，她会对英年早逝的安爸爸做着怎样的倾诉，又能得到怎么样的安慰。而静儿恬淡的脸庞仍写满了十月新娘的梦，她甚至问刚度完蜜月的同事应该给她铁路上的朋友们带什么样的礼物。而那时她的体重只剩35公斤。

她身体的每个地方都有出血点，有的地方已经开始不停往外涌着鲜红的血液。她苍白的身躯变得像是墙角里盛开的百合。我和我的同事们日夜轮班守着她，佝偻的安妈妈，沉默的邱言在玻璃窗外无助地守着。百合依旧绽放像是代替着女孩儿脆弱的生命，贪婪地吸收着窗外的太阳光。

静儿常常会陷入昏迷，我不知道她是否还能继续她绚烂的关于幸福的梦，如果不能，那样的生命该靠什么支撑着去走完最后的旅途。留下一贫如洗的母亲，留下为爱消得人憔悴的爱人，又该怎样继续明天的生活。而我能做的只是揪心，任何一个很规范的操作并不能减轻他们的苦楚，我想这是我和我的同仁们最大的讽刺和悲哀。

还是一个早晨，天空刮着干冷干冷的风，树上挂着零星的落叶。无根的叶子在尘土中打着旋，无助地游荡。静儿永久地闭上了眼睛，安妈妈俯身呜咽，一次次昏死过去。此时的邱言红着双眼，像一只颓废的野兽，拼尽了最后一点力气。一路踉跄地朝太平间走去，手中捧着的百合落下晶莹的露珠，撒满一地。

此时的静儿是否知道，那是花瓣最后的泪滴。

这是一个真实的故事，在静儿去世一个月以后，邱言带着安妈妈沿着安静儿工作过的铁路线，一路撒下了静儿的骨灰，但愿乖巧可人的静儿会像天使一样，永远活在情同母子的安妈妈和邱言的心中。

渴望幸福的梦想，是我们生活和工作的永远动力。

那一个晚上他输了整个世界

她走在找他的路上，并且，永远不会再醒来了。

一对青年，热恋很久以后结婚了。一天，男的要给女的买戒指，走进商厦，一看那些琳琅满目的金银首饰，她就犹豫了。很久，她才吞吞吐吐地说："我不要这个，给我买个呼机吧。"

那时候，传呼机还是比较新鲜的玩意，价格不比戒指便宜多少。男的听了有点意外，因为他知道女朋友是一向不赶时髦的。最后，在她的坚持下，男的就用买结婚戒指的钱买了一只漂亮的汉显呼机。

两人一回到新房，女的就把呼机别到了男的腰上，男的惊诧地问"这个是送给你的，你怎么给我戴上了?"女人笑吟吟的，还带着点得意："这样，我就可以随时找到你了！你答应我，不管什么时候，不管什么时间，不管你有多忙，只要我呼你，你一定得回我电话!"这天夜里，两个人在被窝里一遍遍地调试着呼机的响铃。他们觉得，生活就像这铃声，响亮、悦耳，充满着憧憬和希望。

从这天开始，男的呼机常常会传来这样的信息："老公，下班了买点菜回家。""老公，我想你，我爱你。""老公，晚上一起去妈妈家吃饭。"每次看到这些，他的心里便觉得十分温暖。只要可能，即使不需要回电话，他也会打个电话过去，听听她的声音。

有一次，男的忘了给传呼机换上电池，又恰好陪领导到基层，应酬到半夜才回到家，推开房门一看，他发现妻子早已哭红了眼睛。原来从丈夫下班的时间算起，她每隔一刻钟就呼他一次，他越不回她就越着急，总以为发生了什么意外，后来每隔 10 分钟呼他一次，直到他推开家门，她刚把话筒放下。

男的对妻子的小题大做有点不以为然："我又不是小孩子，还能出什么事情?"妻子却说有一种预感，觉得他不回电话就不会回来了，男的拍拍妻子的脑袋，笑着道：“傻瓜！”不过，从此以后他一直没有忘记在口袋里放一节备用电池。

以后丈夫升了职，有了钱，呼机也换成了手机。突然有一天，他想起欠着妻子的那枚戒指，便兴冲冲地拉着她去商厦。可到了那里，看着电视广告天天播放的白金钻戒，她又犹豫了，说：“给我买个手机吧。”丈夫问：“家里有电话，你又不经常出门，要手机干什么？”妻子说：“白金钻戒那么贵，套在手指上有什么用啊？那款手机我早看中了；再说，以后我要找你，就算你在厕所里，也能和我通话了。”说到这里，她得意洋洋地笑了。

那天，手机开通了短信息服务。他们一个在卧室，一个在客厅，互相发着短信息，玩得高兴极了。晚上，他收拢了笑容，一本正经地对她说：“以后不要随便给我打手机和发短信了，我经常开会，还有一些严肃的场合，老跟你聊私事不方便。”妻子一听不高兴了：“那我要找你怎么办啊？”“爱咋办咋办。”丈夫也有点不耐烦了：“我又不是小孩子，整天老找我干嘛？”

就在给妻子买手机后不久的一个夜里，丈夫和同事到另一个朋友家里玩牌，起初只是十元八元的彩头，后来越玩越大。正玩在兴头上，妻子用手机打来了电话：“你在哪里？怎么还不回家？”“我在同事家里玩牌。”“你什么时候回来？”“呆会儿吧。”输了赢，赢了输，妻子的电话也打了一次又一次。外面下起了大雨，同事提议玩一个晚上，这时妻子的电话又响了：“你究竟在哪里？在干什么？快回来！”“没告诉你吗？我在同事家玩，下这么大的雨我怎么回去！”“那你告诉我你在什么地方，我来接你！”“不用了！”说完丈夫就把电话挂了。一起打牌的朋友见这光景，都嘲笑他“妻管严”，一气之下，他就把手机关了。

天亮了，他输得两手空空，朋友用车子把他送回家，不料家门紧锁着，开门一看，妻子不在家。也就在这时，电话响了，是岳母打来的，电话那头哭着说：她深夜冒着雨出来，骑着自行车，带着雨伞去他同事家找，找了一家又一家，路上出了车祸，再也没有醒来……

丈夫这时候才想起打开手机。只见上面有一条未读的留言：“你忘记了吗？今天是我们的结婚周年纪念日呀！我去找你了，宝贝，别乱跑，我带着伞哪！”她走在找他的路上，并且，永远不会再醒来了。丈夫泪流满面，一遍遍地看着这条短信息，他觉得那一个晚上他输了整个世界……

一转身便是永远

有很多事，我们都会逐渐忘却，痛苦的，温暖的，快乐的，或者其他。关于小一，如今我只记得些许。

我在一个细雨纷飞的日子接到小一的电话。在凌晨5点，一通电话把我闹醒，然后就听到她清脆的声音：亲爱的，今天逃课吧，我现在在火车站。

我打着一把橙白相间的雨伞，踩一路水珠，在火车站门口看到了她。我的目光投向她的时候，她也正向我这里瞧，然后嫣然一笑。眼前的女子穿着米黄色的棉质中袖衬衫，底下一条深咖啡的七分裤，缀着细致的蕾丝花边，白色的球鞋已被打湿，泛着几滴污浊。

我想，这真的就是小一。

小一“刷”地一下跑到我的伞下，挽我的臂，我恍惚间闻到她身上淡淡的栀子花香。把她带到自己租的小屋，看她津津有味地吃完早餐。她说有些累，于是倒头就睡。我没有去上课，在家里陪她。呵，的确没有想到，小一竟然就这样从网络里跳到了我的面前。

小一是洛阳女子，我们的相识从E-mail开始，小一说在网络上看到我的文字，喜欢，所以来信。我回信告诉她，她的名字足够简单，我也喜欢。然后我们就开始隔三差五地保持联络。我不知道两年算不算长，一直我对时间都没有概念。小一总说：两年，真的好长好长啊。

下午的时候她醒来，我说：“去星巴克喝杯咖啡吧?”她却摇头，反问我：“你不是不喜欢喝咖啡的吗?”然后她鬼鬼地笑，要我带她去麦当劳。于是我把她带到中山公园附近的一家麦当劳，那里人少，不闹。上下楼梯的地方有大面的镜子，可以把整个人照得很亮。以前逃课的时候我经常来这里。想到逃课，我忽然意识到小一那个鬼笑蕴藏的内容了。

选在靠窗的位置坐下。小一眨眨眼睛问我，哎，你知道我为什么要来这里吗?我摇头，假装不知。她瘪瘪嘴，然后又笑呵呵地说："你上次不有篇文字是在麦当劳里写的吗?我来体会体会这感觉呗。"果然，我就知道她还记得这事。其实是好久以前的事了，有一次逃课没处可去就跑进麦当劳。忽然就想写个故事，包里却没有空白的纸，于是只能把餐盘里的广告纸反转个身将就着写。我在 E-mail 里当笑话一般告诉小一这事，她却记得牢。

吃完汉堡小一拿起纸巾擦擦嘴，一本正经地对我说："薇，准备做笔记吧，我要开始讲小一的故事了。"我用手支着头，细细地看她。柳眉，不高挑，用眉笔勾勒出优美的弧度。单眼皮下闪着光亮，只是那一开一闭间隐约望到几许苍凉。干净的脸庞上零星地撒着几粒或深或浅的褐色小痣。我看她看得入了神，却见她纤纤玉指在我眼前晃悠。我对她说，小一的故事我不记在纸上，放在心里的。

于是，她开始讲述，我就开始听。小一说了很多在 E-mail 里从来没有提到过的事情。每一段话语都似毫无联系，有些杂乱，像是海底的气泡，谁都不知道什么时刻浮出怎样的个体。可是我知道小一想要告诉我一些无人可说的事情，像父母的事情，像她曾经深爱过的男人，像她心底的脆弱……我看着她的眼睛，静静地听。小一的话语偶尔有阴影掠过。

回家的时候天色已暗，夜里的秋天已有了些凉意。我们手携着手，一步步地走。心底微疼，我甚至已经感觉到以后的日子里思念的味道。

第三天我和小一去周庄游玩，江南水乡透着一股儒雅，虽已被人工破坏得不堪，却仍有古蕴在风中飘散开来。我们坐在小舟上听船夫的歌声，悠扬起伏。步入全福塔，略低的栏杆让人心生不安。扶栅远眺，我问小一哪里是洛阳的方向。小一随手指了个方向，我也就随意附和。我想无论以后来这里多少次，我都会记得那是小一的方向。

5 天的时间并不长，小一却把无数温馨弥漫在我的小屋里。窗帘成了一袭粉红，墙壁上随意地贴着我和小一的合照，手机的耳塞染上了小一的气息，点点滴滴。小一说："我要让你想死我。"

去火车站送小一，见她眼中泪光微泛。时间一点一点流逝，我们什么都抓不住。

我忽然就觉得心情烦躁，却找不出个所以然。有些感觉，不知名的，汹涌得厉害。

“一起转身吧。”我们异口同声，然后，又一同微笑，笑得无奈，笑得凄然。

我转身朝外走，外面又开始淅淅沥沥地飘起小雨。我不知道小一有没有停下，因为我没有再转身。

后来，邮箱里的E-mail依然忙碌，却再不见小一的文字。偶尔有陌生人来信，我就会想，是否里面就有小一，随后又否定自己。因为小一曾经说过，她最喜欢我文字里的一句话：喜欢在网络里写字，彼此都是毫无联系的陌生人，让我觉得安全……我想我明白为何小一从此杳无音讯。

有很多事，我们都会逐渐忘却，痛苦的，温暖的，快乐的，或者其他。关于小一，如今我只记得些许。记得她是个好看的洛阳女子，记得有过E-mail的痕迹，记得她忽然来又很快走，记得那个转身，一转身便是永远。

前世我欠你一滴泪

轮回继续，生命继续。唯一不再继续的，是那段被遗忘的三生三世的姻缘。

在恐龙灭绝之后不久，她爱着他，他不知道。

她把最甜美的果子喂到他嘴里的时候，他不知道。

她把最精美的兽骨项链挂在他的脖子上的时候，他还是不知道。

甚至当她温柔地依偎在他怀里，带着笑容睡去的时候，他还是不知道。

他穿着这个族里最漂亮的兽皮衣服，戴着这个族里最漂亮的兽骨项链，身边还跟着这个族里最漂亮的女人，但是他还是不知道这是因为她爱他。他好像习以为常，习以为常通常不是一件好事，有好多该发现的东西没法发现，有好多不寻常的事都因习以为常变得寻常了。

于是他还是过着寻常的日子，他还是不知道这一切并不寻常。

在那时候，和外族的战争是不可避免的。胜利者得到奴隶和生存的权利，失败者注定要失去一切。这是自然的规律。

在无数次氏族战争中的某一次，他们战败了。有的人失去了自由，有的人失去了生命。通常失去生命的是男人，失去自由的是女人。因为长久如此，没有人觉得这不公平，技不如人当然应该认输。被俘虏的男人等着被杀，女人则等着被某个异族男人领回他的洞穴。

她知道，这样一来，他们更不可能在一起了。她和他都将成为异族的奴隶，奴隶是没有自由的。她没想到他可能被杀。

当她看着他在异族人的刀下倒下去的时候，她哭了。

她曾经为他哭了无数次，只有这一次是当着他的面，因为那一刻，她的心真正地碎了。

她曾经为他哭了无数次，只有这一次他看见了，直到那一刻，他才明白原来一切都非比寻常，他才知道她爱他。他在心里说，我欠你一滴泪。但是他无法做什么了，因为他死了。

异族的首领发现有个女俘虏死了，据说是因为心碎了。

有些缘分是注定要失去的，有些缘分是永远不会有好结果的。爱一个人不一定要拥有，但拥有一个人就一定要好好去爱他。

他是一只飞鸟，她是一条游鱼。

他们互相相爱，但是他们无法见面。

他去找神——飞鸟总是最接近神的动物。

神对他说：你们的姻缘是三生三世的，这是第二生，既然这辈子没指望了，还是等下辈子吧。鸟没有眼泪，但是他的心在哭。

神轻轻叹了口气：我看见你的心在流泪。我可以用法力让你能够流泪，但是你要记住，只有一滴。

过了一会儿，神又说：我再告诉你一个不是办法的办法吧，据以前的神说，只要大海干枯了，水里的游鱼就会变成飞鸟……

他马上飞走了。看着他的身影，神自言自语：“哎，我又说谎了。”

在此后的日日夜夜，他抑制着自己思念的眼泪，并且叫着“不哭，不哭”，不停地衔着石头投到海里。在心里，他无数次的看见海干枯了，她变成了鸟，然后他对着她流下那一滴珍贵的眼泪，对她说“我爱你”。但，这一切都只在心里出现过。

有人说他是布谷鸟，提醒大家及时播种；

有人说他是精卫鸟，为了复仇才要填平大海。

他们都错了。因为他们不知道这是三生三世的爱情。

直到有一天，他要倒下了，虽然他不相信海是填不干的，但是他确实精疲力竭了。

他感觉自己要哭了，他拼命地抑制自己，他声嘶力竭：“不哭！不哭！”他挣扎着最后一次飞向大海——他要倒在海里：

他渐渐地沉向海底，在生命最后的一刻，他看见了她的身影，她也看见了他。

但是他们看不见彼此的眼泪，因为他们都在水里。

当她还是鱼的时候，她发誓要变成飞鸟。于是第三世她成了一只飞鸟。

他呢？这一世他是一只小飞虫。

这次是她拜访了神。神对她说：这是你们最后一世的姻缘，是最后的机会了。过了这一世，你们彼此将相忘于江湖。

神又一次看见鸟的心里在流泪，于是对她说：在他的第三世，你会遇到危难，到时候他会穿着金甲圣衣救你于水火之中，然后还你一滴眼泪。

风，把她和神的对话送到他的耳朵里。他笑了。他知道他终于可以在这第三世见到她了。这样，那些话，那滴泪，都可以送给她了。

这一世，他们互相寻找。

向左，向右，不断地选择。

不止一次，他们在同一条路上飞过，但是时间不同。

不止一次，他们在即将相遇的时候，选择了相反的方向，就此错过。

他们彼此追逐，他们无数次重复着对方的路线，他们无数次的错过。

天空实在太广阔了。

冬天的某一天，风告诉他，她在朝着他飞来，叫他在这等着。

他欣喜若狂，生怕错过她，偎在一棵松树上四处张望，他发现有时候阳光竟是那样的灿烂。这两世，他是第一次有时间注意到这件事情。

太阳注意到另一件事：他快死了！没有任何一只飞虫能度过冬天。他等不到她了。

他开始感到自己要死了。他恨，他恨飞虫的寿命太短暂；他恨前世的飞鸟不能游泳；他恨自己那么晚才明白她爱着他。

他快死了，但是它不能死，因为这是他们姻缘的最后一世了。

那么金甲圣衣呢？那么那一滴泪呢？难道神又一次说谎了？

她在飞过来，但是他的生命在急速地流逝。

看到这一切，他依偎的那株松树哭了。

松树的眼泪是一滴松脂，这滴眼泪正好把他包围起来，紧紧地，使他的生命不再流逝，他因此保住了最后的一点生命力。但是同时也失去了行动的自由。

这是最后一世了。谁也不能眼睁睁看着他们再次错过。

她飞来了，他喊，但是他喊不出声，松脂已然凝固。

她看见有个金黄的东西，是那样地耀眼。但是她错过了，因为在她心里，多耀眼的东西也没有他重要。

最后一世，他们就这样错过。

在她精疲力竭地倒下的时候，太阳哭了，因此天阴了；风哭了，因此下雨了。

时光不顾一切向前飞奔，轮回照样进行。

千年的轮回，使松脂变成了琥珀，而他，还带着最后的那一点点生命力活在他的第三世。只要琥珀不被打碎，他就会一直活在第三世，守望着那段姻缘。

无数次轮回之后，她又变成了女人。但是她早已忘记了那段三生三世的姻缘，她有了另一个心爱的人，他们幸福地在一起。

有一天，她的男朋友看见了这只琥珀，买下来做成项链送给她。她把它挂在脖子上。

这是第一次，他们又能这样如此亲近地待在一起，但是他已经不能说话，她也早已忘记。

看着她和男朋友幸福地生活，他有时候很嫉妒，有时候很开心，但更多的是悔恨——如果自己早一点明白的话，他和她早就可以这样幸福地生活在一起了。他无数次地哭泣，但他已无泪。

有一天，她的公司失火了，她在顶楼。

她拼命地逃啊，但火势很大，脚下是一片火海。

火神咆哮着：我还要吞噬一条生命！

她听不到，因为她是最后一个目标，因为她已不是远古的生物。

他听到了，他还活在他的第三世。

那一刻，他蓦然记起千年之前神的话语："在他的第三世，你会遇到危难，到时候他会穿着金甲圣衣救你于水火之中，然后还你一滴眼泪。"

原来如此！

奔跑中，她感到脖子上的项链蓦然断掉，但是她无暇顾及，她要跑出去，她的男朋友还在等着她。

她不知道，在她身后的火海里，那只琥珀融化了，从琥珀中冒出一个气泡——那是他在松脂凝固之前为她流下的一滴眼泪，这滴眼泪在千年之后被火神释放出来。

不用问他怎么样了，就算没有火海，他的生命力也会因为琥珀的破碎而消失。

火神吞噬了最后一条生命，在她的背后止步。

她奔出火海，扑到男朋友的怀里，哭了。人们都说她能从大火里逃生真是奇迹。

她的男朋友抱着她哭了，大声地说“我爱你。”她周围的人都很清楚得听到了，但是没有一个人听到火海里那只千年之前小虫的临终话语，那也是一句“我爱你！”

神在天空中望着一切，“在他的第三世，你会遇到危难，到时候他会穿着金甲圣衣救你于水火之中，然后还你一滴眼泪。”千年前他说的话在自己耳边响起。

神哭了。

她和男朋友一直都很幸福，但她不知道这是因为神为她哭过的原因。

轮回继续，生命继续。

唯一不再继续的，是那段被遗忘的三生三世的姻缘。

相思无用，忘了就好

她想，或许，这就是人生和命运。月圆，是一幅画，而月缺，是一首诗。

那一年，她19岁，读高三。他和她同级，被一面墙分隔在两个不同的教室。

她发现，这个新转来的男生有长长的一段路和她同行。从此，他们就经常在路上看到彼此的背影了。

也许因为面临高考的压力，也许因为青春期的羞涩，他们从未打过招呼。每天，就那么不即不离地一路同行。

他每周换洗一次衣服，这让爱干净的她心生好感。她还留意到，他的眼睛略带忧郁，这让她没来由地心疼。她常会想：这双眼睛的后面，是一个怎样的世界?他走在前面时，常会回头看。他看什么呢?她可是一直看着他的背影呢。于是，也不由自主地跟着回头看，而后面并没有什么。

于是她知道，他是在看她，看她是否就在他后面，看她离他有多远。

她也是。当他的背影没有出现在她的视野内时，她也会回头看，看他有没有跟在她后面，看他离她有多远。有时，她会故意磨磨蹭蹭地，只为等他跟上来。比如，在路边小摊前挑选一只发卡，眼睛却不时望向他来的方向……

彼此，却都装作毫不在意。

她和他的距离，总在50米之内。她不想离他太近，近到两个人想要说些什么；也不想离他太远，远到彼此看不见。

他和她，是放学路上彼此眼中的一道风景，装点着紧张单调的高三生活。

偶尔某一天，这道风景没有出现，她会牵挂他。没有他同行的路，似乎变得漫长且荒凉。

是生病了吗？她会这样想。甚至在课堂上，她也会走神。心，飘游到窗外。

再次“相会”在路上，她会向他投去探询的目光，看他的脸色是红润还是苍白，他也会用目光回应她。而距离，也会比平日近一些。过后，又恢复如常。

课间，他们站在教学楼走廊的窗前小憩，她听到别的男生喊他，知道了他的名字。虽然不知道那3个字的准确写法，可是，高中毕业15年来，一个人静静独处时，当年放学路上那道风景常会出现在她记忆的屏幕上。她会想，当年他考上了哪里的学校?毕业后去了哪里?现在他过得好吗?他还会记得她吗?他偶尔也会想起她吗?

她是能够打听得到的，如果她去问。可是她不能，他是她少女时代情感花园里的一个秘密。

成年后，她爱过别人，也被别人爱过。一路走来，情路坎坷。

那一日，她翻阅一本女性休闲杂志，上面有当月的星座运程预测，出于好奇，她的目光停留在属于她的星座上：“……月底会出现新的恋情，对方是你早已认识的一个人。”

这种游戏性质的预测让她莞尔。她的朋友不多，异性朋友更是寥若晨星，在心灵的天幕上快速“筛”了一遍，并没有对其中的谁有感觉。她没有“筛”到他，她不知道他在哪里，甚至压根儿就没想到他。

可她做梦也没有料到，15年杳无音信的他，就在她看过那本杂志后第三天，竟又出现在她的生活里。如一颗石子落入湖中，让她的心泛起波澜。

那天下班后，她在楼梯上意外地看到了一个侧影，不由一愣：这不是他吗?

难道冥冥中真有一种神秘的力量，在操纵安排着芸芸众生?

次日，她下楼去拿一份文件，见一个人正低着头边看文件边上楼。她突然有一种直觉：是他！身子不由定住，正上楼的他被一袭白裙挡住去路，抬起头来，他们四目相对。

果真是他！虽然隔了15年的明月清风，30岁出头的他已微微发福，但五官是不会变的，她一眼就认出了他。

她的心有些慌乱，却平静地看了他一眼，如15年前两人在校园的走廊上相遇时一样，什么也没说，快速地走下楼去。她总是隐藏自己，她承认自己内向而害羞。这与年龄无关，天性如此。

第三天一上班，主任安排她去他的办公室送一份材料，听着那个在她心中藏了15年的名字从主任口中说出，她的心蓦地“怦怦”急跳起来。往事如风，伴着心跳呼啸而至，她的心海在一瞬间翻腾起巨浪。原来，他就在楼下办公，和她只隔了一层楼板。到这座办公楼上班快一年了，她一直没有碰到他。曾以为远隔天涯，此生不会再相遇，不曾想竟近在咫尺！

她的双腿有些发飘，她不知道是怎样来到他办公室门口的，腾云驾雾般的感觉。

办公室的门开着，只有他一个人，正低头在写着什么。她轻轻叩门，如叩着自己的心。

他说着“请进”，没有抬头。收好她递过去的材料，他起身相送。他们相距不到半米，她第一次离他这么近，心底蓦地回旋起泰戈尔的那首诗：“世界上最遥远的距离，不是生与死的距离，而是我就站在你的面前，你却不知道我爱你……”

她按住“咚咚”狂跳的心，鼓足勇气，轻轻问他——这是15年来她对他说的第一句话——“你一点儿也认不出我了吗?”

“不，是我不敢认了。”他快速地抬头看她一眼，又低下头去。

她蓦然明白，从当年的一面墙，到如今的一层楼板，还有，漫长而短暂的一段岁月，这些，终是他和她之间遥不可及的距离。

她想，或许，这就是人生和命运。月圆，是一幅画，而月缺，是一首诗。

让我忘了他曾经那么爱我

百年修得同船渡，千年修得共枕眠。我相信缘分这个东西，世间万物本就是缘起缘灭的。

蔡姐打来电话说，看见他一个人坐在超市外的长椅上，一副老相。

哎呀，这人变得真快呀，以前总觉得他像个小伙子，他又是个讲究穿衣的人，可今天看上去他咋那么老了呢?就那么呆呆地坐在那儿。我下班出来，他还在那儿……

蔡姐还在话筒里叽咕个不停，我心里"咯噔"一下，接下来就不知她说些啥了。

我在想他一个人一下午对着满大街车水马龙的样子。他不上班的，上班就要去野外，他不愿受累。回家呢，那个家现在没人打扫卫生了，乱七八糟的，下脚的地方都没有。回父母家呢，父母把他生下来一个月后，就相偎着上大学去了，好像这个儿子不是他们的产品。

斜阳照晚，炊烟四起。他一个人，孤零零坐在繁华热闹的大街旁。家家户户的灯正次第亮起，但没有一个温暖的窗口属于他。

已经把他放到了万水千山之外，可了解他的人，这世上只有我了。他的孤独，我不再承担，却无法不承担对他切肤的了解和关注。蔡姐的电话，把他的凄惶和孤独用一根线连过来，绑在了我的身上。

他是我的前夫。我俩离婚快一年了。

结婚的理由，只有一个就够了，离婚的原因却会有千万种。反正离婚后，笼罩在身上的乌云突然消散，感觉自己死了多年后一下又活了。

对了，离对了，你俩到了非离不可的时候了。正好没孩子，一切都好办。朋友知道了，欣然来祝贺。

好办吗?不好办。情感的事，男女间的事，婚姻中的纠葛，有好办的吗?

多年前的一个夜晚，我一个人在租住的房子里守着电话。11点了，他还不回。他去的地方7点刚过就没公交车了，出租车晚上也不去的，因为无客可拉。打传呼，不回；再打，还不回。我边哭边打，电话里不断传出：附本机号请挂机，留言请按2。

一个小时后，我穿着睡衣穿过黑漆漆的菜地，还有淹死过小孩的池塘，来到他回家必经的路口，那里有路灯。他终于出现了，深夜的大街静寂无人，我蹲在地上，哭得只剩下声音。“你知道吗?我担心你，我怕你不安全，我只要知道你安全，知道你在哪儿就行了。你怎么玩都行，但你要让我知道你安全。”他搂紧我，歉疚的感动从他身体里一阵阵发散，传到我的身上，像一根根很长的针，扎到我的深处。

可是，没人会一辈子感动。我对他的好，成了他的专利，他要占有专属权，连我的父母，都要被逐出他的领地。“你是跟我过一辈子，不是跟你父母!”他一天会讲三遍，讲一遍我就跑远一点儿，最后，就跑到看不见他的地方了。

这日子怎么过的?你站在我对面，我们心里只装着自己。于是，我们渐行渐远。这就是婚姻。起码，是我经历的婚姻。

很久以后我才醒悟过来，婚姻，和谁过我都是这个样子。对他好也罢，对他坏也罢，都是按我的心思来待他。做他的女人，就是他全面的依靠。

一个人让你多看一眼都会觉得难受，这样的时刻姗姗地也是匆匆地来了。离开，只有离开，逃避他，更是逃避自己。打不赢了，亲爱的，咱们都逃生吧。这时难过的不是和他分手，而是离婚这件事情。清理完所有的物品，在他紧握拳头的愤怒里，我夺门而出，像走出一场噩梦。出门后，眼前一片水雾。只要发生了，怎么会好办?就像他的孤独，从小无人关爱的经历，我知道那是一种彻骨的冰寒。即使他不是个小伙子，也想把他抱在怀里温暖他。我还知道，我走了，他没有地方可以拿钱了。他身体不好，鼻子经常流血，而从此没人在旁边给他递毛巾了。

人心，是世界上最软的东西啊。有些事是一生都放不下的，比如一听他一个人坐在街头等着暮色把自己掩埋，我的自我凌迟就开始了。他不在我的生活里了，但我无法从心里把他拿掉。

终于，两个月前他给妹妹打来电话说，他上班了，回设计院搞测量，收入不错，年薪 10 万元应该没问题。还有，复婚吧，不然，他就和别人介绍的一个女孩子结婚了，那女孩子催得急。妹妹说你就早点儿结婚吧，他一听不高兴了，小妹，你不是不知道，我心里只有你姐。妹妹说，只要你过得好就行了。他沉默了一会儿说，好吧，那我结婚了。

妹妹把这话告诉我。“喀嚓”一声，我一直背着的东西，一下子就卸下了。天啊，上帝啊，终于有人和他在一起了。

百年修得同船渡，千年修得共枕眠。我相信缘分这个东西，世间万物本就是缘起缘灭的。

你的心，就是一切的源头。

放下心来，无情可待无追忆。

第七辑

听到幸福在歌唱

每当他离开家行走在路上时，铃铛总会响起，叮叮当，叮叮当，他说，这是世上最美的音乐，他听到了女儿和妻子的叮咛，听到了幸福在歌唱……

最美丽的玫瑰

瑞西喜欢玫瑰，可这满园鲜花中唯独没有玫瑰，这件事成为大家心中的谜。

萨德尔是普利茅斯城的成功商人，拥有数家大型百货商场，在有名的富人区有一栋漂亮的别墅。萨德尔的妻子瑞西对花情有独钟，别墅后面有一大片空地，她在那里种了各种各样的花草。

朋友们爱来她的花园小坐，都问她最喜欢哪种花。瑞西的回答是："我最喜欢紫红的玫瑰。"瑞西喜欢玫瑰，可这满园鲜花中唯独没有玫瑰，这件事成为大家心中的谜。

萨德尔的生意越做越大，不知从什么时候起开始渐渐疏远瑞西。终于有一天，他向妻子提出离婚。瑞西不肯答应，即使萨德尔许诺给她 2/3 的家产。无奈之下，萨德尔请了律师。

一天午后，一个青年男子走进这栋别墅，自我介绍说："我是萨德尔的律师，特地来了解一下你们的情况。"瑞西平静地说："我先给你讲个故事吧！"

一对贫穷的青年男女，相爱很多年。情人节快到了，男孩想送女孩一枝红玫瑰作礼物，为此，他辛辛苦苦攒了 8 美元。情人节那天，他拉着女孩走进花店，可是那天的玫瑰涨到了 15 美元一枝，男孩搜遍全身也没有凑够那么多钱。

看到男孩难过的样子，女孩安慰道："我最喜欢的是开在土壤里充满生命力的花朵，你可以买一包花籽，自己种一盆玫瑰，在明年的情人节送给我啊！"男孩激动地握住女孩的双手，深情地说："相信我，我一定会为你种出这世界上最美丽的玫瑰！"

此后，男孩开始没日没夜地工作。20 年后，他拥有数家百货商场，成为有名的富翁，但他始终没有为她种下哪怕一株玫瑰。

起初他也会想起，也确实买了一包花籽准备栽种，但由于工作太忙，实在无暇顾及。后来，钱越来越多，他常常买来大捧的玫瑰花送给她，却已经淡忘了当初的许诺。许多年过去，女人仍然等待着，希望有一天，丈夫会想起他曾经买过一包花籽，却一直没有种下。

说到这里，瑞西的眼睛盈满泪水，对律师说："请你转告萨德尔先生，我可以离婚，不需要任何赔偿，但他必须送我一盆亲手栽种的玫瑰。"

律师离开别墅，把瑞西的话转告给萨德尔。萨德尔愣住了，想起当年在花店的窘境，想起多年前的承诺，想起这么多年妻子的默默付出和自己的冷淡相对。他亏欠妻子的，岂止是一盆玫瑰啊！

萨德尔不再提离婚的事，开始经常待在家里。一个傍晚，他们坐在阳台上，看着美丽的夕阳，谈起了那个情人节，还有那包花籽。没想到的是，那包花籽瑞西还一直保留着。

打开那层层叠叠包裹起来的花籽，一股霉味扑鼻而来。萨德尔更加愧疚，这花籽就像妻子一样，被他遗忘了太久太久。

"花籽都发霉了，还能开出花吗？"瑞西泪光闪烁。

萨德尔深情地望着妻子，自信地说："亲爱的，这么多花籽，总有一粒还会开花。只要我们心中有爱，并用心去浇灌。请你再相信我一次，我一定会为你种出世界上最美丽的玫瑰。"瑞西望着丈夫，破涕为笑。阳光下，她的笑容像当年一样美丽。接下来的日子，萨德尔常常把自己关在一间屋里，不许妻子靠近。

终于，又一个情人节到来了。那天，萨德尔请来众多宾客，在盛大的舞会上，对来宾大声说："现在，我要送给我心爱的太太一件最珍贵的礼物。"在众人的议论纷纷中，他打开一个箱子，拿出一个花盆，紫红色的玫瑰开得正艳。大家惊讶万分，一盆如此普通的花，何见珍贵？

萨德尔面对宾客，讲述了当年那个故事。大家先是静默，然后报以雷鸣般的掌声。在掌声中，萨德尔将这盆花献给了瑞西："亲爱的，你知道吗？我把那包发霉的花籽细心打开，一粒粒察看，只有这一粒是完好的。在我的悉心照料下，它终于开出了世上最美丽的玫瑰。"

猕猴桃里的爱

在婚姻里，在围城中，能够吃着两个猕猴桃咀嚼生活滋味的，并不平淡，而是一种平淡生活的激情燃烧。

这几天，感冒发烧，加上胆结石发炎，难受之余，特别想吃猕猴桃，于是对夫说：能不能买几个猕猴桃？我特别想吃。

今天午饭后说这话时，我已吃了药，准备睡觉了。与他小小地拥抱了一下，他说："你先睡，我出去一下。"我以为他出去买菜了，待我睡到下午 4 点醒来后，发现他早已经上班走了。床头柜上放着两个猕猴桃，下面压了一张纸：傻妞，我上班走了，你起来后喝点开水再把这两个猕猴桃吃了，晚上睡觉时别再着凉了（我的睡姿实在不怎么完美，往往睡的时候被子什么的盖得好好的，到了次日一早，被子四面跑风，这么多年以来，都是他晚上醒来不停地掖几次，所以，结婚这么多年以来，也是他为什么总把我揽在怀里睡觉的原因）。其实像这样小小的鸡毛信，一直是我们交流和沟通的桥梁，在没有手机之前和有了手机之后，这个习惯始终没有改变。

我一开始并不是一个依赖心极强的女人，然而和他生活的这么多年，我却变成了一个依赖心极强的人，凡事都有他给做着，我就傻呵呵地乐着，他也愿意我这样。有些事有些活本来我可以做，可是他却抢了去，我看着他，不知说什么，就笑。他也笑。他说生活虽然平淡，但是很充实。我说他在哄我，他说他为什么要哄一个快 40 岁的女人呢？想想也是，人到中年，他没有理由哄我，而且又不是刚谈恋爱那会儿，男人总是让着女人。于是，我写文章时问他：你对此有何看法？他抽着烟笑：问我呀？我这么笨。你笨吗？亲爱的，你不笨，你的见解总是很独到，有时候我觉得你才是写文章的那块料呢。以前，从没有问过他：我四体不勤，你会嫌弃的吧？

也许那时候，作为女人的我还保留的一分纯净的美丽，还有一份让他足以为骄傲的资本，现在呢？现在到了中年，除了美丽不在之外，更多的是俗不可耐和庸懒。他说：只有一个最信赖丈夫的女人才会依赖她的丈夫。我说他这是歪理儿，他笑了：如果一个男人不能给一个女人最大的安全感和可依赖感，那么这个女人还会依赖他吗？想想也是，一个不能给女人安全感的男人如何会让女人信赖呢？

卧室里的吊灯不亮了，黑灯瞎火的持续了好几天，每到晚上坐在电脑前时，就想着他出差到什么时候才能回来呀？不然这灯要瞎火到什么时候呀？在白天，在暗夜，开始铭心刻骨地想他。

爱情，有许多时候出现了问题是我们在婚姻里太过于追究那些细枝末节而忽略了爱情的表达方式，所以有人说婚姻就是爱情的坟墓，有人说婚姻是围城，还有人说，结了婚，哪有什么爱情？说婚姻中有爱情那简直是自己的美好理想，我觉得这些都是否过于偏激？两个人走到一起，你想着我，我想着你，生活虽然没有轰轰烈烈的大起大落，但是，那份恬淡我们为什么不去珍惜？我们抱怨对方关心自己不够，而我们又怎么去关心对方到细致入微？我们忽略了生活中最重要的相处方式，于是，我们喊累，我们争吵，我们把战争不断地升级。可是当你真正回过头来检视这些的时候，忽然发现：原来都是鸡毛蒜皮与不值一提的事情，一个温柔的眼神，一个小小的拥抱，一个会心的微笑，一个亲切的短信，一个隔山隔水的电话，都凝聚爱与被爱的真情。当铅华洗尽，绮罗散去，经历了许多人世间的衰荣更迭，曾经的山盟海誓都变成往事的时候，唯有真情会散发着永远都挥之不去的温暖和爱，因为那些美丽而又绚烂的日子就是在彼此的共同创造中诞生的啊。在我的体味中，婚姻中的男女除了相互贴近心灵律动和情爱的温馨，更多的是日常生活中的互相搀扶和共同的心灵成长。当然，其间也会互相争战，性格脾气不得不相互整合，结果或是从此和谐，或是永久错离；也许，日久相熟、琐事苦多已使彼此疏远、寂寥，不妨换个角度看对方，或许可从瞬间的感动中蓦地又会发现爱的真实的绵长；也许灵动的渴望吹起一池淡然的生活，请细细审视心内是否真的不怕失去和付出，是否心头依然有爱的温润，是否真的明白自己需要什么？良好的状态是各自有着成熟的心灵空间，经常地互动沟通，无论情趣爱好，或者是工作的困惑，甚或对周围环境的感受和思考都能够交流无碍，如此双方就有一种共同成长的了解和共同分享的喜悦。因为，一切其实总是心为形设，围城亦如是。

在婚姻里，在围城中，能够吃着两个猕猴桃咀嚼生活滋味的，并不平淡，而是一种平淡生活的激情燃烧。我们不必要求在两个猕猴桃的世界里找到更多更美丽的答案，我们只需在两个猕猴桃里吸取幸福的汁液即可。

舍不得伤害你

舍不得，那是爱情中的另一种情怀，里面有亲情、有恩情，还有，那婚姻里夹缠错结的光阴岁月和五味杂陈！

结婚七周年时，我和陈宽到影楼补了一套婚纱照。

化妆时化妆师在我的眼角上涂了很多的粉底，他说："鱼尾纹这样深，真应该多涂些。"陈宽站在一旁说："这么快啊，我们居然结婚七年了。"

看着他，我平静地笑着，而那一场风雨刚刚过去。

我的婚姻在两年前曾经风雨交加，曾经悲痛难忍，另一个女人闯入了我和陈宽的生活，她美丽妖艳，对陈宽充满了诱惑，陈宽也的确被她诱惑了，然而，我以最平和的方法让这一切成为了过去。

现在，镜头前的我们，依然是一对恩爱的伉俪，这个我青梅竹马的恋人，曾经背叛过我，但现在，他回来了，他在我耳边说："对不起，梅丽，原谅我。"

是的，婚姻应该有原谅，否则，我的幸福早就完结于两年前了。

而拍完这套婚纱照，我们将去郊外。车内有一个大包裹，那是我收集的他出轨的证据，两年了，我一直留着它，但从来没有打开过。我知道，那里面的一切，一定触目惊心，所以，我对陈宽说，让我们一起销毁它吧。

点燃它之前，我说："让我们许个愿吧。"

闭上眼，陈宽拉了我的手，我听他喃喃自语："今生愿做相思鸟，日日夜夜常相伴。"

我的手上，落满了泪水。

我的爱人，他终于回来了。

两年前，功成名就的陈宽已经是市内有名的房地产商，他开发的蓝水花园成为市内最好的楼盘，而随着事业的叠起，一些绯闻也传了出来。

他赞助了一场模特大赛，电视台每天在直播，英俊潇洒的陈宽每天出现在电视上，那些美女围绕着他。我在电视机前，听着女友说："看看陈宽多么春风得意，你可要当心啊。"

"没事。"我淡淡地说。其实心里已经有了醋意，是的，他年轻多金，而且很幽默，正是女孩子喜欢的那种类型，况且，他是知识型男人，清华毕业，又写一手好字。

但我已经感觉出他的变化——他回家越来越晚，身上有陌生香水味道，尽管他回家就洗澡，但陌生女人的味道我还是凭第六感就能感觉得到。

原来，他的心里已经住进了别的女人。

几个辗转之夜后，我出击了！

私家侦探几天之后给了我一大包东西，他贴在我耳朵上说："有陈宽用过的杜蕾丝！那里面，就是证据！"

我一阵恶心、一阵晕眩，曾经的海誓山盟化成了云烟，如今，他有了新欢，冷落了我这旧人，我不过是被人吃腻了的菜，因口味一般而被弃之高阁了。

我打电话给陈宽："女友让我陪着去丽江玩几天，孩子我交给父母了，你一个人小心。"电话里，我的口气尽量隐忍，在嘱咐他珍重的时候，我的眼泪差点儿下来。是的，我要给自己几天时间，确定这个婚姻到底还要不要？

"你自己也小心，"陈宽说，"我正好也忙，要去趟欧洲，到时给你带香水回来。"

而我知道，他办了两张护照，一张是那个美艳模特的，这是他们的蜜旅之行吧？我整理好他的东西，把他的胃药和常吃的一些维生素放好了，我还给他留了条子："在外多注意，你免疫力低，少吃乱七八糟的，你爱吃的木糖醇口香糖已经放包里了，衬衣放了五件，记得换洗……"做这些时，我一边做一边流眼泪，陈宽，你辜负了我对你的深情！

丽江 10 天，我每天一个人逛来逛去，天天买醉，婚姻有了瑕疵，我到底是拯救它还是打碎它？

证据，就在我手里，我随时可以把这个炸药包投出去，而它，可以把我们的婚姻炸得粉碎……

那包证据，就在我随身带的包里，有几次我想打开它，我知道，打开就是崩溃。

我想了又想，从相恋时的每一个细节。他坐火车30个小时，就为了看我，然后待了两个小时又往回赶。而我为他上研究生曾经打了3份工，累到吐血，这些，他怎么会忘记呢？我怎么会舍得？

10年爱情，5年婚姻，为什么中途出了差错？细想，我也有错，有了钱，做了闲职太太，从此只知道美容、花钱，再也不问他生意上的事，而且，很少坐下来和他谈心。甚至，他在一个楼盘上失手我都不知道，后来别人告诉我才明白，那个楼盘失火烧死了人，他焦头烂额忙于应付好多天，我却还是定期去做spa，过着悠闲的日子。

而他，大概亦是舍不得吧，不然，为什么有了新欢还背着我？为什么不提出离婚？我想，他念着的还是旧日恩情！

10天，我把来龙去脉想了个清清楚楚，然后，我打开手机，里面全是陈宽的短信："梅丽，你让我担心死了，你去了哪里？我没有去欧洲，我在家等待你！"

是我留下的那些纸条和整理的那些衣服感动了他，他放弃了和情人去旅游的机会，而是每天接孩子、送孩子，做了一个好父亲。

回家后，我看到了一张笑脸和一个拥抱。

我扑到他怀中，眼泪湿了他的衬衣，那是我亲手挑选给他的，亲爱的，你还记得吗？

接到叶娇姿的电话时陈宽已经回到家中。

他开始天天在家吃饭，并且记得我的生日、记得结婚纪念日，我们又和从前一样，带着孩子去公园或者去度假。

叶娇姿把电话打到了家中，是陈宽接的，他脸色有些尴尬，我没有去追问他，他吞吞吐吐地说："是她，想和我要钱。"

看他亲口告诉我，我拉着他的手说："没事，我们一起面对。"

一个心已经回来的男人，不能再去折磨他，自始至终，我持一种淡定的态度，所有苦，我自己吃，所有的郁闷，我没有和另外的人倾诉，婚姻的事情，只有自己才能帮自己。

我约了那个女人见面。

很漂亮的女孩子，高个儿、风韵十足，她点着烟，奚落着我的衣服难看、品位不高。我笑着说："你是很漂亮，可你吸引人的只是外表，男人，最终还是要一个懂得他的女人，你不要和我抢了，你只赢过十分之一，因为，我占据的是陈宽的心，而你占据的是他的身，这是我和你的不同。"

只几句话，我就打败了她，她呜呜地哭起来："可是我，怀了他的孩子。"

"我来帮你，"我说，"我们去做掉它，所有费用我出。不要拿孩子做挡箭牌，因为，陈宽不会因为孩子娶你，他爱的只是你的容貌，你不知道他有胃病，不知道他喜欢吃绵软的东西，也不知道他的爱好，你只看到了他最华丽的一面……"

3天后，我陪叶娇姿做了手术，并且留下了5万块钱，我说："好好生活，好好爱一个男人，爱情从来给那些真诚对待她的人。"

一个月后，我接到叶娇姿的短信，她把钱送还了我，然后一个人去了深圳。她说："谢谢姐姐，我想，你给我上了一堂爱情课。"

而我与陈宽的创伤还在。陈宽抱我在怀里说："梅丽，你受的委屈有多大只有我知道，等待我用爱慢慢为你疗伤吧。"

我扑进他怀里，哭了个稀里哗啦。我说："陈宽，你是我的冤家。"

两年后，陈宽提议去补照婚纱照。

而此时，我已经渐渐忘记从前的旧事，是的，对婚姻而言，把苦涩忘掉，记住甜蜜很重要，况且，陈宽待我一如从前。

但我一直没有说过我曾雇用私家侦探的事情，那一包东西，始终锁在抽屉里。

拍婚纱照的前一天，我们一起过马路，一辆失控的摩托撞过来，他推开我，自己却倒在地上，胳膊当时就骨折了！

我抱住他，然后打车去了医院。我说："傻瓜，为什么要这么做？"

他告诉我，没有为什么，是本能。

我知道，我的陈宽，已经完全回来了！他视我如亲人，当危险降临时，他挺身而出，那一刻，我知道他是出于本能。

住院期间，我告诉了他我的秘密，那是保存了两年的秘密，他笑着，抚摸着我的头发说："梅丽，其实，我一直都知道，你一定有我的把柄，只是你太善良，你不肯轻易拿出来，因为，它会刺伤我们俩。"

我们决定，拍完婚纱照就扔掉它。

因为结婚时一穷二白，我们只有黑白的二寸照片，而我嚷了好多年要去拍婚纱照，今天，终于如愿以偿。

摄影师说："笑一笑，来，老公抱着老婆……"当陈宽抱住我的肩的时候，我的眼里闪动着泪花，照片出来后，那是最好的一张，我们的手相牵，眼里，都有动人的泪光!

当那个秘密包裹付之一炬的时候，我们知道，从此，我和陈宽将携手人生路，不管有多远多难，都要风雨相携，不离不弃。

而那个秘密，就让它永远别见天日吧，让那里面的东西，灰飞烟灭吧!

陈宽问我为什么要这么大气宽容？我答："不是所有的秘密都要知道，因为它会伤害我们的爱情，还有，我的宽容说明我还爱你，我还舍不得!"

陈宽抱紧了我，把头抵在我的肩上说："亲爱的，其实，我也舍不得。"

舍不得，那是爱情中的另一种情怀，里面有亲情、有恩情，还有，那婚姻里夹缠错结的光阴岁月和五味杂陈!

在别人眼里望见幸福

我什么也不去想了，只想，陪着这个好男人，一路走下去，就这样，一直走到老。

结婚10来年，对丈夫我似乎越来越没感觉了。别人都说我嫁了个好丈夫，他们所说的好，是因为他不抽烟、不喝酒，更不花心。左邻闹绯闻，右邻闹离婚，而我和他的婚姻，就那么四平八稳着。

对他，我冷眼旁观，看不出他的好。他有什么好呢？不过一普通男人，且即矮又胖。近些年，还渐渐开始谢顶。

我们结婚时住的房子，至今还住着，在一幢楼的底层，两室一厅的小套房。家里的家具也没多大变化，陈旧而模糊。很多时候我都会不合情理地想起张爱玲一篇文章里的话："年轻的人，想着30年前的月亮，该是铜钱大的一个红黄的湿晕，像朵云轩信笺上落了一滴泪珠，陈旧而迷糊。"回望总是最最令人惆怅的，隔着30年的光阴，那个蹒跚起步的小丫头，已在婚姻里，变成了和家具一样陈旧的小妇人。

屋后的那棵小松树倒是见长了，一年年高过窗台。有时站在后窗口望外面，常生了怨意。这么潮湿不见阳光的地方！有什么值得留恋的？我问自己。他却总是温和地一笑，并不在意我的埋怨。

他拾掇着家里的零零碎碎，小锤子拿手上，不时地丁丁当当。坏了的门啊窗的，都是他修理的。他把易拉罐敲成小花瓶，从里面长出了一棵胡萝卜。他用雪碧瓶做笔筒、做牙签盒，放在桌上，自我陶醉。他在小锤的丁丁当当声中，很有滋味地过着小日子。我望着他，望得心里的叹息，似雪般的，落了一层又一层：这样一个不思进取的小男人！

那日放假，要好的女同事倡议两家结伴出去游玩。所选地点不远，是离小城百十里的一座山，当天去，当天回。

说实话，其实我很不愿意和他一起出去。同事的丈夫风风光光，开着小车，而他，连方向盘都没摸过呢。但同事却千叮万嘱让我一定要带上他，说，这样才热闹。

第一次把他带到同事面前。同事对他甚有好感，不住嘴地夸他是好男人。我觉得好笑，说，我怎么没觉得？同事说，你看，你们出来玩，所带的吃的喝的，全是他一个人背在身上。你的鞋带掉了，是他弯腰帮你系的。你的遮阳帽，是他帮你理正的。他怕你渴了，不时拧开矿泉水瓶盖，递给你……

我突然就愣住了，这一切，都是他经常做的呀。因为经常，所以千般的好，都被我忽略了……

山不高，却陡得很。我和同事，都穿着高跟鞋，爬起山来，显得困难重重。一路上，不停听到同事丈夫的埋怨声，说，既然晓得出来爬山，怎么不换双平跟鞋？那埋怨声是冲着同事的，声音里，有很多的不耐烦，是嫌同事走慢了。而他，却一直好脾气地走在我的身边，不时看看我的脚下，生怕我被什么绊了。并且不住地安慰着我：不急不急，慢慢走，好的风景，要慢慢看。

此刻，我的心里，倏地荡过一片湖。我轻轻闭上眼，把手伸向他，任他握着，跟他走。我什么也不去想了，只想，陪着这个好男人，一路走下去，就这样，一直走到老。

爱的礼服

很多的时候，我们不懂得珍惜，认为所有的东西都是理所当然的，总是要到再没机会的时候才猛然惊醒。

那年夏天，我在一间男士礼服店打工。

“丁冬”一声，挂在门上的风铃提醒我来顾客了。我折好书角，向门外看去。只见一位老先生推着轮椅走了进来，轮椅上坐着年纪和他相仿的老太太，两人都是那种很精神的北欧老人。老先生戴了一顶渔夫帽，帽子上还别了一根羽毛，有点老顽童调皮的味道。轮椅上的老太太满头的银发梳理得很整齐。

我迎了上去，笑盈盈地问：“两位选礼服吗?”老先生捧着自己圆圆的啤酒肚说：“小姑娘，你看什么礼服能装得下我这半个世纪的啤酒肚?”我扑哧一声笑开了，接着说：“有，中号就行，大号的您这肚子还嫌小呢。”老先生爽朗地大笑起来，老太太在一旁打趣地说：“那你再多喝点啤酒，就可以穿大号的了。”我量好尺寸后，问道：“您要参加哪种宴会?参加普通的婚礼西服就行；6点以前的宴会要用大礼服；6点以后最好用无尾半正式晚礼服；参加博士毕业典礼要燕尾服；商务宴会的礼服可以随意一些，用晚间便礼服。”老先生把轮椅推到试衣镜旁。找了一个最好的角度让老太太看他试衣服。然后，他转身说：“是葬礼，我太太的葬礼。”

我立即收起笑容，神色凝重地说：“对不起，对你失去太太我感到非常遗憾和难过。”他摆了摆手，一旁的老太太插嘴说：“还没死呢，我就是他的太太。”我有些尴尬地“哦”了一声，不知道该说些什么。我还从来没有遇到过这样的情况。我给两位老人各倒了一杯咖啡，老太太感激地接过了咖啡，把杯子放到嘴边。透过杯子里袅袅升腾的热气，她注视着老先生，嘴边有些怜惜的笑意，说：“这么多年，他就没自己买过合适的衣服。你跟他介绍了这么多种礼服，你问问他知不知道参加葬礼该穿哪一种。”老先生眼瞟着四周，又喝着咖啡笑着说：“我有最好的太太，这些从不用我操心。”我见气氛有些轻松了，手脚才自在起来。我转身去取一套中号的西服，听见老太太对老先生说：“医生说最多还有几个月了，也该准备了。”我才明白了一大半。老先生接过话头说：“我看那个医生有点蠢，医生说的也不是都准。”这会儿，老太太倒笑了起来，说：“不管怎样，买好了我才放心，我可不想在天堂看到你穿着渔夫野营装参加我的葬礼。你还会光着脚，因为找不着袜子！”我转过身，被老太太描绘的情景逗笑了。老先生有些不好意思地笑着。我惊讶于老人对于离世的平静和坦然。老太太对我说：“就要黑色的西服配上白色的衬衣，再加上黑色的领带。”我的心里赞同地想：老太太配的是标准的葬礼服。我配好衣服递给老先生，让他去更衣室试试。

见他拿着衣服进去了，老太太对我说：“我都70多岁了，早晚要去天堂的。我就想把平常做的都给他安排好，怕到时候他一个人不习惯。”我心里一阵难过，不禁想起许多个早晨，在丈夫替我煎蛋、准备咖啡的同时，我在卧室里替他找合适的领带搭配衬衫。

如果哪天我要离去了，我一定要把所有的衬衫领带都事先配好，他才不会一下子不顺手。我的鼻子酸酸的，又想，我是不忍也不能先离去的，他自己都不会打领带，甚至找不出成双的袜子来。我一定要竭尽所能，在人生的路上多陪他一程。

老先生穿好衣服走出来，他挥动着手上的领带说：“谁能帮我系这个东西?”老太太摇摇头笑着说：“难道要我把所有领带都打好吗?”她示意让她来系，老先生弯下腰，俯身在轮椅上，老太太有些颤抖但熟练地打好了领带。我走到一边，好让他们不受干扰，多一些私人空间。镜子里的老先生庄严肃穆，他握着老太太的手，征求着她的意见。老太太说：“挺好的。我喜欢。这西服倒让我想起我们结婚的礼服来。我们结婚时你系的是银色的领带，也是我选的。”老先生挺直了腰板，看了看镜子里的自己，又看了看镜子边的妻子，俯身抚着老太太的手，动情地说：“我希望这套礼服永远派不上用场！

付过钱后，老太太向我致谢：“上帝保佑你，我的孩子。”铃声中老先生推着老太太出了门。我看着他们的背影伴着轻声细雨渐行渐远，心中不可抑制地涌起对这老年伴侣的关爱。老了的只是年纪，不是爱情。

许多短小的片段连接起了整个人生。可是很多的时候，我们不懂得珍惜，认为所有的东西都是理所当然的，总是要到再没机会的时候才猛然惊醒。有人说“幸福被彻悟时，总是太晚而不堪温习了”，请在还不算太晚的时候，珍惜你的每一分钟。

幸福的糖醋水

贫困的岁月里，人也能感受到幸福，也许，那种幸福还会让你的记忆更深刻。

帕里斯是一名出色的大银行家，在他65岁生日的时候，亲戚朋友们从四面八方赶过来为他祝贺，就连报刊和电台的记者也对他这次生日闻风而动。因为，帕里斯平时即使一个小小的举动，都有可能给金融市场带来一次震动。

生日宴会上，当帕里斯吹灭生日蜡烛，在金碧辉煌的大厅里与众多亲友举杯共庆的时候，一名记者微笑着向帕里斯提问。他说："帕里斯先生，你觉得一生最幸福的时刻是什么时候，是不是现在这一刻?"帕里斯送到嘴边的酒杯停住了，他立刻说："不，不是这样的时刻。这样的幸福我觉得很平常。我最幸福的时刻是在我13岁过圣诞节的那一刻，我这一辈子都不会忘记。"

所有的人都愣住了，帕里斯说——

我小的时候，对汽水非常向往，觉得那是一种很神奇的东西，因为，我看到有钱人家的小孩喝了那东西后，会站到大街上一个接一个地呕气，那长长的呕气，让我羡慕得要死，我经常想，什么时候，我也能喝上那种神奇的饮料，能站在大街上对着来来往往的行人呕气，那该是多么幸福的事情呀。

可是，我家里太穷了，穷得常常连饭都吃不上，哪还有钱买汽水呢?母亲知道我对汽水的渴望，对我许诺说，到圣诞节的时候，就给我买一瓶那种神奇的会呕气的饮料。

于是，我天天盼望着圣诞节的到来。母亲每天都忙忙碌碌的，公司一有加班的机会，她就抓住不放。

终于，圣诞的钟声敲响了。那天，在我家的饭桌上，饭菜并不比往常丰富，但是，我看到，餐桌上多了一瓶汽水。我知道，那是母亲给我的圣诞礼物。

母亲微笑地看着我，她小心地拧开瓶盖，递给了我，我幸福地喝了一口，仔细地品味着舍不得咽下——原来，这种东西是一种酸甜甜的感觉呀。我伸脖子，等待着呕出一口长长的气来，可等了好久，根本就呕不出气来。

母亲在一旁紧张地看着我，说："你喝得太少了，多喝一点儿再试试。"可是，那一瓶东西就那么多，我喝完了，母亲不是连尝尝的机会都没有了吗?我对母亲说："你也喝一口吧。"母亲说："我喝过了，真的。"我不相信地看着母亲，然而，她一口也不肯喝。

为了能幸福地呕出那长长的气来，我每喝几口，都要等待一会儿，可是，直到我把那瓶酸酸甜甜的东西喝了个底朝天，我也没能呕出那幸福的气来。我疑惑地看着母亲，母亲也慌了，她说："怎么会这样呢，经理说那东西就是这个味道的。"我看看那瓶子上的字，不错，就是我见过的那种能呕气的饮料瓶子呀。就在这个时候，母亲突然抱着我哭了起来，她说："儿子，妈妈骗了你，那里面的东西，是妈妈自己制作的呀。"

原来，老板承诺圣诞节会发给妈妈加班的薪水。可圣诞节到来的时候，老板对母亲说，公司亏本，他根本没有钱再给妈妈发薪水了，也许，过了圣诞节，他的公司就会倒闭了。听了老板的话，无可奈何的母亲充满了惆怅。她突然问老板，汽水是什么味道。老板奇怪地看着母亲，耸耸肩说："你问这个干什么?那是一种酸酸甜甜的东西，就像是糖和醋同时放到水里混合在一起的味道。"母亲指着老板桌子上的空汽水瓶说："这个，可以给我吗?"

那天晚上，母亲用这个空汽水瓶子装上糖、醋和水。她尝了一小口，那种酸酸甜甜的味道很好喝。她想，也许，那种会呕气的饮料，就是用这些东西做成的吧。

听完母亲的话，我的眼里闪出泪花。我使劲地伸长脖子，咽下一口气又一口气，然后，真的呕出了一口长长的气来。我装作惊喜地对母亲说："妈妈，那些东西在我胃里面沉淀后，终于呕出气来了。你给我制作的这种酸酸甜甜的饮料，也会呕气呀。"

母亲的脸上挂着泪水，她说："是真的吗?帕里斯。"我说："是的，妈妈。"母亲说："儿子，我知道，你想呕气就能呕出来的呀。"母亲紧紧地把我搂在了怀里。

所以，我现在最喜欢喝的饮料，就是自己调配的糖醋水，里面充满着浓浓的亲情。

帕里斯的故事讲完了，金碧辉煌的大厅里静得能听见一根针掉下地的声音，许多人的眼里也和帕里斯一样噙着泪花。帕里斯端着酒杯对那名记者说："年轻人，我以我 65 年的人生经验告诉你，生命的幸福不在于环境、地位、财富和他所能享受到的物质。贫困的岁月里，人们也能感受到幸福，也许，那种幸福还会让你的记忆更深刻。就像我喝的那瓶糖醋水，那里面的幸福和亲情，虽然普通，却是人世间最真实的味道呀。"

幸福的换算

有什么样的幸福定义，就会有什么样的幸福感受。

我有一个朋友，13 岁时，不幸双目失明，后来他父亲送他去了一所盲校，没想到，盲童都很羡慕他，因为毕竟有 13 年的时间他曾亲眼看到过这个丰富多彩的世界。他知道花朵如何美丽，太阳如何明亮，白云如何飘逸，天空如何蔚蓝。他更知道爸爸、妈妈的笑脸。

很多盲童都说，假如能让他知道其中一件，就是最大的幸福。而他却知道这么多，对那些盲童来说，他拥有的简直是一座幸福的宝库呀。正因如此，他懂得了满足，他更懂得了珍惜。在盲校中，他的学习成绩最优秀，掌握的才艺也最多。同时，他还告诉身边的同学，他们也是幸福的，没了双眼，你可以听，可以抚摸，你可以讲，可以唱，还可以跑，可以跳。因为有了快乐，整个盲校没有一丝苦难与悲观的情绪，洋溢出的都是幸福的陶醉。

前几天，我乘车从黄石去上海，同座的有一位上海人，一位铁山人。上海人说，他现在每月收入 6000 多元，除去各种开销还可节余 4000 多元。话音刚落，便引来周围一片羡慕的赞叹。有的说：我一个月才挣 1000 多元，你节余的钱就相当我 4 个月的工资呀，你真是太幸福了。

对此，铁山那位朋友有自己的见解，他说假如钱可以买来幸福的话，你应该学会换算幸福的方法。比如说这位上海朋友吧，每月可有 4000 多元的存款，一年可存 5 万元左右，按说已经不少了，和我相比，我一年只能存下 1 万多元。有了钱最大的愿望是什么？首先是居者有其屋呀。在我那里，商品房每平方米不到 1000 元，而上海却在上万元。如此算来，假如我要买一幢上百平方米的房子 10 年就够了，而这位上海朋友则要 20 年，这样算来，我的幸福应该是这位上海朋友的两倍。

由此我想到俄国作家契诃夫说过的一句话，“如果你手上扎了一根刺，那你应该高兴才对，幸亏没扎在眼里。”美国第32届总统富兰克林·罗斯福家中曾失窃，损失惨重。朋友写信安慰他，罗斯福回信说：“亲爱的朋友，谢谢你的安慰，我现在一切都好，也依然幸福。感谢上帝，因为：第一，贼偷去的是我的东西，而没有伤害我的生命；第二，贼只偷去我部分东西，而不是全部；第三，最值得庆幸的是，做贼的是他，而不是我。”

这种幸福的换算方法，不仅是一种豁达的生活态度，更是一种超脱的生活智慧。所以说，有什么样的幸福定义，就会有什么样的幸福感受。

那些缥缈的海市蜃楼

情人永远是风平浪静时的海市蜃楼，而丈夫，才是永远可以靠岸的地方。

刚迷迷糊糊睡着，刺耳的电话铃声惊起，我猛地跳了起来，看了看表，凌晨1点35分，我的心跳加速，用手按住胸口，抱着腿坐在床上。电话铃一声紧一声地响着，记得以前，我是那么期待这午夜的电话，可现在，每一声都让我心惊!

终于不响了，我舒了一口气，躺下，可刚躺下就又弹了起来，因为电话铃又开始尖叫。我下床，来到客厅，小心翼翼地拿起电话，我听到了滨的声音："喂……喂!"我触电似的扔下电话，跑回床上。

电话没有再响起，可我睡意全消，心有些微疼，想着电话那头的滨，一定是非常非常的失落吧!

和滨认识整整一年了，去年也是这样的夏天，茉莉花开得正艳，我的生日是夏天月亮最圆的一天，而且每年的这一天，我的茉莉花都会疯狂地开，所以，自己的生日就记得特别牢。

30岁生日，可我爱人又忘记了，我哄睡了孩子，独自坐在沙发上发呆。我没有开灯，月光斑斑驳驳照得满室生辉，然而我却感觉到冰冷，忍不住委屈得泪水流了满脸。

一直觉得自己的家庭是幸福的，一个4岁的儿子，一个爱我的老公。老公在外地工作，自从有了孩子后，他心疼我，就让我辞了工作，专门在家带孩子。美中不足的是，我们依然过着两地分居的生活。

我是一个感情丰富而又敏感的人，这样的生活虽然悠闲，但是每当夜深人静的时候，思念和寂寞在灼烧着我，总是一个人偷偷地把枕巾染湿。

日子总是平平淡淡地过着，有时候好久都没有他的消息，忍不住会想，他是否还爱我？是不是不在乎我了？就像现在，这么重要的日子，他总是记不住，一定是没把我放在心上。

就这么一直坐着，不知什么时候，我躺在沙发上睡着了，也不知睡了多久，电话铃突然响起。我眯着眼睛拿起电话，迷迷糊糊我以为是爱人打来的，因为那个声音很像，还喝了点酒，说了半天才知道根本不是，而那个人也是才意识到。

我不禁笑了，说打错了，就要挂电话，可那边却蛮横地不让我挂电话，说听我说话就像飘在云中，那么好听的声音从来没听过。

我拗不过他，就和他聊了起来，后来，我干脆躺在沙发上和他说话。我也不知为什么竟然告诉了他我的一切，更没想到的是，他就在附近，正好就在我家对面的马路上坐着。我跑过去对着窗户看，真的有个人抱着手机在打电话。夜有点凉了，不知道为什么，把他的声音和他的身影联系起来，竟心里有些疼疼的感觉。

他又说，出来吧，我很难过，不想回家，和我聊会儿，没别的意思，就聊会儿。

我一直拒绝他，说不早了，让他赶快回家。我把电话挂了，可他又打过来，执意要见我。我也不知为什么，突然心软了，当我说那声“好吧”的时候，连我自己都吃惊。我能听出他的惊喜，他说，就在你家街对面的马路上，我骑摩托车，闪左边的灯。

我坐在沙发上发呆，我不知该怎么办，这样的深夜，出去见一个陌生人，想都不敢想。但他的声音又让我心疼，还有他一再强调说自己是一个好人，只是喝点酒，给朋友打电话的时候，拨错了号。

后来我想，只是交个朋友，只要不背叛家庭就行，我也应该有自己的朋友嘛！

飞快地收拾一下，换上衣服，我走出了家门。

我坐上了他的摩托车，他带我到了一个小花园。夜，非常的静，我们坐在月光下，聊得很愉快，他告诉了我他的家，还有他的婚姻。

他和他的爱人是经别人介绍认识的，感情一直不怎么好，而且他说他的爱人生活能力特弱，在别人看来很简单的事情，她却如难于上青天，什么都等着他照顾。还有百病缠身，瘦得只剩骨头了，有很严重的妇科病，不能生育，没办法，他们就领养了一个孩子，丁丁。

他说起丁丁的时候，像个孩子，说，她怎么会那么可爱呢，怎么那么可爱！让他用生命去换他都不会犹豫，他每天下班回去来不及脱工作服就先去抱丁丁，孩子几乎是他唯一的寄托。可是，有时候没人的时候，他却抱着丁丁偷偷地哭。

我被这个男人的痛苦深深吸引了，但是忧伤只是在他的脸上一闪而过。

大多的时候，他的脸上是笑着的。我说，你怎么这么爱笑，他说生活已经是这样了，既然改变不了，还是要笑着过的。他接着说，就算他是一个死刑犯，一个人在监狱里，哪怕看蚂蚁玩耍也要快乐地度过。

滨上的是倒班，每次他找我的时候都是夜班，那时候，他要快点把手头的活干完了，然后，打电话给我，所以一般都是在12点以后。我每天就算着他上班的日子，忐忑不安地过。

大多的时候，我会坐着他的摩托车在外边兜风，我从来没有在夜深人静的时候出去过，感觉特舒畅。他说他要为我唱歌，在歌厅里，他一首接一首地给我唱，他的嗓音很好，而且唱得投入，我渐渐开始喜欢他了。

有一次，他打电话的时候，外面正在下雨，我说，那你上来吧。他的衣服都淋湿了，我找了干衣服让他换，没想到他竟抱住了我。然后，他吻了我，我感觉浑身像飘了起来，有些控制不住自己。他突然翻身把我拥在沙发上，我有一刻感觉窒息，他的手在我的身上游移。我挣扎着，却是那么的无力，不知为什么，眼泪汹涌地流了出来。

他说，傻瓜，我们在做爱呢，你怎么在哭！

我还以为我们只是纯洁的朋友关系，我还以为生命里永远都不会有第二个男人。一直以为我们的婚姻坚不可摧，没想到是这么的不堪一击，一切都在霎那间改变。

事后，我说，你走吧，不要再找我。我冷漠地不看他。窗外，上早班的人都出来了。

他发短信给我道歉，说真的喜欢我，是真的情不自禁。

苦闷了两天，我还是原谅了他，因为我发觉我是那么地想他，我几乎什么也做不成，无时无刻地不在想他。

我们成了情人，我告诉他，我把这段感情看做最美好的感情，希望他不要把它当成一般的男欢女爱，他说他也是。

他说他和他妻子已经有两年都没有过夫妻生活了，和我，他才知道女人是这么的不同，他才真正知道还有这么美妙的感觉。

我也好多年没有这种心跳的感觉了，每天沉浸其中不能自拔。

每次我爱人要回来的时候，我都会发短信告诉他，我们就不再联系，等我爱人走了之后，我又会忍不住打电话给他。

我不是一个坏女人，这样偷情的日子让我窒息，特别是面对我爱人的时候，心里更是深深的愧疚，他在外边挣钱养活我，我却做了对不起他的事情。

我挣扎，痛苦，我不想失去这个家。我开始躲避他。这次，我爱人走后，我没有联系他，我决定忘记他。

无聊的时候，我开始上网，我不能让自己闲着，因为只要闲着，就会疯狂地想他。

一直以为，这一生都不会摆脱滨的影子，现在才明白，那是因为没有另一个身影代替。当你让另一个人在你的心里占得满满的时候，你会发觉，忘记，是那么容易，根本就不用费力。我没想到滨在我的心中会渐渐模糊。

一个偶然的机会，我在网上认识了寒，我像是来到了世外桃源，突然进入一个美妙的世界，我们是那么的相像，又是那么地投缘，简直相见恨晚。

我发现，寒才是我真正的喜欢。

每天都上网，不知不觉，一个月过去了，我奇怪自己竟没有想过滨，他在我的脑海中突然淡了又淡，取而代之的是寒的身影。

但是我的心中更加地自责，为了逃避一段感情，却又陷入另一个感情的漩涡。我痛恨自己，我是怎样的一个女人？我怎么可以这么背叛自己的家庭，这是我结婚10年来从没有过的。

可我管不住自己不去想寒，他说来见我的时候，我没有力气拒绝他，我感觉他就是我今生要等的那个人。我无可抗拒！

终于，在一天深夜，寒坐了1个小时的出租赶到了我的面前，我在他的怀里流下了泪。我告诉自己是真的爱，我不是那种女人，不是见异思迁不守妇道的女人。

可我的良心总在折磨着我，激情过后，我还是忐忑不安，我不知该怎么办？

这时候，我和寒的联系已经半年了，这半年中，我几乎忘记了滨。突然有一天，又接到了滨的电话，我吃了一惊。他在电话里一直问我为什么，我不知道该怎么解释，告诉他那些都过去了，忘记吧。

滨说，他爱我，真的爱！我只会苦笑，他的话已经在我心里击不起涟漪了。

寒总是很忙，我们的联系开始少起来了，一次，他说要出差一个月，然后，很多天都没有他的消息。我忍不住给他发短信，问他忙什么呢，他的回复很短，说忙工作呢。

突然觉得无趣，心里少有的难过。站在镜子面前，发现自己瘦得不成样子，回想这大半年的时间里，心力交瘁，得到的却是无边的伤痛。

就在这个时候，家里发生了一件大事。一天，弟弟眼睛红红地告诉我，说父亲得了胃癌，我听了一下子就懵了。父亲身体一向很好，突然病倒，是我所不能接受的。我当时就哭成了个泪人，医生说要尽快做手术，而这种事情我还要瞒着我的父母，我不知道该怎么办?

我拿着电话，没有犹豫地拨了爱人的号。这时候我才知道，当灾难来临的时候，我能想到的只有他一人。

当电话接通的时候，我号啕大哭。他先是吓了一跳，急切地问我怎么回事，然后，他一边安稳一边让我别急，说马上就往家赶，让我等他。我松了一口气，心里好受了许多。

第二天一早，爱人真的赶到了我的面前，看他面容憔悴的样子，我忍不住扑到他的怀里痛哭失声。他说，他一夜没睡，火车上没有位置，他只好在走廊的地上坐了一夜。

接下来，他不分昼夜地守在我父亲的病床前。

当我们从医院回来的时候，我和爱人都瘦了一圈，他对我还是那么的好。经过了这么多，我终于知道了谁是我的最爱，而一直以来，平淡的生活让我以为我们爱得不是那么深，总觉得最爱的人在不远处等着我，我是那么地忽略着身边的这个人。

我想我该一心一意地对他。现在才明白，他在我的心中有多么的重要，我知道，无论发生什么，他都是我的依靠。虽然我们不能厮守在一起，但那都是为了生活，他一个人在外边也是一样的孤单！

从此，寂寞的夜里，想他的时候，我会给他发个短信或打个电话。我不再相信除他之外的人，会给我真正的爱情。

终于明白，情人永远是风平浪静时的海市蜃楼，而丈夫，才是永远可以靠岸的地方。

原来爱情没走远

原来，爱情没走远，它正以一种更淡然质朴的面目隐藏在细碎的生活里，像朋友，像亲人，那样的爱，爱得平淡，也爱得深沉。

曾经，我和周延东爱得轰轰烈烈，以为婚姻就是两个相爱的人终于走到一起，将风花雪月继续延续下去。

那时候，我在城南，他在城北，就像牛郎织女似的，隔着银河遥遥相望。每天为了能够见到我，他都要转几次公交车，绕大半个城，一见到我，风尘仆仆的他会当着那么多人，不管不顾地把我抱起来旋转，吻了又吻。不善言辞的他为了给我惊喜，总是费尽心思地营造浪漫的感觉，记得有一个情人节，一个像天使一样可爱的小男孩把玫瑰送到我的单位，卡片上有着他温馨的话语：尊贵的小姐，有一位绅士，想和您约会……可惜，那是结婚以前。走进婚姻之后，周延东判若两人。

不再陪我看电影，不再一起逛街，也不再每天到单位接我下班，忽然之间，他似乎在我的爱情生活中蒸发掉了。当我再有一点浪漫的想法时，周延东就会毫不留情地打击我，老夫老妻了，还搞那么多事，累不累啊。一句话就能让我兴味索然。情人节的时候，他甚至连问候也没有，当我提起时，他就狡辩道，情人节是给情人过的，咱俩是老公老婆，不是情人了。最离谱的是，我生日的时候，他居然到超市买了一桶色拉油，一瓶洗发水和两包卫生巾给我。更让我失望的是，在宝宝出世之后，周延东连拥抱都很少给我了，就这样，我一直眷恋着的温存的感觉长着翅膀飞走了。当初是因为爱情嫁了他，可现在和他在一起，却再也找不到爱的感觉。34岁，女人风华正茂的年纪，日子却突然过得如温吞水，再无波澜起伏，真不知道，这以后更漫长的日子怎样熬过去。

自然而然地，我爱上老公之外的男人许为。

许为36岁，和周延东同样年纪，却比他看上去要年轻很多。身上的衣服总是很考究，即使是休闲服，也能穿出自己的特色来。干净且干脆的风格，总是神清气爽的样子，让人耳目一新。相形之下，周延东千篇一律的穿戴则让人麻木。已经很多年都没有这样的心境了，像个羞赧的女孩子一样，一心一意地想念他，期待他。时光在他的温柔相待中忽然回到了过去，我仍然是那个沐浴在爱情中的幸福女孩。

一天下班，许为请我吃饭，天气很闷热，但是，他开着车跑了一条又一条街，只为了找一家他满意的餐厅。我说，我不是个挑剔的人。许为却满目柔情地说，别人就可以随便了，但是对你不行。吃完饭后，外面已经下了很大的雨。许为笑着说，这是天公作美，让咱们终于有机会缠绵一回，随即便掏出手机联系宾馆。去宾馆的路上，我忐忑不安，从没想过自己要让身体“出轨”，彻底地背叛婚姻。这时候，许为的手机响了，是他老婆打来的，叮咛他下雨时开车要注意安全。我听见他甜蜜地跟她说，宝贝，很抱歉，你自己先睡，我加班要很晚。他说这话的时候一手握方向盘，一手还在揽着我的腰。

接着，我的手机也响了，周延东在电话那端急急地吼着：“下了那么大的雨，你今天却穿了裙子出去，还跟小姑娘一样臭美，你在单位等着我，我给你送衣服去!”我赶忙让他别来，他说，一个人感冒，两个人难受，还是他一个人难受一点算了。我之前是告诉周延东，我在单位加班的。

我只好让许为送我去单位。车子停在单位楼下，许为开了灯，在我打开车门的那一刻，他绅士地抱住我吻了吻我说，今夜，你比以往都漂亮。他刚刚离开，周延东就提了一包衣服到了，见我在门口，心疼地说：“让你在办公室等着的，怎么出来了啊，赶快进去把衣服换了。”

突然很不是滋味。这就是我努力要寻找的爱的感觉吗？一个撒谎都不动声色的男人，一个揽了别的女人，却对自己的老婆说爱的男人？周延东晚上从来没有流连在外过，他会和我一起做饭，陪孩子写作业，甚至盛好热水和我一起泡脚。至少，在每个晚上，他都是在我身边的。或者在那些时刻，他心里一直是想着我的啊。许为在意的是我是否漂亮，是否性感，而周延东在意的却是我冷不冷，担心我的健康。到底哪一种爱才更真切呢？

听着出租车外雨滴敲打着窗子的脆响，靠在周延东肩头想，原来，爱情没走远，它正以一种更淡然质朴的面目隐藏在细碎的生活里，像朋友，像亲人，那样的爱，爱得平淡，也爱得深沉。

听到幸福在歌唱

他说，这是世上最美的音乐，他听到了女儿和妻子的叮咛，听到了幸福在歌唱……

他为一个新项目连续几天在电脑前工作，终于完成后，他长舒了一口气从电脑前站起来，却突然眼前一黑，什么也看不见了。医生诊断后说，他是因用眼过度，眼睛暂时性失明，只要好好治疗休养，不久就会恢复的。

突然陷入黑暗中的他，因为恐惧变得焦躁不安，一会儿狂躁地大叫，一会儿又暗自伤心地长吁短叹。妻子却一副安之若素的样子。她轻声细语地安慰他说："医生说了，好好休养就会很快恢复，你着急不但没用，对眼睛也没好处。不用再打卡上班，也不用开会出差，更不用熬夜，不如放松心情把这次生病当做一次休假，也好好地在家陪陪我吧。"妻子说得倒是轻松，可陷入黑暗中的他，却总也无力抵挡突如其来的恐惧，尤其是当家里安静下来时，他更是感觉到空虚无助。妻子似乎明白他的心思，很快买来三副铃铛，一副放在他的枕边，说他若有事时就摇摇铃铛，她听到了就会马上过来。另外两副分别挂在她和女儿的手腕上，这样，无论她们在哪个角落，在干什么，他一听就知道了。

自此家里到处都响着铃铛声，家与妻子、女儿的形象重新在他眼前鲜活生动起来，他再也不觉得周围是无边无际的空旷了。他自己的那副铃铛很少用，因为妻子把一切都料理得很周到。他专注地听着那两副铃铛的响声。刚开始，他只觉得铃声乱成一团，后来他慢慢地能辨得出哪儿是女儿的铃声，哪儿是妻子的铃声了。女儿的铃声永远急促而清脆，尤其是她放学进门后，她总是从门口的鞋柜上取下铃铛，套在手上，摇得叮当乱响，一路飞跑到他床前，趴到他身上叫："爸爸，今天老师新教了一首英语儿歌，我唱给你听。"清脆的铃声和稚气的歌声，灌满了一屋。他一边听，一边想象女儿的每一个表情、每一个动作，脸上不由得绽出了笑容。这时候，他才发现，自己已经很长时间没和女儿这么亲近过了。

妻子的铃声则舒缓而沉稳，让他想起在他常常晚归的夜里，她总是迎上来轻声问："吃饭了吗？我给你留了银耳汤……"而且只要她在家，这沉稳的铃声就像一条奔腾不息的小溪，不急不缓没有停息的时候：洗菜、做饭、擦桌子、扫地，隔一会儿就来和他说一会儿话。她仿佛不知疲倦，手里总是在忙着什么。他以前一下班总是瘫在沙发上一动不动，总叫着累死了。妻子也和他一样上班下班，回到家却仍在忙个不停，她其实也一样累呀。

女儿上学、妻子有事外出时，就放个小收音机在他枕边，说可以听听歌听听新闻。可他宁愿发呆听窗外的汽车轰鸣，也不愿打开收音机。他喜欢的是电脑，收音机在他眼里简直是弱智产品。妻子说："你忘了？我们读大学的时候你可是最喜欢听收音机的，特别是听点歌台里的歌曲。记得我过20岁生日时，你说你要送一份特别的礼物给我。那天，我等着你来送礼物，却半天不见你的影子。快到中午时才接到你的电话，叫我别忘了听午间的点歌台节目。那天我打开收音机不久，就听到了主持人提到了我的名字，说一个爱我的男孩儿为我点了一首《月亮代表我的心》，祝我生日快乐。当收音机里响起这首歌时，我简直幸福得说不出话来，同宿舍的女生都羡慕我。后来你告诉我，为了让我在生日这天听到这首歌，你提前一个月写信给电台的主持人，又怕主持人收不到，还专门跑了趟广播电台。那是我这辈子收到的最美的生日礼物。"妻子的声音里有幸福也有一丝怅惘。

"我有那么浪漫吗？"要不是妻子提醒，他自己都记不得这件事了。

"当然。只是结婚后就越来越不浪漫了。"妻子笑着，口气里并没有埋怨。

"其实我也想浪漫，也想让你幸福啊。我一直想等以后有机会一定带你去度假……"说到这儿他心一沉，叹一口气，"看来，这个愿望太不现实了。"

妻子仿佛没听到他的叹息，说："你以为只有度假才叫浪漫？其实能天天和你一起吃晚饭，然后和你说说话，我就觉得挺浪漫了。有首歌里唱，'我能想到最浪漫的事，就是和你一起慢慢变老'……这才是真浪漫、大幸福。"

这首歌他也听过，因为妻子平常爱哼哼，可只有在此时，在他只能用耳朵来感受这个世界时，他才真正理解了这首歌里所歌颂的最朴实最踏实的幸福。

躺在床上，他对自己的生活有了重新的思索，也更加迫切地希望自己的眼睛能好起来。

八个月后，他的眼睛真的好了！

为庆祝他康复，全家人外出吃了一顿饭。霓虹闪烁的街灯，川流不息的人群，这些以前觉得再平常不过的景物，此时在他眼里都变得格外美丽。吃饭时，他一心为女儿和妻子搛菜，专注地看着她们吃，心里有说不出的喜悦。

女儿说："爸爸，我既想你眼睛好又不想你眼睛好。"妻子瞪女儿一眼，呵斥道："怎么说话呢！"女儿不理妈妈，继续看着爸爸说："爸爸的眼睛刚出事那两天，我专门把眼睛闭上在家里走了一圈，觉得失明真是太难受了。想到爸爸难受，我也难受，我就希望爸爸眼睛快点儿好。再说，爸爸眼睛不好，妈妈老是一个人偷偷哭，眼睛都哭肿了……"他吃惊地看着妻子，妻子的眼圈红了："那些日子我其实很害怕，因为医生对我说，像你这种情况有很快恢复视力的，也有好几年过去仍是老样子的。我真……"他的眼圈也红了，紧紧搂住妻子的肩膀说不出话。可以想象，那些日子里，妻子承受了多大的压力啊。女儿又说："我又怕你眼睛好了，再也不认真听我读课文、唱歌了，你又会很晚才回来，我老见不着你。"他一手搂住女儿，一手搂住妻子，声音有些哽咽了："不会的，爸爸从此一定会好好听你唱歌，好好陪妈妈说话……"

那天回家后，他特意将三副铃铛挂在了车上。此后，每当他离开家行走在路上时，铃铛总会响起，叮叮当，叮叮当，他说，这是世上最美的音乐，他听到了女儿和妻子的叮咛，听到了幸福在歌唱……

无花也浪漫

我知道他爱我，正如他知道我深爱着他一样。

我禁不住有些怀疑了，巴里是不是根本不爱我?

我们结婚的周年纪念日快到了。提前好几个星期就向丈夫频频暗示，我想要一副纯银耳环，有几个小圈圈套在一起的那一种。我甚至摊开了珠宝店的促销册子放在丈夫的书桌上，把我看中的那副耳环用红笔画了一个圈。他肯定会看见的，没问题。

那日子越来越近了。我巧妙地把话题扯到我心爱的圈圈耳环上："啊，新税法出台了，白银的税要减征呢。"我眨眨眼睛，"昨天修理工说咱家的洗碗机该换条软管了。噢，对了，他夸我的银表好看呢，还说若是配上同样质地的耳环就更棒了!"我一路自顾自地说下去，"黄金市场跌得厉害，但白银……"

那日子终于到了，巴里也真为我准备了礼物：他竟然给我的车换了套崭新的轮胎。

"我的宝贝应该得到世界上最棒的礼物!"他一脸自豪的表情。

没有银圈圈耳环，没有绣着花边的内衣，没有香滑诱人的巧克力，没有鲜花，更没有"海可枯，石可烂，此情永不渝"的深情表白。什么都没有!

他竟然给我买了套轮胎！还是钢箍白胎壁的那种子午线轮胎。他看着我，咧开嘴傻笑，我心里不禁暗想，是不是他小的时候他妈总是不小心，把他大头朝下摔到地上好几次?

"怎么样?"他问道，傻笑不止，"喜欢不喜欢?"

"哦，是的，是的，我喜欢，我太……太……太喜欢了!"我不得不从喉咙里挤出几句言不由衷的话，否则他会这样不停地冲我傻笑 1 个钟头。听了我的回答，丈夫乐得很，抄起一块抹布，跑到院中擦起了车。

可我呢，实在笑不出来了，坐在门廊边的藤椅上自悲自怜起来。这个男人怎么这么没有情调？他是故意虐待我的感情怎么着？还是大脑麻木迟钝，根本是个傻瓜？我们彼此实在是缺乏理解，这种场面已不是第一次了。我们互相送礼物总是摸不透对方的心思，这都快成传统了。

就拿我送他的第一件生日礼物来说吧。唉，我都不好意思说，当时这事可真把我气得够呛。我为巴里买了件休闲西装，粉蓝色，弹力尼龙质地的，带两个兜，还附赠一条皮带。离他的生日还有一段日子呢，我又不想让他提早发现，就把衣服寄放在男装店，光寄存费就花掉我 10 美元。

他的生日临近了。我兴奋得要命，想象着他打开礼物盒，拿起他的第一件生日礼物仔细端详，满含感激深情地凝视我的双目，惊讶于我能如此摸透他的心思，竟然买了一件这么帅气的西装给他。

他生日的那天早上（我记得好像是他 23 岁的生日），他坐在厨房餐桌旁边看着报纸，正好看到一则西装的广告，与我为他买的那件一模一样。我已经将衣服取回，用精美的盒子包好了放在衣橱里，想给他一个惊喜呢。然而我万万没有想到接下来发生的事情，他竟从鼻子里哼出一声不屑的轻蔑，说道：“难以想象！谁会穿这种破烂玩意儿?”

我差点儿给噎死。只好偷偷将西装拿回店中退掉，向店员解释说，我丈夫最近突然得了过敏症，穿不得尼龙质地的衣服，人家才答应给我退了。我又赶忙跑去买了一套电钻工具和一条工装裤，巴里一见喜欢得不得了。

还有一次，好像是母亲节，现在想起来依然难以释怀。巴里买了台吸尘器送给我，还不是个普通的吸尘器呢，硕大，像个怪物，美其名曰“家庭理容中心”，有各种各样的附件，从粉刷房屋，到给狗洗澡，无所不能，应有尽有。女儿们高兴得欢呼，又叫又跳，把它当成宇宙飞船，骑在上面满屋子跑了一个下午。巴里认为这是件最棒的礼物，他把吸尘器擦得锃亮，又做了一块小钉板好挂各样的附件，甚至提出要为它取个名字。

说实话，我不得不承认，原来的吸尘器已经坏了多日，好多次我总借邻居家的用。我也的确跟巴里央求过好多次，我需要一台新的吸尘器。但要命的是，他竟然在母亲节送给我一台吸尘器！

我口中说“谢谢”，可接下来一整天心里那个窝火啊……现在我坐在门廊旁边，看着他起劲地给车又洗又擦又上蜡。假如他真的爱我，他就应该知道我想要的是什么啊。许多时候，似乎我们的婚姻都快走到尽头了，但巴里却浑然未觉，傻傻地一笑，好像什么事都没有。这太可怕、太悲哀、太不幸了！

巴里继续擦着车，我的心思又飘回来，记起了我们的第一次约会。他找遍了缅因州北部的所有商店，要给我买一双7号的溜冰鞋，好带我去滑冰。

还有一次，我伤了后背，他帮我洗了伤处，穿好衣服，带我去看医生。夜里他就守在我的身边，和衣躺在病床旁的地板上，无论如何不肯离我半步。

往事一幕幕地浮现在我的眼前：最后一罐可乐他总让给我喝；将夹克脱下来披在我身上，自己却在寒风中瑟瑟发抖，还要尽量装做一点都不冷。不错，他从来没送给我任何首饰，也没有送给我鲜红的玫瑰，过什么节也没送过巧克力，难道这就意味着他不爱我吗？也许这只能说明，我们表达爱的方式不大一样。

巴里开始给车上蜡，我心里暗想，或许他选这礼物正是因为对我的深爱呢？至少他关心我的安全。说实话，我也注意到原来的轮胎已经磨得不成样子了，但我却从没想过自己去换一套。即使我从未用上过他送我的随身工具箱和闪光信号棒，但紧急救生带的确派过几次用场，吸尘器更是每天都得用。

也许，也许这个男人还是不错的。毕竟，花儿再美，终将枯萎凋谢，巧克力再甜，也不过穿肠过腹，落在厕所里。

心里的怒气渐渐平息了，我也拿了块抹布擦起后保险杠来。这样的场面或许够不上贺曼贺卡的广告片，但当时阳光从云中倾泻下来，我与丈夫一起干着活，汗珠滴落下来，那感觉真是难以言喻，浪漫非常！

结婚纪念日过去了，我的生日又快到了。这次我好想要一条粉红色丝质的内衣，并且我也暗示过他了，在维多利亚精品店就有得卖。不知道这回我又能得到什么呢？是轮胎标尺还是万用插座板呢？不知道。

不过，是什么都没关系啦，谁叫我有这么个不按常理出牌的丈夫呢？我知道他爱我，正如他知道我深爱着他一样。

当然，我还是很在意这个生日的。万一、万一他想起要送我一个浪漫又传统的礼物要吓我一跳呢？我还是决定把维多利亚精品店的册子摊开放在他的书桌上。

但转念一想，干脆我自己去买一条红色的丝质内衣吓他一跳好了。哈哈哈……

后 记

在人生的旅途中，最糟糕的境遇往往不是贫困，不是厄运，而是精神和心境处于一种无知无觉的疲惫状态：感动过你的一切不能再感动你，吸引过你的一切不能再吸引你，甚至激怒过你的一切不能再激怒你。这时，人就需要寻找另一片风景。

本书集合了大量经典的、充满智慧的故事，从多个角度阐述了对人生诸事的达观态度和怎样创造快乐积极的人生。它是编者为读者精心奉上的“精神大餐”，也是为大家能够走好人生之路而准备的方向指南。你如果要让自己的人生旅途走得轻松自在，本书便是值得一读的智慧宝典。

需要指出的是，本书在编辑整理过程中，由于入选故事来源广，有些作者的地址不详，我们无法取得联系，希望作者及相关人士给予谅解，并在此向他们致以衷心的感谢。凡认定自己是本书所入选的文章的作者，敬请发邮件至gaojihua2005@hotmail.com 与我们取得联系，只要情况属实，我们将按国家有关规定支付稿酬并赠送样书。

编 者

2007 年 8 月